Dietrich v. Haeften

Sturm – was tun?

W0191453

Klasing & Co GmbH

Von Dietrich v. Haeften sind folgende Titel erschienen:

Sicherheit auf See
Sturm – was tun?

Die Deutsche Bibliothek – CIP-Einheitsaufnahme

Haeften, Dietrich v.:
Sturm – was tun? / Dietrich v. Haeften. 2., überarb. Aufl. –
Bielefeld: Klasing, 1994
(Yacht-Bücherei; Bd. 100)
ISBN 3-87412-140-2
NE: GT

2., überarbeitete Auflage
ISBN 3-87412-140-2

© Copyright by Klasing & Co. GmbH, Bielefeld
Titelfoto: Okke Müller-Röhlck
Umschlaggestaltung: Ekkehard Schonart
Zeichnungen: Hans-Georg Berkau
Gesamtherstellung: Kunst- und Werbedruck, Bad Oeynhausen
Printed in Germany 1994

Dietrich v. Haeften
Sturm – was tun?

Inhaltsverzeichnis

Vorwort

Es ist besser, hier zu sein und zu wünschen,
man wäre draußen, als draußen zu sein und
zu wünschen, man wäre hier.

Ein noch unbekannter Philosoph der Seefahrt hinterließ diese Weisheit seiner Nachwelt. Mit seiner freundlichen Genehmigung soll sie unserem Buch, einer Sturmfibel für Yachten, als Leitwort vorangestellt werden. Der genüßlich im Sessel ausgebreitete Leser möge den Sinnspruch auf sich beziehen.

Es bleibt leider nicht aus: Früher oder später „kriegt jeder Segler einen auf die Mütze", er gerät in einen Sturm. Der Neuling sei gewarnt: Schweres Wetter auf See ist kein Zuckerlecken. Es ist eine harte Strapaze für Material, Leib und Gemüt. Und es ist keineswegs abwegig, daß etwas dabei passiert.

Keiner, der sich auskennt, wünscht sich einen Sturm herbei. Und wenn jemand einmal in einer bewegten Bierrunde vom überstandenen Unheil draußen in der tobenden See schwärmt, dann liegt das meistens am Bier.

Tatsächlich geht es um harte Arbeit, Anstrengung und Entbehrung. Auf dem springenden, bockenden und purzelnden Schiff wird aus normaler Arbeit harter Kampf. Kampf um Halt, Kampf gegen das knallende Tuch, Kampf gegen den nicht sitzen wollenden Knoten, Kampf gegen die klammen Finger und gegen das unaufhaltsam in den Kragen dringende Naß.

Angst schleicht sich unter die Gefühle. Ob der Rudergänger den Riesen-molly da hinten sieht? Waaahrschau, paß auf! Verflucht, wie die Leewan-ten schlagen, daß bloß die Saling nicht schlappmacht! Hatten die vorher auch schon so viel Lose? Ist der Mast gestaucht? Dummes Zeug, oder doch? Vorhin hatten wir noch über hundert Meilen nach Lee. Stimmt das denn auch? Ich kann jetzt nicht schon wieder hinunter, habe doch vorhin erst nachgecheckt...

Routine klärt ab. Mit einem gediegenen Erfahrungspolster erlebt man den Sturm bedeutend gelassener, obwohl man wohl nie so ganz über den Dingen steht, wie mir ein alter Profi einmal gestand.

Die meisten unter uns sind Hobbysegler. Sie sind hauptsächlich in der schönen Jahreszeit auf See, wenn Stürme selten sind. Gut so. Aber ent-sprechend gering ist auch der Erfahrungsstand. Und das ist weniger gut. Nichts ersetzt praktische Erfahrung, vieles kann sie aber ergänzen. Und darum geht es in diesem Buch. Ich möchte mit dem Leser fachsimpeln, möchte Anregungen geben und Gedanken austauschen. Ich will die „Was wäre wenn"-Fragen aufwerfen und diskutieren. Ich will Anstoß ge-ben zu weiteren, eigenen Überlegungen. Daheim, im Sessel, hat man herrlich Zeit dafür und Muße.

Es gibt in der Segelei keine anerkannte Lehre und schon gar keine über das Segeln im Sturm. Auch dieses Buch macht diesen Versuch nicht. Man darf widersprechen und selbst nachdenken.

1 Die Energie

Der Wind entsteht durch die Sonne, so auch der Sturm. Dazwischen liegt Physik, genauer gesagt Meteorologie. Wir werden von dieser Wissenschaft einen kleinen Ausschnitt andenken. Nur andenken.

Warme Luft steigt auf

Die Montgolfière, das war der berühmte Heißluftballon, stieg auf, weil mit einem offenen Feuer die Luft im Innern erhitzt wurde. Die warme Luft war leichter als die vom Ballon verdrängte kalte, und schon ging's ab nach oben. Sie folgte dem Gesetz, das wir von den Schiffen kennen: Der Auftrieb ist so groß wie das Gewicht der verdrängten Wassermenge. Der Ballon verdrängte die Umgebungsluft, deren Gewicht dem erzeugten Auftrieb entsprach. Der war größer als das Gewicht des Ballons einschließlich der durch Wärme leichter gemachten Innenluft. Und so stieg die Montgolfière auf.

Physikalisch ausgedrückt: Luft wird beim Erwärmen leichter, weil sie sich ausdehnt. Ihre Moleküle nehmen einen größeren Abstand zueinander ein, die Dichte der Luft wird geringer und somit auch ihr Gewicht pro Raumeinheit. Sie steigt gegenüber ihrer kühleren Umluft auf.

In unserer Lufthülle spielt sich das Montgolfière-Prinzip überall ab, wo wärmere Luft neben kälterer besteht, wo also Luft unterschiedlich erwärmt worden ist. Es gilt nun zu klären, wie es zu der unterschiedlichen Erwärmung kommt.

Wärmeaufnahme der Lufthülle

Die Sonnenstrahlen erwärmen nur zum geringen Teil direkt die Lufthülle. Der weitaus größere Anteil erhitzt die Erdoberfläche, und die leitet die Wärme weiter an die darüber liegende Luft. Die Erdoberfläche erwärmt die Luft wie ein Heizkörper die Luft im Zimmer.

Land und Meer, Wald und Heide, Sand und Sumpf nehmen die Sonneneinstrahlung unterschiedlich auf. Die Oberflächenbeschaffenheit und die Farbe spielen eine große Rolle. Mattschwarz erwärmt sich am besten. Aber auch auf das Material kommt es an. Steine und Sand werden fünfmal, Ackerboden zweimal so warm wie Wasser bei gleicher Einstrahlung. Je nach Beschaffenheit entwickelt deshalb die Erdoberfläche höchst unterschiedliche Temperaturen und damit Heizleistungen gegenüber der Lufthülle.

Eine weitere Ursache variabler Aufheizung ist die Wolkendecke. Sie tritt regional und zeitlich verschieden auf, folgt aber klimatisch bedingten Häufigkeiten.

Und schließlich hängt die aufgenommene Wärmemenge vom Einfallswinkel der Sonnenstrahlen ab. Die Erde ist rund, und polwärts wird dieser Winkel immer spitzer. Der Reflexionsanteil wird entsprechend größer und der für die Aufheizung nutzbare Anteil immer kleiner.

So entsteht der Wind

Überall wo Luft aufsteigt, muß sich der Raum darunter wieder auffüllen. Er tut das von allen Seiten. Die nachströmenden Luftmassen streichen über die Erdoberfläche. Sie sind der Wind.

Und so der Sturm

Damit aus dem Wind ein Sturm wird, ist viel Energie nötig. Die unterschiedliche Sonnenaufheizung der Erdoberfläche und der darüberliegenden Luftmassen reicht hierfür nicht aus. Zusätzliche Antriebskraft steht jedoch bei sehr feuchten Luftmassen in Form der Kondensationswärme reichlich zur Verfügung. Diese ungeheuren Energiemengen werden mit den Luftmassen über weite Strecken herantransportiert und, wenn die Umstände stimmen, zu einem gewaltigen Sturm entfesselt.

Die Kondensationswärme

Jeder mag schon gestaunt haben, wie lange kochendes Wasser noch weiterkocht, bis es schließlich verkocht, sprich verdampft ist. Auch nach Erreichen der Siedetemperatur muß noch sehr viel Energie zugeführt werden, um das Wasser zu verdampfen. Die physikalische Erklärung ist folgende: Um 1 Gramm Wasser von 0° bis 100°C zu erwärmen, werden 100 cal (= 418,68 Joule) an Energie verbraucht. Um 1 Gramm Wasser zu verdampfen, werden 597,11 cal (= 2500 Joule) benötigt. Das heißt: Zum Verdampfen muß etwa die 6fache Wärmemenge aufgewandt werden.

Beim Verdunsten passiert das gleiche. Da der Vorgang aber nur an der Oberfläche geschieht, läuft er langsamer ab. Die aufgenommene Wärmemenge pro Kilogramm verdunsteten Wassers ist die gleiche wie pro Kilogramm verdampften Wassers. Wir spüren diesen Wärmeverbrauch, auch Verdunstungskälte genannt, sehr deutlich nach dem Baden, wenn wir, naß aus dem Wasser kommend, frieren.

Die Kondensation, der Übergang des Wassers von seinem gasförmigen in seinen flüssigen Zustand, ist die Umkehrung des Verdampfungs- oder Verdunstungsvorgangs. Analog wird dabei die Verdampfungs- oder Verdunstungswärme als Kondensationswärme wieder frei.

Im gasförmigen Zustand des Wassers ist die Verdampfungs-, Verdunstungs- oder Kondensationswärme (es ist alles das gleiche) verborgen, also nicht sichtbar oder fühlbar enthalten. In jeder Luftmasse, die verdunstetes Wasser, also Wasserdampf führt, ist sie stets vorhanden.

Wieviel Verdampfungs- oder Verdunstungswärme in einer Luftmasse steckt, hängt von der aufgenommenen Wassermenge ab. Wieviel Wasser das maximal sein kann, ist temperaturabhängig. Bei 15°C könnten es bis zu 13 Gramm Wasser pro Kubikmeter Luft sein. Die Verdampfungswärme von einem Gramm Wasser reicht aus, um einen Kubikmeter Luft um zwei Grad zu erwärmen. Also könnte eine bei 15°C gesättigte Luftmasse sich durch Kondensation allen Wasserdampfes auf 26°C aufheizen!

Kondensation durch Abkühlung

Wann kommt es zur Kondensation? Schon eben wurde festgestellt, daß die Wasseraufnahmefähigkeit der Luft temperaturabhängig ist. Man beobachtet die Tatsache beim Wäschetrocknen. Das geht bei warmer Luft viel schneller als bei kalter. Warme Luft kann mehr Wasser aufnehmen als kalte. Kalte Luft ist schneller gesättigt. Wird gesättigte Luft weiter abgekühlt, muß sie das zuviel aufgenommene Wasser wieder abgeben. Es wird zunächst in Form feinstverteilter Schwebetröpfchen als Nebel oder als Wolken erscheinen. Bei hinreichender Konzentration werden sich dann diese Schwebeteilchen zusammenschließen und Tropfen bilden, die als Regen herunterfallen.

Sättigungstemperaturen unterschiedlich feuchter Luft:

Bei −5°C ist die Luft mit 3 g/m³ gesättigt.
Bei 0°C ist die Luft mit 5 g/m³ gesättigt.
Bei 5°C ist die Luft mit 7 g/m³ gesättigt.
Bei 10°C ist die Luft mit 9 g/m³ gesättigt.
Bei 15°C ist die Luft mit 13 g/m³ gesättigt.
Bei 20°C ist die Luft mit 18 g/m³ gesättigt.
Bei 25°C ist die Luft mit 23 g/m³ gesättigt.
Bei 30°C ist die Luft mit 30 g/m³ gesättigt.

Abkühlung der Luft durch Aufsteigen

Sie ist über drei Schritte zu erklären. Erster Schritt: Die Luft wird wärmer, wenn man ihren Druck erhöht. Wir kennen dieses Phänomen von der Fahrradpumpe her, die nicht etwa wegen der Reibung des Kolbens im Zylinder, sondern wegen der Druckzunahme warm wird. Umgekehrt empfinden wir die aus dem Reifenventil herauspfeifende Luft kälter als die Temperatur des Reifens selbst, was auf die mit der Expansion verbundene Abkühlung zurückzuführen ist.

Zweiter Schritt: In der Atmosphäre nimmt der Luftdruck mit zunehmender Höhe ab. Stellt man sich vor, daß die Luftmoleküle alle aufeinander lasten, versteht man schnell, weshalb oben weniger Druck als unten ist. Sehr einfach.

Dritter Schritt: Wenn die Temperatur mit dem Druck und der Druck mit der Höhe abnimmt, muß die Temperatur auch mit der Höhe abnehmen. So ist es. Abgesehen von wetterbedingten Abweichungen gilt eine Standard-Temperaturskala von 6,5°C Temperaturabnahme je 1000 Meter Höhe, ausgehend von 15°C in Meereshöhe bis −56,5°C in 11 Kilometer Höhe, wo diese Regelmäßigkeit aufhört.

Wird also Luft in der Atmosphäre nach oben bewegt, kühlt sie sich entsprechend dieser Skala ab, wird sie abgesenkt, erwärmt sie sich nach der gleichen Regel.

Der Kondensationsprozeß

Bei blauem Himmel findet offensichtlich keine Kondensation statt. Die Lufthülle ist in diesem Falle so geschichtet, daß der Wasserdampfanteil nach oben hin so abnimmt, daß die jeweilige Sättigungstemperatur immer unterhalb der Umgebungstemperatur liegt. Unten sind dann die feuchten Luftschichten, und nach oben hin wird es immer trockener.

Wird durch äußeren Anlaß eine Aufwärtsbewegung in dieser Schichtung herbeigeführt, zum Beispiel durch Aufgleiten der Luftmasse auf eine Bodenerhebung oder auf eine kältere Luftmasse oder auch durch Erwärmung à la Montgolfière, kommt es beim Erreichen der kälteren Höhen zur Kondensation.

Jetzt wird Kondensationswärme frei. Für jedes Gramm kondensiertes Wasser genug Energie, um zwei Kubikmeter Luft um ein Grad zu erwärmen. Die auf diese Weise erwärmte Luft steigt nach dem Montgolfière-Prinzip auf. Sie kühlt dabei nach der Temperatur/Höhenskala ab, behält aber den einmal gewonnenen Temperaturvorsprung gegenüber der benachbarten, nicht von der Kondensation betroffenen Luft. So steigt sie weiter, bis sie die Sättigungstemperatur ihres inzwischen geringer gewordenen Wasseranteils erreicht hat und erneut Kondensation einsetzt. Es wird wieder Kondensationswärme frei, und der Vorgang wiederholt sich immer wieder. Das setzt sich so fort, bis kein Wasserdampfanteil mehr da ist.

Sturm durch Kondensationswärme

Je nach Wasserdampfanteil der Luft kann die Menge der vorhandenen Kondensationsenergie beträchtlich sein. Sie wird über die Erwärmung der Luft in Vertikalbeschleunigung umgesetzt. Diese Beschleunigung setzt mit dem fortlaufenden Kondensationsprozeß immer wieder, quasi auf allen Höhenetagen an. Die Schübe addieren sich zu einem gewaltigen Kamin ungeheurer Luftmengen, die am Boden von allen Seiten nachströmen. Je mächtiger der Kamin, desto stärker die Bodenströmung, der Wind, der Sturm. Der Kamin ist der Motor des Sturms.
Besagt die landläufige Meinung, daß der Wind durch das Aufsteigen sonnenerwärmter Luft entsteht, muß dies nun korrigiert werden. Dieser Effekt ist zwar existent. Aber die wesentliche Energie, die einen Sturm antreibt, kommt von der Kondensation. Die Feuchtigkeit der Luft ist die „Power".

2 Hochs und Tiefs

Der vertikale Strömungskreislauf

Hochs und Tiefs sind Teile der vertikalen Zirkulation der Luftmassen unserer Atmosphäre. Den aufsteigenden Teil dieses Kreislaufs kennen wir als Antriebsmotor des Windes. Die Luft hat dort, weil erwärmt, eine geringere Dichte. Geringere Dichte bedeutet niedrigeren Druck, entsprechend heißt die Region des Aufstiegs wenn auch nicht Niederdruckgebiet, so doch sinngemäß Tiefdruckgebiet, kurz Tief.

Der Aufstieg ist nicht grenzenlos. Irgendwo muß die Luft bleiben. Wenn mangels Kondensation keine Wärme mehr frei wird, kühlt die Luft in der Höhe durch Wärmeabstrahlung aus, die Vertikalströmung neigt sich in eine Horizontalströmung. Die Luft kühlt weiter ab und nimmt an Dichte und Gewicht zu. Sie senkt sich folglich nach genügender Zeit wieder ab und bildet dort quasi einen großen Berg relativ dichter Luft mit entsprechend hohem Druck. Dies ist das Hochdruckgebiet oder kurz das Hoch.

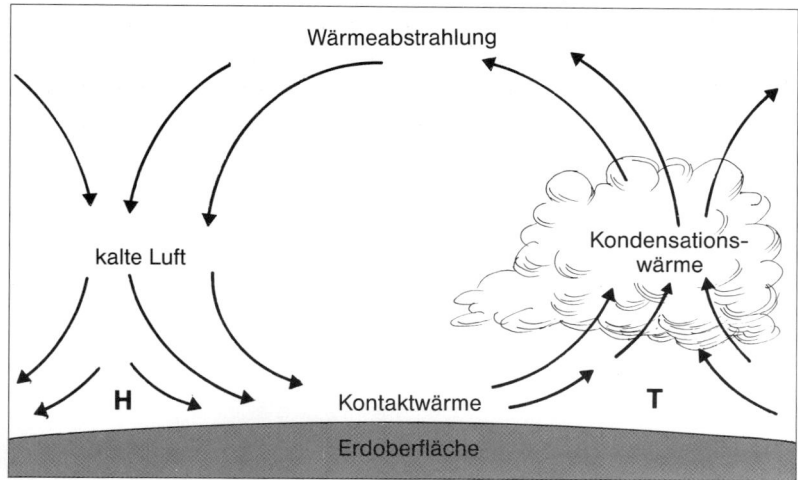

Abb. 2/1: Der vertikale Strömungskreislauf

Ähnlich einem Kartoffelberg, der seitwärts auseinanderrollt, wenn er zu hoch geschüttet wird, fließt auch der Luftberg eines Hochdruckgebiets seitlich ab. Vorzugsweise fließt die Luft zum nächsten Tiefdruckgebiet, wo der Raum unter den aufsteigenden Luftmassen aufgefüllt werden muß. Der Kreislauf ist geschlossen. Siehe dazu Abbildung 2/1.

Das planetarische Windsystem

Die Verteilung der Hochs und Tiefs unterliegt einer prinzipiellen Grundordnung, die es sich lohnt zu studieren, auch wenn sie in der Realität vor lauter Ausnahmen selten noch erkennbar bleibt. Es handelt sich um eine globale Betrachtungsweise, daher auch die Bezeichnung planetarisches Windsystem. Sie geht davon aus, daß die Erde sich im Sonnensystem dreht, daß aber ihre Oberfläche einheitlich beschaffen wäre.

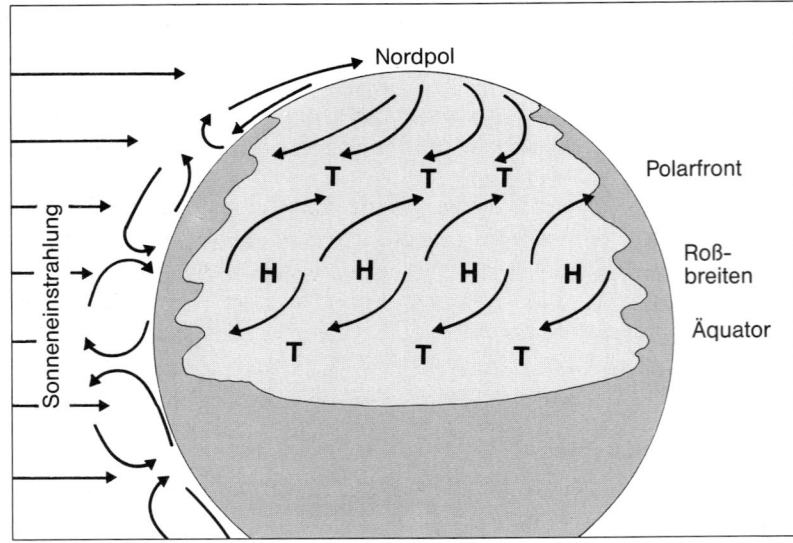

Abb. 2/2: Das planetarische Windsystem

In der Abbildung 2/2 ist zu erkennen, daß in den äquatorialen Breiten die Sonneneinstrahlung am intensivsten ist, weshalb dort die Luftmassen thermisch aufsteigen. Sie bilden dort die tropischen Tiefdruckgebiete. In der Höhe fließen die Luftmassen nach Nord und Süd ab, verlieren ihre Wärme und lassen sich in den sogenannten Roßbreiten als große Hochdruckzonen nieder. Wie der Kartoffelberg fließt die Luft als Bodenstrom ab, und zwar teilweise nach Süden, um den Kreis zu schließen, und teilweise auch nach Norden, um einen neuen Kreis zu starten (Nordhemisphäre).

Wegen der Coriolis-Ablenkung fließt der nach Norden tendierende Bodenstrom tatsächlich der Erddrehung voraus, also nach Osten, und der nach Süden tendierende Bodenstrom nach Westen.

Verfolgen wir den Bodenstrom des zweiten Kreislaufs. Abgelenkt nach Osten, bewegt er sich dennoch höheren Breiten zu und trifft etwa auf der Höhe der mitteleuropäischen Breiten auf Gegenverkehr. Hier naht der Bodenstrom eines gegenläufigen Kreislaufes, der in der Lufthülle der Polarkappe fließt. Diese Kappe wird der Kugelform der Erde entsprechend an ihrem Rand mehr von der Sonne erwärmt als im Polbereich selbst, weshalb dort dieser thermische Kreislauf entsteht. Sein zunächst nach Süden tendierender Bodenstrom wird bedingt durch die Coriolis-Kraft in einen Weststrom umgelenkt und kollidiert mit dem Bodenstrom aus dem zuvor beschriebenen Kreislauf.

Die Kollisionszone dieser beiden planetarischen Grundströmungen wird Polarfront oder die polare Konvergenzzone genannt. Für uns ist weniger der Name als die Tatsache der Kollision interessant, denn wenn Luftmassen unterschiedlicher Temperatur aufeinandertreffen, und das ist hier der Fall, drängt die kältere die wärmere Luft nach oben. Wir wissen bereits, was dann passiert: Kondensation, Wärme, Auftrieb und so fort. Es entstehen Tiefs, und zwar reihenweise die ganze Polarfront entlang, wenn nicht topographische Umstände ab und zu die Regel durchbrechen würden.

In der Praxis können wir oftmals Hochs und Tiefs eindeutig dem planetarischen Windsystem zuordnen (Abbildung 2/3). Den Theoretiker erfreut das immer. Die großen wetterbestimmenden Hochs im Sommer, das

Azorenhoch oder das Bermudahoch, sind typische Resultate der absteigenden Luftmassen über den Roßbreiten. Die nordatlantischen Tiefdrucksysteme, allen voran das oft Schwerwetter verheißende Islandtief, sind Teile der Tiefdruckkette entlang der polaren Konvergenzzone.
Jahreszeitlich bedingt verschieben sich die Gürtel des planetarischen Windsystems nach Nord oder Süd. Nur im Frühling und im Herbst liegt die maximale Sonneneinstrahlung im Äquatorialbereich. Im Sommer verschiebt sie sich um die Erdinklination (23,5°) nach Norden und im Winter um den gleichen Betrag nach Süden. Allerdings wandert das planetarische Windsystem um ein Vierteljahr verzögert und auch nur um rund 10 Breitengrade hin und her.

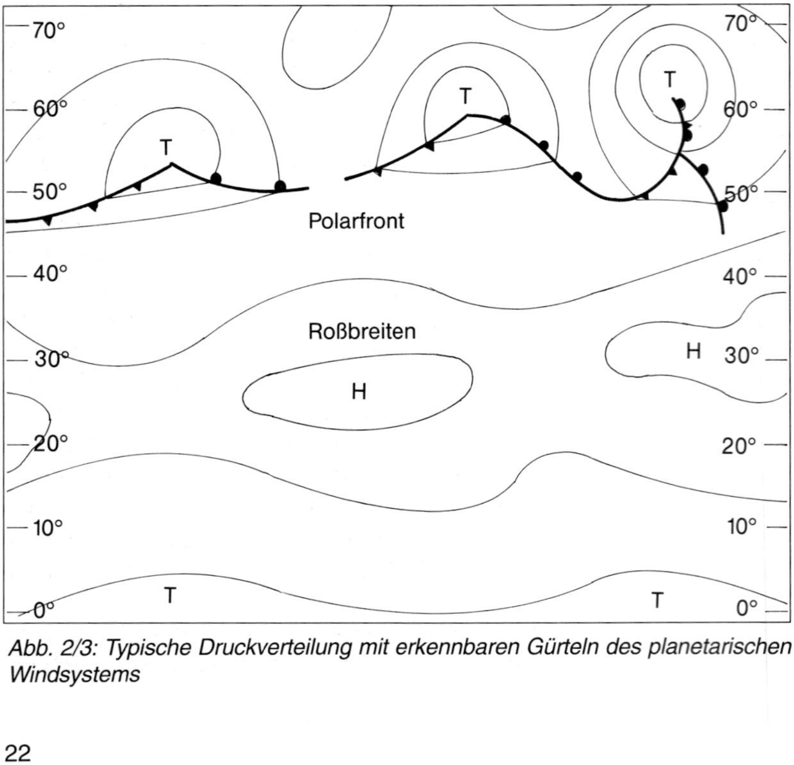

Abb. 2/3: Typische Druckverteilung mit erkennbaren Gürteln des planetarischen Windsystems

Die Gürtel des planetarischen Windsystems sind auch keineswegs in sich geschlossen. Die Unterschiede der Land- und Seemassen mit ihrem völlig andersartigen Wärmeverhalten bedingen, daß in manchen Regionen die Vertikalzyklen hochenergetisch sind und das Wetter ganzer Meere und Kontinente bestimmen und in anderen Regionen mangels Energie überhaupt nicht zum Tragen kommen. Es würde hier zu weit führen, die Gesetzmäßigkeiten dieser Abweichungen zu untersuchen, obwohl es sich hierbei auch um einen sehr interessanten Bereich der Meteorologie handelt.

Der Wind im Tief

Es beginnt damit, daß die Bodenströmungen, die ein Tief ernähren, nicht radial zufließen, sondern wegen der Coriolis-Ablenkung eine größere Tangentialkomponente haben, und zwar in Richtung ihres Druckgefälles gesehen nach rechts (Nordhalbkugel). So münden die Luftmassen in eine Spirale, die sich auf der Nordhalbkugel entgegen dem Uhrzeigersinn dreht. Auf der Südhalbkugel analog im Uhrzeigersinn, aber bleiben wir bei der Nordhalbkugel.
Druckgefälle und Fliehkraft stehen sich bei der Rotation des Luftstroms um das Tief gegenüber. Bei stärkerem Druckgefälle drängt der Strom nach innen, bei flacherem nach außen. Geht der Strom nach innen, steigt in gleichem Maße die Strömungsgeschwindigkeit, geht er nach außen, sinkt sie ebenso. (Reminiszenz an die Physikstunde: Der Drehimpuls bleibt konstant.) So ist es zu verstehen, daß der Wind im Tiefdrucksystem den Isobaren folgt, und zwar auch deren Aus- und Einbuchtungen. Es ist der Grund, weshalb man von den Isobaren die Windrichtung ablesen kann, wenn man je nach Bodenreibung einen Schnittwinkel, von 10° bis 25° einwärts gerichtet, berücksichtigt. Und wir können verstehen, weshalb am „Steilhang" des Tiefs, wo der Windstrom nach innen schwenkt und definitionsgemäß die Isobaren eng beieinander liegen, hohe Windgeschwindigkeiten herrschen.
Scharfe Knicke der Isobaren zeigen einen Schwenk in der Windrichtung an, was allerdings im Verlaufe der Fronten mit dem Abheben der Boden-

strömung im Warmluftsektor zu erklären ist. Oft steigt die Windstärke im Frontbreich böenartig an, was hauptsächlich von den starken Vertikalbewegungen des Kondensationsprozesses herrührt. Es sei am Rande erinnert, daß die Kaltfront den gesamten Vorgang der Kondensation auf engstem Raum konzentriert, weshalb alle Wettererscheinungen ungleich heftiger und geballter auftreten als bei der weiträumig ausgedehnten Warmfront.

Der Wind im Hoch

Stellt man sich die Isobaren auf der Wetterkarte als Höhenlinien einer Relieflandschaft vor, erscheint bei den meisten Wetterlagen eine ganz besondere Art von Hügellandschaft. Die Hügel haben die Form weit ausgedehnter flachgestreckter Kuppen mit sanften Übergängen. Dazwischen liegen einschnittartige Talkessel, die sich in ihren Zentren kraterartig vertiefen. Gegenüber den großflächigen Kuppen haben die Krater nur kleine Durchmesser.

Projizieren wir zusätzlich das Modell des vertikalen Strömungskreislaufs auf dieses Bild, erkennen wir, daß der Luftstrom beim Absenken auf das Hochdruckgebiet sich auf einem großen Raum ausbreitet, im Tief sich jedoch quasi durch eine Düse quälen muß. Entsprechend verhalten sich die Windgeschwindigkeiten: Im Hoch kommt der Wind zur Ruhe. Sein geringes Druckgefälle gibt kaum Antrieb. Der durch die Coriolis-Kraft bedingte Rechtsdrall kommt mangels Windgeschwindigkeit nur in den Randzonen des Hochs zum Tragen. Erst auf dem Wege zum Tief nimmt die Windstärke mit steigendem Druckgefälle (Kraterrand des Reliefmodells!) zu, um ihr Maximum in der Strömungsspirale des Tiefs zu erreichen.

Windinformationen aus der Wetterkarte

Die Relieflandschaft der Hochs und Tiefs wird in der Wetterkarte abgebildet (Abbildung 2/4). Die Höhenlinien, sprich Isobaren, zeigen Windrich-

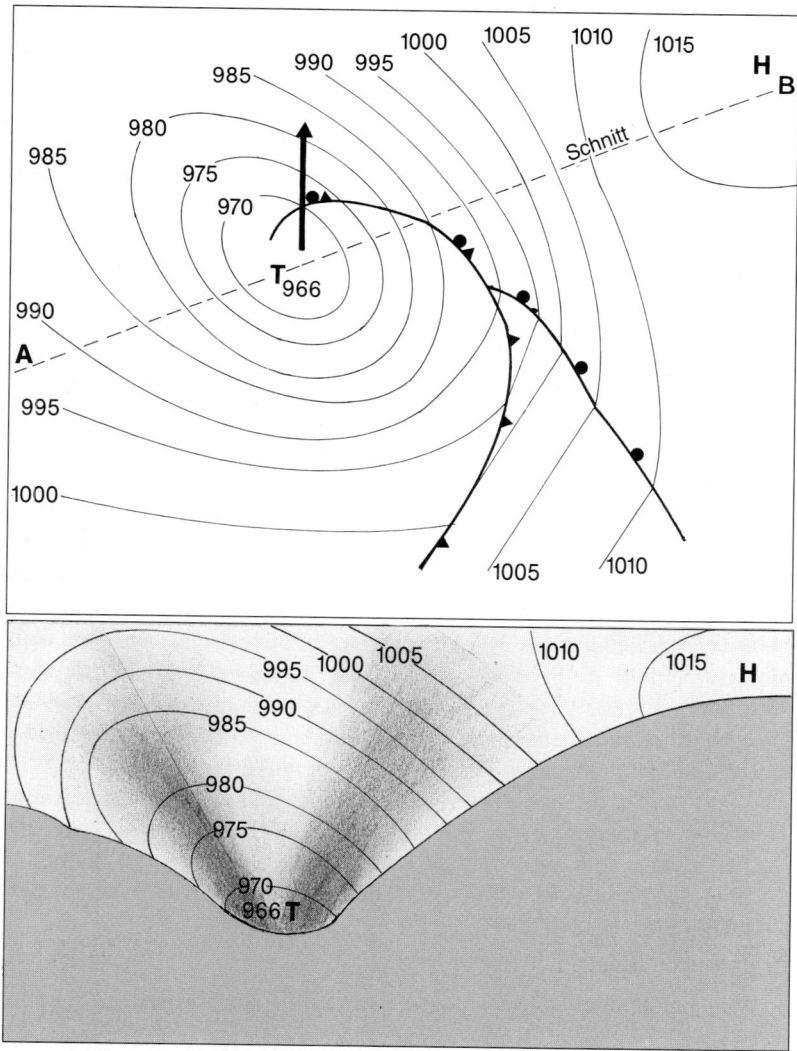

Abb. 2/4: Die Wetterkarte als Relieflandschaft

tung und Stärke für jeden Ort an. Aber die Wetterkarte ist eine Moment-
aufnahme. Tatsächlich bewegen sich die Drucksysteme. In unseren Breiten ist ihre Hauptzugrichtung von West nach Ost, wovon sie im Einzel-
falle allerdings abweichen können, meist dem Verlauf der Polarfront folgend. Sie schwenken auch in sich, so daß die Flanken des Drucksy-
stems alternativ zurückbleiben oder vorausziehen. Das ganze Relief kne-
tet und walkt in sich selbst.

Die aktuelle Wetterlage ist immer die Interpolation zwischen der vorliegenden Wetterkarte und der Vorhersage. Eine eigene Wettervorhersage
kann man der Wetterkarte nur mit aller Vorsicht entnehmen, indem man
die bereits erkannten Bewegungen und Trends extrapoliert. Für längerfri-
stige Prognosen, die vielleicht jenseits der nächsten 12 Stunden liegen,
ist diese Methode jedoch zu vage. Dafür gibt es die Meteorologie, der wir
Amateure den Vorrang lassen sollten.

Mit dem Barometer versucht man zu identifizieren, welcher Bereich der
Wetterlage gerade über einen hinwegzieht. Das geschieht ähnlich wie
die Standortbestimmung auf See mittels Lotreihe. Die „Lotreihe" mit dem
Barometer entsteht durch regelmäßiges Ablesen und Notieren. Ein traditioneller Standard schreibt zweistündiges Ablesen vor, mit Eintrag in das
Logbuch. Einfacher und aussagekräftiger ist der Barograph, der den
Luftdruck fortlaufend als Kurve auf einen Papierstreifen schreibt. Ich
empfehle jedem Segler diese Anschaffung, zumal er auch ohne Wetterkarte für die Früherkennung von Wetterveränderungen gut geeignet ist.
Dazu muß man sich allerdings erst viel Erfahrung aneignen durch inten-
sive Wetterbeobachtung in Verbindung mit dem Barogramm.

Hat man seinen „Standort" in der Wetterkarte gefunden, ist die gesamte
örtliche Wetterlage ablesbar. Es ist zu erkennen, wie der Wind sich als
nächstes verändern wird, welche Winde in Kursrichtung voraus wehen
und wie der Wind in alternativen Seegebieten blasen würde, sollte man
sich dafür entscheiden.

3 Wind, Starkwind, Sturm

Mehr und mehr kommt der Ausdruck Sturm in unsere Überlegungen. Es ist Zeit, diesen oft strapazierten Begriff abzugrenzen. Die deutsche Meteorologie spricht ab Beaufort 8, das sind 34 und mehr Knoten Windgeschwindigkeit, von Sturm. Beaufort 6 und 7, dem entsprechen 22 bis 33 Knoten, heißen Starkwind. Nun hat nicht jeder ein Anemometer, eine Windgeschwindigkeitsanzeige, an Bord, um festzustellen, daß man sich im Sturm befindet. Das subjektive Empfinden reicht aber völlig aus und ist obendrein für die Sicherheit zweckdienlich. Denn meist schätzt man Wind und Welle stärker ein, als sie sind, und das kann nicht schaden.

Ich habe mir angewöhnt, alles Starkwind zu nennen, was ungemütlich, und Sturm, was beängstigend ist. Natürlich gibt es Indikatoren, die einem das Schätzen erleichtern, aber die gelten immer nur für ein bestimmtes Seegebiet oder für ein bestimmtes Schiff. Es gibt notorische Wantenheuler, die schon ab 5 Windstärken anfangen zu jaulen, während man bei anderen Yachten vor lauter Gischtgeknalle das Wantenheulen überhaupt nicht hört. Ähnlich ist es mit der Charakteristik der See. Bei flachem Wasser, wenn's kabbelig ist, gibt es schon bei Stärke fünf kleine Brecher. Draußen dagegen, richtig draußen, kann es bei acht Windstärken noch eine wunderschöne, harmonische See geben, deren Wellen sich nicht mucksen. Siehe dazu Abbildung 3/1.

Beaufort	bis kn	bis m/s	amtl. Bez.	Besegelung (Richtschnur)
1	3	1,5	leiser Zug	Flaute
2	6	3,3	leichte Brise	so gut wie Flaute
3	10	5,4	schwache B.	Genua I
4	15	7,9	mäßige B.	Genua I
5	21	10,7	frische B.	Genua II
Starkwind:				
6	27	13,8	stark	1. Reff, Genua II
7	33	17,1	steif	2. Reff, Genua III
Sturm:				
8	40	20,7	stürmisch	3. Reff, Sturmfock
9	47	24,4	Sturm	3. Reff, Sturmfock
10	55	28,4	schwerer St.	Sturmfock
11	63	32,6	orkanartig	Sturmfock
12	offen		Orkan	Sturmfock

Abb. 3/1: Die Beaufortskala in Knoten und Meter pro Sekunde sowie mit den in den amtlichen Wetterberichten gebrauchten Bezeichnungen

Ablesen der Windgeschwindigkeit

Vorsicht mit der Geschwindigkeitsanzeige. Was man abliest, ist je nach Dämpfung des Geräts der scheinbare Wind, verfälscht um das Hin- und Herpeitschen des Mastes. Letztere Verfälschung muß man herausmitteln oder den Dämpfungsgrad des Geräts höher einstellen. Den wahren Wind bekommt man mit einem Vektorendiagramm auf dem Schmierzettel. Bitte nicht auf der Seekarte!
Ich kann ganz gut Abstände schätzen und lese mit einem Trick das Vektorendiagramm direkt vom Windrichtungsanzeiger ab. Der Zeiger dient mir dabei als Vektor des scheinbaren Windes, der in Abbildung 3/2 14 kn wäre. Die Fahrt wäre 6 kn. Von der Zeigerspitze stelle ich mir den Fahrt-

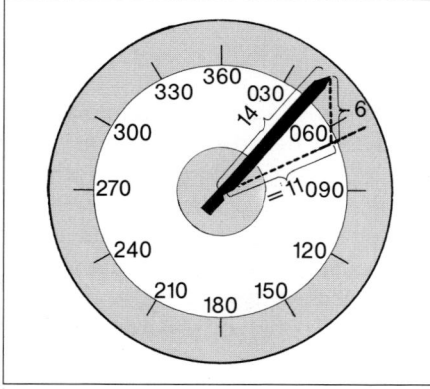

Abb. 3/2: Das imaginäre Vekto-rendiagramm auf dem Windrich-tungsanzeiger

vektor nach unten gezeichnet vor, 6/14, also knapp halb so lang wie der Zeiger. Zum Kopf des Fahrtvektors zeichne ich gedanklich von der Instrumentenmitte ausgehend den Vektor des wahren Windes, dessen Gradzahl (hier 060) man als Seitenpeilung direkt ablesen kann und dessen Länge man in Relation zur zugewiesenen Zeigerlänge schätzt (11 kn). Klappt erstaunlich gut.

Ermittlung der Windgeschwindigkeit aus dem Isobarenabstand

Daß die Windgeschwindigkeit mit enger werdendem Isobarenabstand zunimmt, ist uns noch geläufig. Die Meteorologie bietet eine Formel, mit der diese Relation in gewisser Annäherung auch rechnerisch erfaßt werden kann. Die Windgeschwindigkeit verhält sich umgekehrt proportional zum Isobarenabstand und zum Sinus der geographischen Breite. Hinter ersterem verbirgt sich die Antriebskraft, hinter letztem die Coriolis-Kraft, die sich natürlich am Äquator nicht, am Pol aber maximal auswirkt.

$$\text{Windgeschw.} = \frac{\text{Isobarensprung in hPa}}{\text{sm pro Isobarensprung}} \times \frac{556}{\sin \text{Breite}}$$

Praktisches Beispiel: die Windgeschwindigkeit bei 30° Breite und einem Isobarenabstand von 180 sm mit Isobarensprüngen von 5 Hektopascal:

$$\frac{5}{180} \times \frac{556}{\sin 30°} = \frac{1}{36} \times \frac{556}{0,5} = 30,9 \text{ kn}$$

Beim Blick auf die Wetterkarte halte ich immer Ausschau nach zwei kritischen Isobarenabständen. Das sind die, bei denen es auf meiner Breite mit sechs oder mit acht Windstärken bläst. Man kann diese Schwellenwerte jedesmal ausrechnen, man kann sie sich aber auch für sein Revier (sprich Breite) merken. Wir gehen hierbei von deutschen Wetterkarten aus, deren Isobaren Fünfersprünge machen. Englische Isobaren springen in Viererschritten, und italienische machen ganz große Sprünge mit 8 Hektopascal. Bei den flachen Druckverhältnissen im Mittelmeer bleiben dann zwar gar keine Isobaren mehr übrig, aber das gehört nicht hierher.

Schwellenwert des Isobarenabstandes für Starkwind und für Sturm:

Breite	Isobarenabstand bei	
	Starkwind	Sturm
10 Grad	730 sm	470 sm
20 Grad	370 sm	240 sm
30 Grad	250 sm	160 sm
40 Grad	200 sm	130 sm
50 Grad	165 sm	105 sm
60 Grad	145 sm	95 sm
70 Grad	135 sm	85 sm

Für die Ost- und Nordsee merke ich mir die Zahlen 150 und 100. Liegen auf der Wetterkarte die Drucklinien so eng beieinander oder gar enger, dann bedeutet das im Falle 150 Starkwind und im Falle 100 Sturm. 100 sm, das ist die Distanz von Cuxhaven nach Blåvands Huk oder von Trelleborg bis zur jütländischen Küste. Solche Daumenmarken helfen, um die Wetterkarte mit einem Blick zu begreifen. Die Breitenparallele sind natürlich die bessere Referenz für Distanzen auf der Wetterkarte. Nur sind sie oft kaum zu erkennen.

4 Das Sturmtief

Der Druck geht in den Keller

Wenn in unseren nordeuropäischen Breiten das Barometer um mehr als
1 Hektopascal pro Stunde fällt, sollten alle Warnlichter auf Rot gehen.
Dieser Druckabfall entspricht bei normalen Zuggeschwindigkeiten der
Sturmtiefs dem sturmtypischen Gradienten. Man befindet sich auf der
Vorderseite in Zugrichtung und hat gute Chancen, vom Kernbereich
überlaufen zu werden.

Das Sturmtief auf der Wetterkarte

Es sieht irgendwie aus wie eine Schießscheibe: viele konzentrische
Ringe – und zur Mitte wird's immer schwärzer. Etwas fachmännischer:
Es handelt sich um eine kraterförmige Druckabnahme auf 980 bis 960
hPa in unseren Breiten. Das Sturmtief wird versorgt durch ein massives
Hoch im Warmluftsektor mit 1025 bis 1035 hPa Druck, nicht weiter als
800 bis 1200 sm entfernt, oft noch unterstützt von einem arktischen
Hochdruckgebiet auf der Nordwestseite. Das Druckgefälle von den versorgenden Hochs zum Tiefdruckkern liegt in der Größenordnung 5 bis
7 hPa pro 100 sm.
Ein Sturmtief unserer Breiten bildet sich meist aus einer Welle entlang
der Polarfront über dem Nordatlantik (Abb. 4/1, 1.Tag). Vertiefend zieht
es auf die Britischen Inseln zu, während die Fronten sich deutlich ausbil-
den und im Verlaufe des Zuges in den Warmluftsektor schwenken (Abb.
2.Tag). Je nach Stärke der versorgenden Hochs und dem Energiegehalt

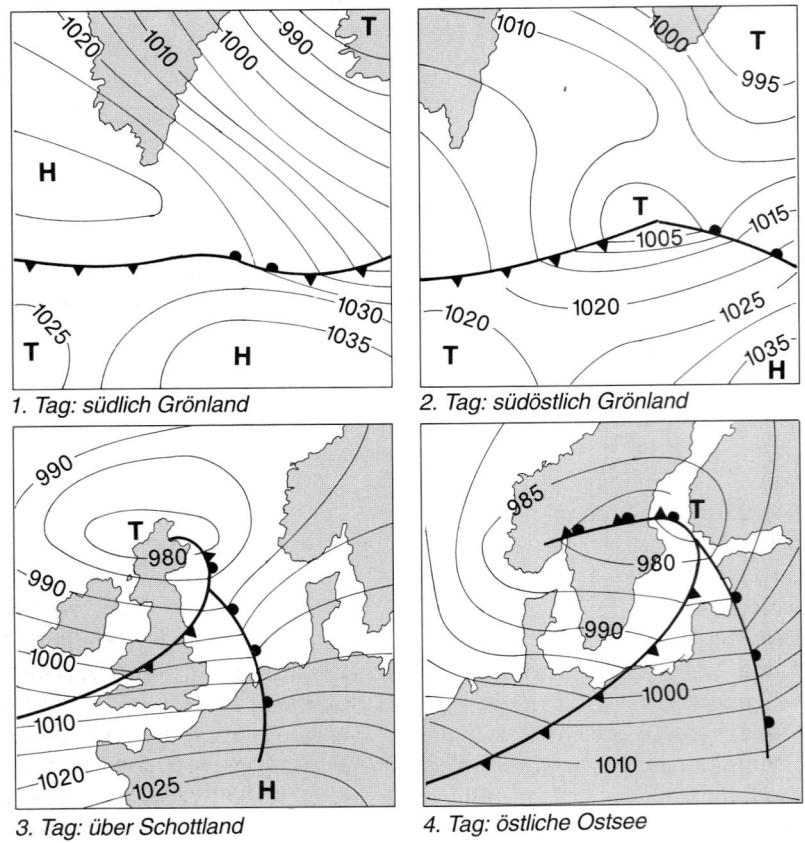

1. Tag: südlich Grönland

2. Tag: südöstlich Grönland

3. Tag: über Schottland

4. Tag: östliche Ostsee

Abb. 4/1: Die Entwicklung eines Sturmtiefs

der angelieferten Luftmassen vertieft es sich weiter oder flacht ab. Weiter vertiefend, neigt die zweite der beiden Fronten, die Kaltfront, dazu, die Warmfront voraus zu überholen. Sie schiebt die Warmluftmasse vor sich her auf die darunter liegende Kaltluft. Beide Fronten okkludieren (Abb. 3.Tag).

Im Verlaufe seines Zuges verdreht sich das Sturmtief, seinem eigenen Drall folgend. Die Fronten schwenken voraus, der Kern hinkt nach und zieht eine Tiefdruckschleppe hinter sich her. Die Trägheit des gesamten Wirbels läßt den Kernsog noch lange nachwirken, auch wenn das Frontensystem schon einige hundert Meilen voraus ist. Die Isobarenausbuchtung auf der Rückseite des Tiefs deutet auf diese Sogschleppe hin, die in der Wetterkunde Trog genannt wird (Abb. 4.Tag).

Das Sturmtief verflacht meist nach drei bis vier Tagen und einer Zugbahn von 1000 bis 2000 Meilen. Zum einen liegt dies an dem allgemeinen Druckausgleich, zum anderen aber auch an der zunehmenden Reibung an den kontinentalen Erdoberflächenformen, wenn es die mittel- und nordeuropäischen Landmassen überquert.

Die Windeigenschaften des Sturmtiefs

Das einzige Angenehme an den Sturmtiefs ist ihre gute Erziehung. Sie gehorchen einigermaßen ihren Gesetzmäßigkeiten. Stehen gute Wetterdaten aus ihrem „Aufmarschgebiet", dem Nordatlantik, zur Verfügung, lassen sich ihre Entwicklung und ihr Zugverhalten gut vorhersagen. Die Beiträge der Wettersatelliten sind hierbei von unschätzbarem Wert. Früher waren die Wetterdaten aus dem Nordatlantik, zeitlich und räumlich gesehen, dagegen reichlich grobmaschig.

Die Zuggeschwindigkeit von Sturmtiefs kann extrem hoch sein. 2000 Seemeilen in 48 Stunden sind keine Phantasie. Das sind gut 40 Knoten! Die Sturmzone kann 500 Seemeilen Durchmesser haben. Daraus ergibt sich sogleich, daß ein Segelboot einem Sturmtief insgesamt kaum ausweichen kann. In 12 bis 18 Stunden ist die Sturmzone durchgezogen, während man bestenfalls 60 bis 90 sm Fluchtweg geschafft hätte. Bleibt also nur der klägliche Versuch, sich ein wenig aus der voraussichtlichen Bahn des Kerns zu entfernen.

Auch paßt eine Orkannavigation nicht so recht in die kleinräumige Geographie Nordeuropas. Bei 60 bis 90 sm Fluchtweg käme in vielen Fällen längst Land in die Quere, und es läge die Frage näher, ob und hinter welches Land man sich verkriechen sollte. Das allerdings ist ein Thema für sich, mit dem sich das Kapitel 16 befaßt. Dort geht es um die Vorausplanung während eines Sturms.

Durchzug der Fronten

Befinde ich mich auf der Südseite des Systems, erfahre ich nach und nach ein Rechtdrehen des Windes, der stärker wird, solange der Druck weiter abnimmt. Die Fronten, insbesondere die Kaltfront, kündigen sich durch verdichtete Niederschläge, Temperaturwechsel und durch einen deutlichen Rechtssprung der Windrichtung an. Der Wind frischt an der Front noch einmal böig auf, um dann wieder nachzulassen. Im Sturmgebraus lassen sich die typischen Schichtwolken einer Warmfront von den Wolkentürmen der Kaltfront oder einer Okklusion nicht recht unterscheiden. Tiefe Wolkenfetzen und fliegendes Wasser lassen ohnehin alles grau und düster erscheinen. Manchmal existiert die Warmfront auch gar nicht, weil sie im Bereich des Vorbeizugs bereits mit der Kaltfront okkludiert hat.

Hinter der Kaltfront ist normalerweise mit abnehmenden Winden und nachlassenden Niederschlägen, dem sogenannten Rückseitenwetter, zu rechnen. Für die sturmgebeutelte Crew bedeutet es Entwarnung.

Recht verläßliche Anzeichen dafür sind der deutliche Temperaturabfall und die neue Windrichtung aus dem nordwestlichen Sektor.

Die Troglage

Dreht nach offensichtlichen Anzeichen des Kaltfrontdurchzugs der Wind wieder zurück und fällt der Druck erneut, folgt der Front ein Trog, und es wird noch einmal ernst. Die hinter dem Tiefdruckkern nachgezogene Sogschleppe hat eine tiefe Furche in dem Druckrelief hinterlassen und den Hang hinter der Kaltfront gefährlich abgegraben. Auf diese Weise ist dort ein ungewöhnlich starkes Druckgefälle entstanden mit entsprechend zunehmenden Windstärken. Zwei bis fünf Stunden kann es dauern, bis der Trog vorbeigezogen ist. Erst wenn der Wind erneut wieder rechtdreht und der Druck nachhaltig ansteigt, wird es ruhiger. Allerdings nur mit dem Wind. Die See bleibt noch sehr rauh und baut sich unter Umständen sogar noch weiter auf. Denn am Scheitel des Trogs dreht der Wind drastisch in den nordwestlichen Quadranten, manchmal sogar über Nord hinaus, wodurch eine neue Windsee auf der Dünung der alten, also eine Kreuzsee entsteht. Was Kreuzseen bedeuten, wollen wir hier nicht näher beschreiben. Das erfolgt im Kapitel 8, wo es um den Seegang geht.

Trogwetterlagen werden auf der Wetterkarte oft nicht genügend beachtet. Mangels auffallender Zeichensymbole, wie sie für Fronten zum Beispiel bestehen, fallen sie nicht sofort ins Auge. Auf See sind die Anzeichen auch nicht offensichtlich, zumal das bedrohliche Wolkenbild und die teilweise heftigen Niederschläge sich von denen der vorangegangenen Kaltfront nicht unterscheiden. Die Katastrophe beim Fastnetrennen 1979 war auf eine typische Troglage zurückzuführen, und es wurde hinterher viel diskutiert, ob man ihre Anzeichen vielleicht nicht genügend ernstgenommen hatte.

Die Rückseitenlage

Befinden wir uns auf der Nordseite des durchziehenden Sturmtiefs, ist alles etwas weniger dramatisch. Dort ist der Sektor der polaren Luftmasse, die von Natur her weniger energiegeladen ist. Auch gibt es dort normalerweise keine Fronten. Der Wind dreht kontinuierlich zurück. Beginnt der Starkwind mit Süd, haben wir das Sturmzentrum vor uns, beginnt er mit Südost oder gar nur Ostsüdost, haben wir gute Chancen, auf Distanz zu bleiben.

Auch hier gilt, daß der Wind mit abnehmendem Druck kräftiger wird und umgekehrt. Dreht der Wind schließlich auf nördliche Richtungen, ist es Zeit, langsam wieder die Pantry anzuwerfen.

5 Topographische Einflüsse

Die Strecke zwischen dem Ursprungshoch einer Luftmasse und dem aufnehmenden Tief kann ganze Kontinente überspannen. Das Druckgefälle bestimmt die Strömungsgeschwindigkeit. Abweichend davon kann die Gestalt der Erdoberfläche Richtung und Stärke dieses Stroms örtlich erheblich verändern. Auf den Einfluß des thermisch verursachten Seewindes bei Tag und Landwindes bei Nacht wollen wir nicht eingehen, zumal hinlänglich bekannt und weil wir uns mehr den sturmrelevanten Einflüssen zuwenden wollen.

Der Düseneffekt

Wir erinnern uns an die Wirkungsweise des Düseneffekts im Bereich von Meerengen, wo bergiges Land beidseitig den freien Winddurchlaß über See flankiert. Strömungstechnisch bedeutet Düsenwirkung Geschwindigkeitsanstieg (Abb. 5/1).

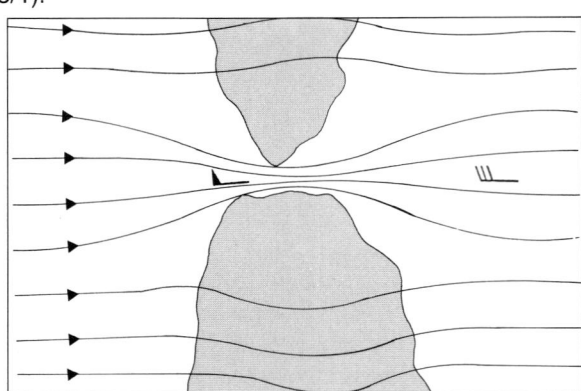

Abb. 5/1:
Düsenwirkung von
Meerengen

Die Straße von Bonifacio ist ein typisches Beispiel. Bei mittleren und starken Winden muß man dort in der Regel mit zwei Windstärken mehr als auf offener See rechnen.

Der Kapeffekt

Der Kapeffekt entspricht der Düsenwirkung, wobei die Natur übersieht, daß die zweite Flanke offen ist. Die Wirkung ist aber die gleiche (Abb. 5/2).

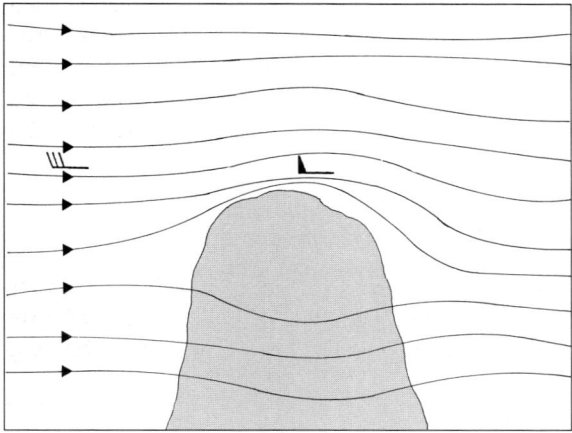

Abb. 5/2: Windver-stärkung am Kap

Das Cap Corse, die Nordspitze der Insel Korsika, ist ein treuer Gefolgsmann der Theorie und produziert in zuverlässiger Regelmäßigkeit ein bis zwei Windstärken extra.

In Lee eines Kaps muß zusätzlich mit starker Böigkeit gerechnet werden. Durch die seitliche Reibung des Luftstroms an der Landmasse entstehen Wirbel, die sich von der Küste ablösen und, den Drehimpuls beibehaltend, sich auf See hinausbewegen. Der ursprünglich homogene Luftstrom wird durch diese Wirbel überlagert. An der vorausströmenden Seite des Wirbels addieren sich die Geschwindigkeiten der beiden Strömungen, während sie sich auf der anderen Seite des Wirbels subtrahieren. Die Schwankungen können leicht 10 bis 15 Knoten, also rund zwei Windstärken haben. Der gebeutelte Segler empfindet das ständige Fauchen und Nachlassen als unangenehm und nennt den Wind schlicht böig.

Fallwinde

Die Fallwinde seien hier besonders erwähnt, schon allein weil über sie recht abenteuerliche Vorstellungen herrschen. Sie würden, weil von oben herunterfallend, Segelboote platt aufs Wasser drücken.
Wie jeder Wind sind Fallwinde parallel zur Erdoberfläche laufende Strömungen. Ihr Ursprung allein mag zu ihrem Namen geführt haben. Es handelt sich um Luftmassen, die in den Hochtälern eines Gebirges durch Abstrahlung an Wärme verloren und dadurch mehr Dichte, sprich Gewicht, als ihre angrenzenden Luftmassen bekommen haben. Werden solche schweren Luftmassen einer Grundströmung folgend aus dem Hochtal in Richtung offene See bewegt, nehmen sie während ihrer Talfahrt zusätzliche Geschwindigkeit auf. Sie münden mit großer kinetischer Energie auf das offene Meer, wo sie je nach Größenordnung der Luftmasse als örtlicher Starkwind oder als großräumiger Sturm auftreten können (Abb. 5/3).

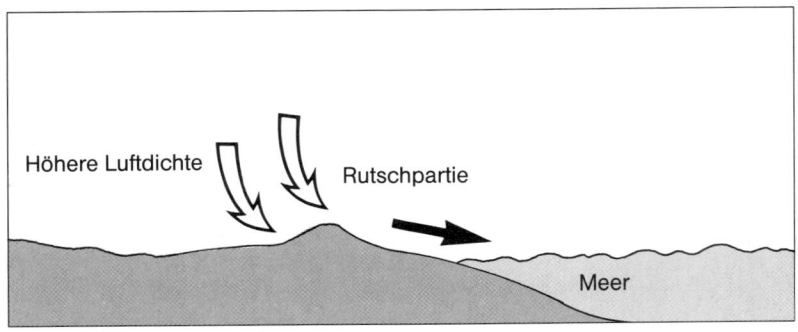

Abb. 5/3: Fallwindprinzip

Der wohl bekannteste nach dem Fallwindprinzip entstandene Sturm ist der Mistral. Seine Ursprungsluftmassen kühlen in den Hochtälern der französischen Alpen aus. Durch die Zirkularströmung eines über Genua gelegenen Tiefs werden diese unterkühlten Luftmassen aus ihrer Ruhelage heraus in Richtung Rhônetal bewegt, wo sie ihres größeren Gewichtes wegen bergab immer schneller werden. Der auf den Löwengolf

hinausmündende Fallwind fügt sich in die Gradientströmung des Genua-
tiefs ein, weshalb sich die hohen Windgeschwindigkeiten ungedämpft
fortsetzen können. Auf diese Weise reicht der Mistral oft bis Südwest-
sardinien und auch weiter.
Kleinere Fallwinde gibt es überall im Mittelmeerraum in Lee unterhalb
gebirgiger Küsten. Sie nehmen nur kleine Flächen ein, vielleicht eine
viertel bis eine ganze Seemeile breit. Aber dort weht es dann kräftig. Auf
alle Fälle kräftiger als der Wind draußen, vor dem man sich eigentlich
schützen wollte. So mancher unerfahrene Segler hat schon seine Wä-
sche eingebüßt, als er friedlich im Schutze einer Gebirgsküste segelnd
plötzlich in einen Fallwind geraten war.
Segelt man dennoch aus irgendeinem Grunde in Lee einer bergigen Küste, muß man gewissenhaft Ausguck voraus halten. Fallböen erkennt
man rechtzeitig am krisseligen Wasser. Auf größere Distanz sehen sie
wie ein schwarzer oder weißer Teich mitten auf dem Wasser aus,
schwarz oder weiß, je nachdem, wie das Licht einfällt.

Thermalböen

Ein weiterer besonderer Wind oder Sturm hat keinen Namen und muß
dennoch in diesem Zusammenhang erwähnt werden. Es ist der lokale
Sturm, der im Bereich einer sehr flachen Drucklandschaft ohne äußere
Anzeichen plötzlich auftritt und ebenso schnell verschwindet. Er wird
durch das Ablösen einer Warmluftblase verursacht, die wegen einer un-
erklärbaren Trägheit der Luftmasse schon lange Zeit am Boden geklebt
hatte. Keine Wolke, keine Front, keine Welle, nichts kündigt diesen
Starkwind an. Ein empfindlicher Barograph mag eine kleine Kerbe im
Diagramm anzeigen, die aber nicht als Indikator zur Vorwarnung genutzt
werden könnte.
Wer die wärmeren Breiten besegelt, fährt die Schoten nie zu fest belegt.
Bei seinem Rundblick hat er stets ein besonderes Auge für eigenartige
Hell- oder Dunkelfärbungen der Kimm, genauer gesagt: des Streifens vor
der Kimm. Denn die Kimm selbst verwischt in dem Sektor, wo der Klar-
wettersturm aufkommt.

6 Das Gewitter

Gerade für den Hobbysegler, der sich die schönen Sommermonate für seinen Sport aussucht, sind Gewitter wohl die beste Gelegenheit, auch mal einen kurzen, aber sicherlich handfesten Sturm abzukriegen. Sommergewitter in unseren Breiten können Böen bis Stärke 10 entwickeln, so daß es sich schon lohnt, über sie nachzudenken. Meteorologisch sind sie nichts anderes als ein örtlich besonders stark ausgefallener Kondensationsprozeß. Zu seiner Entstehung ist zweierlei nötig: Luft mit einem besonders großen Wasseranteil und ein Auslöser in Form von Vertikalbewegung oder Abstrahlung. Es bauen sich dann mächtige Haufenwolken auf, die sich nach oben immer weiter auftürmen. Die Kondensationsenergie entwickelt einen gewaltigen Auftrieb, der wiederum unten von den Seiten große Luftmengen nachsaugt. Dieser konzentrisch verlaufende Zustrom bildet kurz vor seinem Aufstieg den in Seglerkreisen allbekannten Böenkragen unter der Peripherie der Gewitterwolke.

Die Schauertätigkeit setzt meist erst im ausgewachsenen Stadium ein, äußerlich erkennbar an den stattlichen Ausmaßen des Wolkengebildes, an dessen Spitze sich die typische Amboßform herausbildet. (Übrigens in der erstaunlichen Höhe von 11 bis 15 km!) Der Niederschlag ist dann aber gleich so heftig, daß die herabstürzenden kalten Wassermassen die Luft im Zentrum des Gewitters abkühlen und mit herabreißen. Am Boden wird diese Fallströmung zwangsläufig nach außen umgelenkt, wo sie auf die von außen nach innen gerichtete Peripherieströmung trifft, dort aber mit dieser zusammen wieder nach oben gesogen wird von dem anfangs erwähnten Auftrieb (Abbildung 6/1).

Die Blitze entstehen dadurch, daß Luftmassenteile mächtig durcheinandergewirbelt werden, die je nach Herkunft oder auch durch Reibung un-

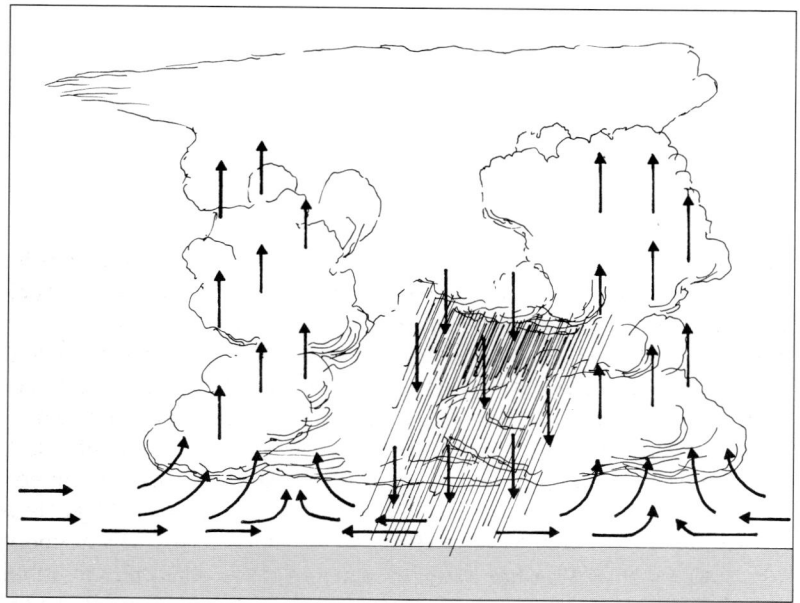

Abb. 6/1: Aufbau eines Gewitters

terwegs höchst unterschiedliche elektrostatische Potentiale haben. Weit entgegengesetzte Ladungen werden auf diese Weise zusammengeführt, so daß es zur Entladung kommt. Blitze haben keinen Einfluß auf den Wind unter dem Gewitter, wohl aber auf das Gemüt der Leute an Bord. So ein Silvesterfeuerwerk auf See kann einem ganz schön Angst einjagen. Ein anderes Thema.

Auch die Problematik des Blitzschutzes würde unser Thema sprengen. Nur zwei Statements seien hier erlaubt. Erstens schlägt der Blitz wirklich nur ganz, ganz selten ein. Es ist unglaublich, wie oft die Blitze rund um die Yacht in die See hauen, aber den Mast immer wieder verfehlen. Zweitens: Wenn er doch mal trifft und das Rigg gut geerdet ist, passiert außer einem fürchterlich lauten Knall gar nichts, es sei denn, es hat sich

41

gerade einer an den Wanten oder Stagen festgehalten. Das sollte man tunlichst vermeiden. Menschen sind also kaum gefährdet. Allenfalls können in der Elektrik oder Elektronik Schäden auftreten, und zwar Sekundärschäden, die durch Induktion des Spannungsstoßes in den Kabeln entstehen.

Die Vorwarnung

Gewitter kommen nicht aus heiterem Himmel. Die typische Gewitterstimmung ist nicht zu übersehen. Manchmal riecht es förmlich danach. Gewitter entwickeln sich irgendwo hinter der Kimm und kommen von dort auf. Nur selten kann man einmal ein entstehendes Gewitter beobachten, das gleich wieder abzieht. Unerfahrene Segler schließen aus der Tatsache, daß ein Gewitter in Lee steht, daß es abziehen muß. Aber der Bodenwind trügt. Nach ihm steht ein Gewitter immer in Lee, denn wegen der enormen Sogwirkung weht am Boden der Wind von allen Seiten zum Gewitter hin, unabhängig von der Großraumströmung, der das Gewitter folgt.

Tatsächlich ziehen Gewitter mit dem mittleren Höhenwind, den man mit einiger Übung am Zugverhalten der mittelhohen Wolken erkennen kann. Ist das nicht möglich, muß man sich nach den Strömungsverhältnissen der regionalen Wetterlage richten.

Der Wind beim Gewitter

Solange das Gewitter naht, gibt es freundlichen Segelwind, und man ist versucht, das Ungetüm nicht ernstzunehmen. Das kommt dann ganz plötzlich. Wenn es unter dem Wolkengebirge schon ganz düster aussieht, wenn die senkrechte Wolkenwand direkt über einem steht und wenn von Regen noch nichts zu sehen ist, genau dann gerät man in die Böenwalze, die kragenartig das Gewitter an seiner Basis umschließt. Der Wind frischt schlagartig auf und kann innerhalb von Sekunden 30 bis 40 Knoten (Windstärke 7 bis 9) erreichen. Die Windrichtung ändert sich zunächst wenig, vielleicht um 30 bis 40 Grad. Etwas weiter zum Zentrum hin schlägt der Wind aber plötzlich um. Man ist dann in den zentralen Fallstrom geraten, was die unmittelbar einsetzenden schweren Schauer bestätigen.

Bis das Gewitter endlich weggezogen ist, bleibt es extrem böig mit häufigen Sprüngen in der Windrichtung. Sekundenlange Zwischenflauten kündigen solche Sprünge oft an.

Ein schwerer Seegang baut sich fast nie auf. Dazu ist das Gewitter örtlich zu begrenzt. Der Wind hat keine Wirkstrecke auf der Wasseroberfläche. Auch sind die Richtungsänderungen so häufig, daß sich die Windseen kaum entwickeln können. Und die schweren Schauer plätten förmlich die See. Auf diese Weise bleiben die Wellenhöhen in aller Regel unter drei Meter.

Tips für den Segler

Möglicherweise kann man die Böenwalze rechtzeitig erkennen, wenn man den Blick voraus hat. Je nach Reflexion des Lichtes verfärbt sich die See unter der Walze scheinbar schwarz oder weiß, auf jeden Fall deutlich von dem sonstigen Grau abhebend.

In den bevölkerten Segelrevieren ist die Böengefahr noch einfacher auszumachen. Blick voraus, wo man die Gefahr vermutet, und wenn dort sich die ersten Segler auf die Seite legen, ist es Zeit, etwas zu unternehmen.

Weil der Wind sehr schnell zu seiner vollen Stärke ansteigt, hat es keinen Sinn, in den üblichen Stufen zu reffen. Schnell und radikal muß das Tuch verkleinert werden. Wem die Refferei zu tüddelig ist, der sollte sich nicht scheuen, die Segel ganz zu bergen und per Diesel dem Gewitter zu trotzen. Der Motor sollte aber schon mehr als ein Flautenschieber sein, denn unter Umständen muß gegenangedampft werden, und da gibt es bei Gewitter ganz schön Druck.

Unter Motor das Gewitter abzuwettern, hat unter Land den besonderen Vorteil, sich ausschließlich auf die doch recht kritische Navigation konzentrieren zu können. Ohne Abdrift und Kreuzschläge kann man sich die Orientierung schon vereinfachen. Auch wenn es als unsportlich gilt.

7 Tropische Wirbelstürme

Meteorologische Beschreibung

Wo nach dem planetarischen Windsystem (s. Abb. 2/2) im äquatorialen Bereich die Warmluft aufsteigt, bildet sich die äquatoriale Tiefdruckrinne. Die Luftmassen, die dort als Passatwinde oder als Monsune zusammengeführt werden, sind sehr warm und haben große Wasseranteile. Sie sind deshalb recht energiegeladen. Anders als an der Polarfront kommt es hier zu keinen Frontenbildungen, weil die zusammenstoßenden Luftmassen sich an Temperatur kaum unterscheiden. Auch fehlt der zur Zyklonenbildung wichtige Drall, den unsere Luftmassen im Norden (übrigens genauso auch im Süden) durch den tangierenden Gegenverkehr an der Polarfront mitkriegen. Tiefdruckgebilde, wie wir sie vom Norden her kennen, können also nicht entstehen. Die äquatoriale Tiefdruckrinne ist schlicht eine Rinne.

Obwohl die Kondensationsprozesse äußerst heftig sind – an Energie fehlt es ja schließlich nicht –, sind die Geschwindigkeiten der Bodenströmung nur mäßig. Es fehlt eben der Drall, das Zyklonenprinzip. Beides gibt es am Äquator nicht.

Das ändert sich, wenn die Tiefdruckrinne im Sommer nach Norden rutscht. Dann kommen wir in Breiten, wo die Coriolis-Kraft die Bodenströmung in einen Drall versetzt. Wenn dann auch noch das extrem warme Wasser der Äquatorialsee per Strömung in jene höhere Breite transportiert worden ist, sind alle Voraussetzungen für einen Wirbelsturm geschaffen.

Nach dem Drehimpulserhaltungssatz steigt die Bahngeschwindigkeit im gleichen Maße, wie der Radius abnimmt. Auf See, wo der Wirbel keine Abschwächung durch Bodenreibung erfährt, kommt dieser Satz voll zur Geltung. Der idealtypische Zustand des Gleichgewichts zwischen Zentrifugalkraft und Zentripedalkraft wird fast erreicht, so daß der „Badewannenabflußeffekt", bei dem das Wasser an der Innenwand des Abflußrüssels scheinbar endlos kreist, sich voll entfalten kann. Es kommt zu einem Hochgeschwindigkeitsring mit unbegrenzten Sturmstärken (Abb. 7/1).

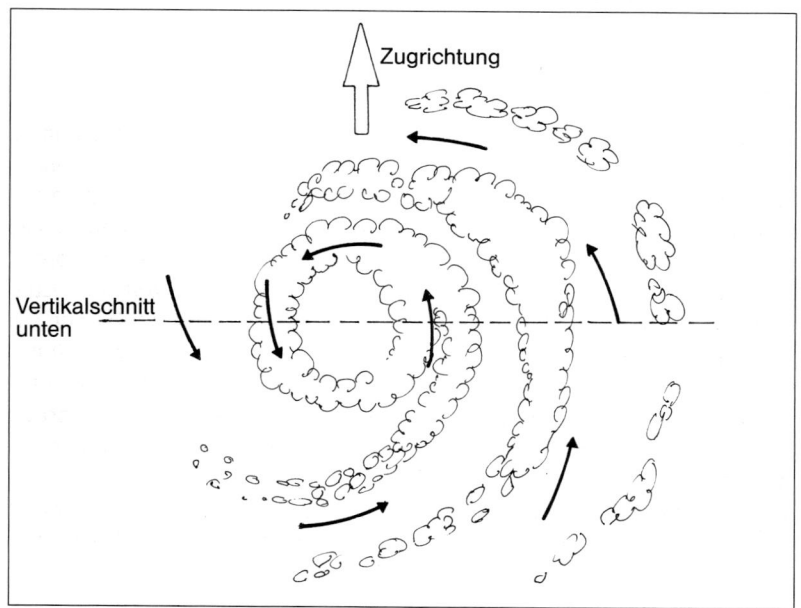

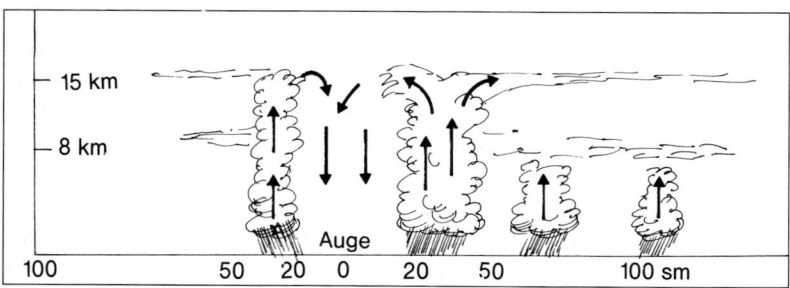

Abb. 7/1: Aufbau eines tropischen Wirbelsturms

45

Im hohlen Rüssel ist das Auge des Wirbelsturms. Es hat etwa 3 bis 30 sm Durchmesser und ist frei von Bodenwinden. Aber die See kocht dort, weil das System weiterzieht und noch vor kurzem der Orkan des inneren Ringes an dieser Stelle tobte. Und das kreisförmig. Man stelle sich die Kreuz- und Kabbelseen vor!

Anfangs ist der Orkanring nur 10 sm breit, bei älteren Wirbelstürmen kann er jedoch 50 sm Breite bekommen. Außerhalb nimmt die Windgeschwindigkeit bei jüngeren Systemen deutlich, bei älteren langsamer ab. Je nach Alter und Ausprägung des Wirbelsturms variiert der Abstand vom Kern zur moderaten Zone von 8 Bft zwischen 50 und 500 sm.

Der Bodenwind bläst auf der Nordhalbkugel linksherum spiralförmig auf den Orkanring zu, der auch elliptisch sein kann. Dort konzentriert sich der Kondensationsvorgang, der für den Antrieb des ganzen Systems sorgt. Entsprechend gibt es dort sintflutartige Niederschläge, während außerhalb des Ringes der Regen mehr einer kreisförmigen Warmfront entspricht.

Nach oben wird die im Orkanring hochgewirbelte Luft antizyklonal aus dem System herausgeschleudert und bildet spiralförmig nach außen laufende Zirren. Von weitem bereits deuten sie auf den Wirbelsturm hin.

Ein kleinerer Teil der hochgewirbelten Luft fällt in den Rüssel der Zyklone zurück und bildet im Auge ein Minihoch. Dies erklärt die Windstille und den blauen Himmel im Auge.

Wann und wo treten die tropischen Wirbelstürme auf?

Wo immer die äquatoriale Tiefdruckrinne, präziser die intertropische Konvergenz, jahreszeitlich bedingt auf 15 bis 25° Breite abweicht und eine warme Meeresströmung Wassertemperaturen von über 26,5°C liefert, können tropische Wirbelstürme entstehen. Diese Bedingungen treten klimatologisch mit gewisser Regelmäßigkeit auf, weshalb die Häufigkeit der tropischen Wirbelstürme recht zuverlässig zu erfassen ist.

In der Karibik und dem nordöstlich anschließenden Westatlantik beginnt die Hurrikan-Saison Ende Mai, hat im September ihren Höhepunkt und klingt Ende November aus. Im Nordostpazifik liegen die Zeiten ähnlich,

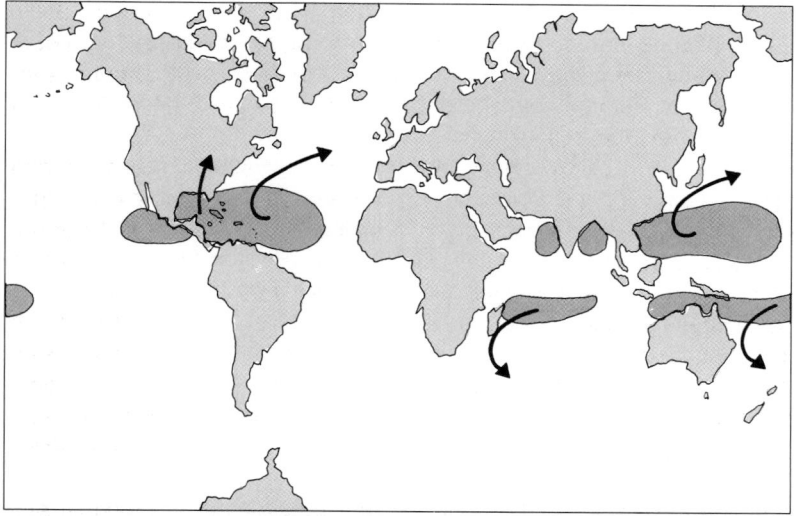

Abb. 7/2: Hauptentstehungsgebiete und Zugbahnen der tropischen Wirbelstürme

während in den Monsungebieten Südostasiens eine wirbelsturmfreie Periode fehlt (Abbildung 7/2). Es empfiehlt sich, in jedem Falle das Seehandbuch zu Rate zu ziehen. Im Teil B der betreffenden Bände gibt es für das örtliche Seegebiet fundierte Statistiken, nach denen man sich bei der Törnplanung richten sollte.

Zugverhalten

Nach dem Energieerhaltungssatz aus dem Physikunterricht unserer Schulzeit rotieren die einmal beschleunigten Massen so lange weiter, bis durch Reibung die Energie verbraucht ist. Das bedeutet, solange die Wirbelstürme über See dahindriften, bleiben sie lange erhalten und können weite Strecken zurücklegen. Über Land büßen sie dagegen ihre Bewegungsenergie schnell ein und hören auf zu existieren.

Ihr Zug über See folgt im großen und ganzen empirisch erfaßten

Grundsätzen. Sie beschreiben meist den Weg einer liegenden, nach Osten offenen Parabel. So ziehen sie auf der Nordhalbkugel zunächst nach Nordwesten und schwenken dann über Nord nach Nordost. Der Scheitel der Parabel liegt meist im Bereich des Hochdruckgürtels der Kalmenzone (Roßbreiten). Und zwar durchschneidet der Sturm diesen Gürtel in der Regel zwischen zwei Hochdruckgebieten. Hat er mehrere zur Auswahl, rundet er vorzugsweise ein besonders warmes Hoch.

Sollte der Wirbelsturm noch bis in den Bereich der Polarfront durchhalten, wird er sich sehr wahrscheinlich mit dem Frontensystem eines Tiefs dort vereinigen und ein gemeinsames Sturmtief bilden.

Die Zuggeschwindigkeit ist im Entstehungsgebiet gering. Unter 10 kn. Zum Scheitel hin wird sie schneller. Beim Durchbrechen des Hochdruckgürtels kommt ein „Trödelstadium", von dem aus die Fahrt wieder ansteigt, um auf dem Wege zur Polarfront bis zu 30 kn zu erreichen, was übrigens auch der Zuggeschwindigkeit nördlicher Sturmtiefs entspricht.

Natürlich gibt es auch tropische Wirbelstürme, die sich nicht an den Standard halten wollen. Sie weichen ohne erkennbaren Anlaß vom Kurs ab, und es kam schon vor, daß sie echte Kinken drehten, was natürlich jede Orkannavigation zunichte macht. „Carry" war 1957 so einer. Er ging in die Geschichte ein, weil er nach völlig abnormem Zugverlauf dem Segelschulschiff Pamir zum Verhängnis wurde.

Der gefährliche Sektor

Der in Zugrichtung rechte vordere Sektor des Wirbelsturms ist der gefährliche. (Auf der Nordhalbkugel.) Denn dort addieren sich Zirkular- und Zuggeschwindigkeit. Ferner neigen die Isobaren dazu, in diesem Sektor enger zusammen zu liegen, und die Kondensation, der Hauptlieferant der kinetischen Energie, scheint dort häufig besonders stark ausgeprägt zu sein (Abbildung 7/3).

Dieser Sektor deckt ein Feld von etwa 30 bis 40 Seemeilen Durchmesser ab. Ihn gilt es zu meiden. Kennt man die schulmäßige Struktur eines Wirbelsturms, kann man anhand von regelmäßigen Messungen des

Drucks, der Windrichtung und -geschwindigkeit sich im Sturmsystem orientieren und versuchen, sich von diesem Sektor fernzuhalten.

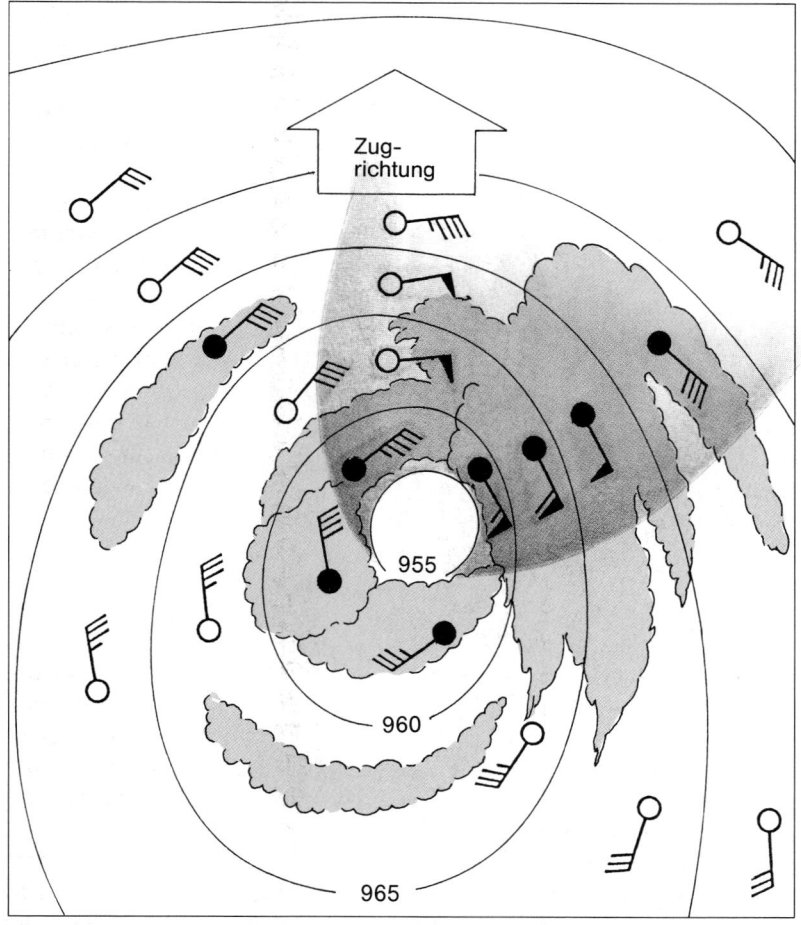

Abb. 7/3: Der gefährliche Sektor (Nordhalbkugel)

Tips für die Flucht

Während die meisten Stürme mit einer guten Crew und einer geeigneten Yacht ohne ernste Gefahr abgeritten werden können, empfiehlt es sich im Falle eines tropischen Wirbelstums dringend, weiträumig auszuweichen.

Im Zuständigkeitsbereich der Vereinigten Staaten gibt es einen ausgezeichneten Hurrikan-Warndienst, der auf den verschiedenen Frequenzen des Küstenfunks Position und Bahnprognose von Wirbelstürmen aussendet. „Hurricane warnings" sind nicht zu überhören.

Ich würde die Hurrikan-Positionen auf dem Übersegler ständig mitplotten, um die zurückliegende Bahn studieren zu können. Auch die Bahnvorhersagen würde ich jedesmal einzeichnen und später mit der tatsächlichen Zugbahn vergleichen. So erhalte ich ein Bild über die Zuverlässigkeit der Vorhersagen. Mit meinem Grundwissen über die Struktur und Bahneigenschaften von Wirbelstürmen kann ich mit diesem Plot die Bahnvorhersagen selbst beurteilen und die eigene Routenplanung treffen.

Richtige Orkannavigation übersteigt sicherlich unseren Amateurstatus. Hier ist aber das kleine Einmaleins daraus:

Plane in angemessenen Zeitintervallen, zum Beispiel 12 und 24 Stunden, voraus. Zeichne die voraussichtlichen Positiionen des Sturmzentrums und des Schiffes zu diesen Zeiten. Notiere zu dem vorausberechneten Schiffsort den dann aus der Lage des Sturmzentrums zu erwartenden Wind. Bedenke, welche Kurse zum Wind du dann noch segeln kannst. Wähle den Kurs so, daß dir Optionen offenbleiben für den Fall, daß der Sturm von der vorhergesagten Bahn abweicht.

Gelingt es nicht, großräumigen Abstand zu halten, muß der Fluchtkurs direkt auf die Zugrichtung und -geschwindigkeit des Zentrums abgestimmt werden, um den größtmöglichen Passierabstand zum Zentrum zu erzielen. Dazu zeichnet man ein einfaches Vektorendiagramm auf das Plotting Sheet: An den Schiffsstandort wird der Fahrt-über-Grund-Vektor gezeichnet, an dessen Spitze der Vektor der Zuggeschwindigkeit des Zentrums in Gegenrichtung angefügt wird. Die Verbindungslinie zwi-

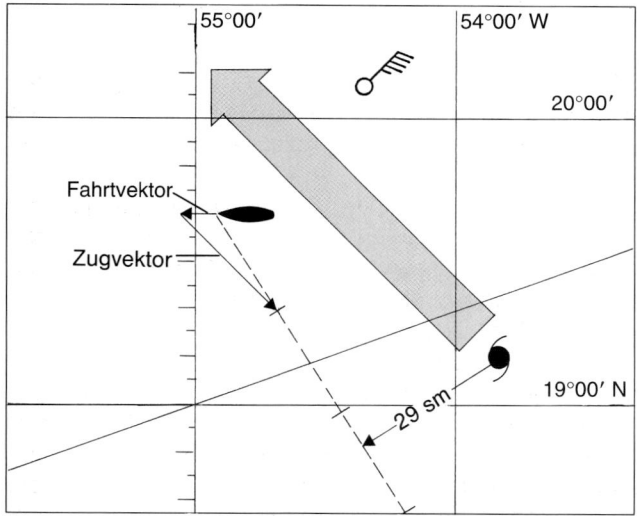

Abb. 7/4: Fluchtkurs unter Berücksichtigung der Zugrichtung und Zuggeschwindigkeit des Sturmzentrums
hier: Vektorendiagramm zur Abstandsbestimmung

schen Schiffsort und der zweiten Pfeilspitze ist die Resultierende. Sie zeigt an, wie sich die Yacht gegenüber dem voranziehenden Sturmsystem bewegt, ob sie sich vom Zentrum entfernt und in welchem Abstand sie das Zentrum voraussichtlich passieren wird. Immer vorausgesetzt, man verfügt über zuverlässige Wetterberichte mit der Position des Sturmzentrums.

Abbildung 7/4 zeigt dieses einfache Vektorendiagramm. Unsere Yacht steht auf 19°40' Nord und 54°55' West mit Westkurs und 8 Knoten Fahrt. Der Hurrikan steht zu diesem Zeitpunkt auf 19°10' Nord und 53°50' West, mit 30 Knoten Nordwest ziehend. Beide Standorte werden in die Karte gezeichnet. Es werden Einstundenvektoren gezeichnet. Der Fahrtvektor also 8 sm nach 270° und von dessen Spitze der umgekehrte Zugvektor 30 sm lang nach 135°. Die Verbindungslinie Schiffsort – zweite Pfeilspitze (gestrichelt) wird gleich durchgezeichnet, und es wer-

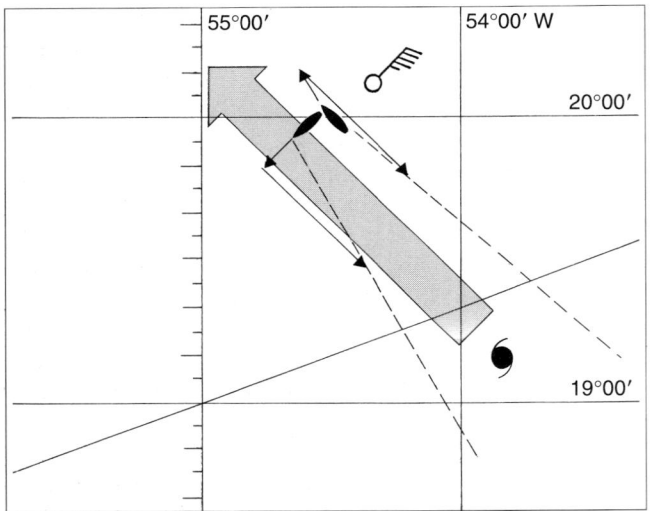

Abb. 7/5: Fluchtkurs unter Berücksichtigung der Zugrichtung und Zuggeschwindigkeit des Sturmzentrums
hier: Fluchtkursanalyse in der Scheitelzone

den Stundenmarkierungen angetragen. So erkennt man in diesem Falle, daß man sich in 2 Stunden 20 Minuten auf 29 sm dem Kern nähern wird. Man sieht ferner, daß ein Kurs von 225° den Abstand verbessern würde. Besonders wichtig ist die Fluchtkursanalyse im vorderen Bereich des Wirbelsturmes. Denn hier stehen zwei Fluchtkurse zur Auswahl, nämlich vor dem Wind die Zugbahn zu queren oder mit halbem Wind auf Backbordbug (Nordhalbkugel) radial vom Zentrum wegzusteuern. Der erste ist im linken vorderen Sektor, der zweite im rechten vorderen Sektor zu segeln. Der Scheitel zwischen beiden liegt nicht genau recht voraus, sondern je nach Zuggeschwindigkeit und Eigenfahrt leicht nach rechts versetzt. Die Abbildung 7/5 macht dies an zwei Beispielen deutlich. Als Test werden zwei wenig voneinander entfernte Schiffsorte in der kritischen Zone angenommen und die Vektorendiagramme dazu gezeichnet. Beide Yachten laufen 8 Knoten, und das Zentrum zieht mit 30 kn nach

Nordwest. Die resultierenden Abstandslinien (gestrichelt) zeigen, daß für den Standort recht voraus der Vorwindkurs zwingend ist, während knapp rechts von der Zugrichtung nur die Alternative, also radial mit halbem Wind wegzusteuern, in Frage kommt. Der Scheitel zwischen beiden Optionen liegt hier etwa bei 5° rechts der Zugbahn.

Es sind natürlich auch Situationen vorstellbar, in denen die exakte Navigation nicht möglich ist, wo auch die Positionen, weder die eigene noch die des Sturmzentrums, nicht hinlänglich sicher sind. Für diesen gar nicht so abwegigen Fall sollte man nach der einfachen Faustregel verfahren: Man entfernt sich vom Zentrum mit Halbwindkursen auf Backbordbug auf der Nordhalbkugel und auf Steuerbordbug auf der südlichen Hemisphäre. Ausnahme: Glaubt man, sich auf der Zugbahn voraus zu befinden, heißt es, Bahn freimachen mit Vorwindkurs – und das so schnell es geht.

Mit dieser Faustregel fährt man keineswegs die idealen Fluchtkurse, auch wenn das zunächst so anmutet. Es handelt sich um eine Notlösung, nicht etwa um eine gleichwertige Alternative zu den mit dem Vektorendiagramm ermittelten Fluchtkursen.

8 Der Seegang

Vorweg ein paar Betrachtungen zur Versachlichung. Die Wellenhöhe ist der Vertikalabstand zwischen Wellental und Wellenberg, die Wellenlänge die Entfernung von Kamm zu Kamm. Von einer Segelyacht ist die Wellenhöhe schwer zu schätzen. Wenn man bei einer Augeshöhe im Cockpit von 2 Metern (Normalfall) aus dem Wellental heraus die Kämme gerade mit dem Horizont fluchten sieht, beträgt die Wellenhöhe 2 Meter. Fluchten die Wellenkämme bei 3 Meter Augeshöhe mit der Kimm, sind die Wellen 3 Meter hoch, und so weiter. Ich würde allerdings nicht den Mast hinaufkrabbeln, um die Höhe noch größerer Wellen auf diese Weise zu messen. Möglich wär's aber.

Die Wellengeschwindigkeit bezieht sich auf die Bewegung der Wellen, nicht auf die des Wassers. Das Wasser hat abgesehen von einem möglichen Strom und der im Wellenrhythmus oszillierenden Oberflächenbewegung keine Geschwindigkeit. Die Welle ist eine systematische Verformung der Wasseroberfläche, die sich seitlich fortsetzt. Hat sich ein Wellenberg aufgebaut, entsteht einen Augenblick später daneben ein neuer, während der erste wieder zusammenfällt. Neben dem zweiten entsteht ein dritter, und so weiter. Der Berg selbst marschiert nicht. Der neue Berg besteht aus neuem Wasser.

Kleine Wellen, große Wellen

Mit Seegang bezeichnen wir die Wellengestalt der See. Wellenhöhe, Wellenlänge, -periode und -geschwindigkeit sind die Größen, um ihn zu beschreiben.

Der Seegang baut sich auf mit zunehmender Windgeschwindigkeit, mit zunehmender Wirkstrecke (Fetch) und steigender Wirkdauer.

Während die Wellenhöhe mehr auf die Windstärke reagiert, wachsen Periode, Länge und Geschwindigkeit mehr mit der Wirkstrecke. Aus diesem Grunde gibt es auf den freien Ozeanen die wunderbar langen Wellen, während die See auf den Randmeeren allgemein kürzer und steiler ist. Wirkdauer und -strecke gehen degressiv, also zunächst ziemlich stark und dann immer weniger in die Steigerungsrate des Seegangs ein. Nach 520 sm und 37 Stunden bei Windstärke 8 ist der Seegang voll aufgebaut, der Sturm ausgereift. Bei Windstärke 9 ist das Reifestadium nach 960 sm und 52 Stunden und bei Windstärke 10 nach 1570 sm und 73 Stunden erreicht.

In der folgenden Tabelle für Windgeschwindigkeiten von 30, 40 und 50 kn sind die Seegangsdaten für jeweils drei verschiedene Wirkstrecken dargestellt. Es handelt sich um Standardwerte für tiefes Wasser, die uns Größenordnungen aufzeigen für die Vorgänge der Wellenmechanik und in späteren Kapiteln auch der Segelmanöver. Daß in der Natur die Wellenwerte erheblich vom Standard abweichen können, braucht wohl nicht erwähnt zu werden.

Wind kn	Bft	Fetch sm	Höhe m	Länge m	Periode s	Geschwindigkeit kn
30	7	20	2,4	61	6,3	19
30	7	50	3,5	90	7,6	23
30	7	200	4,5	120	9,0	26
40	8	20	4,0	88	7,6	23
40	8	50	6,0	141	9,3	29
40	8	200	8,0	169	10,1	33
50	10	20	6,0	126	9,0	27
50	10	50	10,0	190	11,0	34
50	10	200	14,0	263	13,0	39

Der Seegang in flacherem Wasser

Bei geringeren Wassertiefen etwa im Bereich zwischen 50 und 20 Metern verändert sich die Wellencharakteristik. Da sich die Wasserbewegungen der Oberflächenwelle – wenn auch in abnehmendem Maße – in der Tiefe fortsetzen, wirkt der Bodenkontakt hemmend auf die Ausbreitungsgeschwindigkeit. Energie wird aber nicht der Welle entnommen, so daß eine aus dem tiefen Wasser stammende See ihre Periode und die Wellenhöhe beibehält, wenn sie sich auf untiefes Wasser zubewegt. Nur die Wellenlänge und damit auch die Geschwindigkeit werden kleiner.

Ein Beispiel zur Illustration: Eine 5 Meter hohe Welle hat mit 8 Sekunden Periode 120 Meter Länge im tiefen Wasser. Läuft die Welle auf geringere Tiefen zu, verändern sich die Werte wie folgt:

Wassertiefe	Periode	Wellenlänge	Geschwindigkeit	Wellenhöhe
über 50 m	8 s	120 m	29 kn	5 m
25 m	8 s	90 m	22 kn	5 m
10 m	8 s	70 m	17 kn	5 m (bricht)
5 m	8 s	51 m	12 kn	5 m (bricht)

Die Steilheit der Welle, ausgedrückt mit dem Verhältnis Höhe zu Länge, steigt mit abnehmender Wassertiefe an. In unserem Beispiel von 1 zu 24 bei tiefem Wasser auf 1 zu 14 bei 10 Meter und auf 1 zu 10 bei 5 Meter Wassertiefe.

Dieses Phänomen, daß die Welle bei abnehmender Wassertiefe immer steiler wird, ist allgemein gültig. Es ist die Ursache für die schweren Seen vor Luvküsten sowie vor Barren und Flachs. Die Doggerbank ist ein bekanntes Beispiel dafür.

Die Steilheit der See ist ein Gradmesser für die Ungemütlichkeit an Bord. Steile Wellen werfen die Yacht erheblich mehr vor sich her, und es wird schwieriger, die Yacht unter Kontrolle zu halten.

Bei einem Höhen-Längen-Verhältnis von 1 zu 14 beginnen die Wellen zu brechen.

Brechende Seen

Während harmonisch verlaufende Wellen, vor allem die langen, als ausgesprochen angenehm empfunden werden – Schaukeln beruhigt Babys –, bringen die brechenden Seen Ärger.

Durch Auflaufen auf geringere Wassertiefen oder durch Überlagerung verschiedener Wellensysteme steigt das Höhen-Längen-Verhältnis der Wellen. Ab 1 zu 14 etwa wird der Wellenberg zu steil, um sich selbst zu halten. Zunächst bricht nur der Kamm, weil dort der Winddruck zusätzlich das Wasser vor sich hertreibt. Bei einer voll brechenden See kippt der ganze Wellenberg über seinen eigenen Vorderhang donnernd zu Tal. In Schaum und Strudel bricht die gesamte Energie der Welle zusammen.

Wellen brechen unabhängig von ihrer Höhe, nur die Steilheit ist ausschlaggebend. Auf den nordeuropäischen Randmeeren bricht die See ab Windstärke 6, bei größeren Wassertiefen ab 7 bis 8. Im freien Ozean kann man noch bei Windstärke 9 oder 10 12 bis 14 Meter hohe Wellen antreffen, die aber wegen ihrer majestätischen Länge nicht brechen. Nur wenn Überlagerungen einzelne Berge in die Höhe treiben, dann brechen auch die langen Wellen, und zwar ordentlich! Extrem hohe Einzelexemplare nennt man Kaventsmann.

Während Brecher aus drei bis fünf Meter Höhe mit Wusch, Zisch und Kopfeinziehen abgetan werden können, sind Brecher aus größeren Höhen für Yachten gefährlich, und zwar in doppelter Hinsicht. Zum einen der Schlag der auf das Schiff herabstürzenden Wassermassen. Er wurde mit 5 bis 15 Tonnen pro Quadratmeter gemessen, einer Gewalt, der an Deck gestaute Rettungsinseln oder Beiboote oft nicht gewachsen sind. Zum andern kann eine Yacht von der übersteilen Vorderkante der brechenden See seitlich abstürzen und breitseits aufschlagen.

Es gibt Schätzwerte über die Häufigkeit von brechenden Wellen. Bei normalem Seegang in tiefem Wasser reichen sie von etwa 4 Prozent bei Windstärke 7 bis 12 Prozent bei Windstärke 11. Bei Seegang mit geringerem Fetch ist die Häufigkeit größer als bei langen Wirkstrecken.

Auf flachen Randmeeren

In der westlichen Ostsee und im Kattegat zum Beispiel, teilweise auch in der Deutschen Bucht, baut sich bei Sturm selten ein Seegang mit mehr als 4 bis 5 Meter Wellenhöhe auf. Größere Wellen werden durch den Bodeneffekt weggedämpft. Allerdings werden auch die Wellenlängen stark verkürzt, woraus die hohe Steilheit des Seegangs auf den Randmeeren resultiert. Sie steht der Steilheit der weitaus höheren Seen auf dem Ozean keineswegs nach, eher übertrifft sie diese sogar. Deshalb ist die See auf den Randmeeren so hart und ruppig. Und deshalb bricht sie auch trotz der geringeren Wellenhöhe mindestens ebenso häufig wie draußen auf dem offenen Ozean.

Die Oberflächenströmung

Das Oberflächenwasser führt eine walzenförmige Bewegung aus, die man an einem Testkorken beobachten kann, den man in ein wellenbewegtes Wasser wirft. Die Phasendarstellung der Zeichnung 8/1 gibt die Beobachtung aus diesem Standardversuch wieder. Man erkennt, wie der nahende Berg das Wasser voraus zu sich heran und nach oben zieht und nach Passage mit Verzögerung wieder abgibt. Auf diese Weise entsteht die Horizontalkomponente zu der Auf- und Abschwingung der Welle. Beide zusammen ergeben die Walzenbewegung.

Die Geschwindigkeit der Wasserteilchen in dieser Walzenbewegung läßt sich aus dem Durchmesser der Walze, sprich Wellenhöhe, und der Wellenperiode berechnen:

Wellenhöhe in Metern	2	4	6	8	10	12	14
„normale" Periode in Sekunden		6,0	7,8	9,2	10,2	11,1	12,0	12,9
Orbitalgeschwindigkeit in Knoten		1,8	3,1	4,0	4,8	5,5	6,1	6,6

Abb. 8/1: Walzenbewegung der Wasseroberfläche

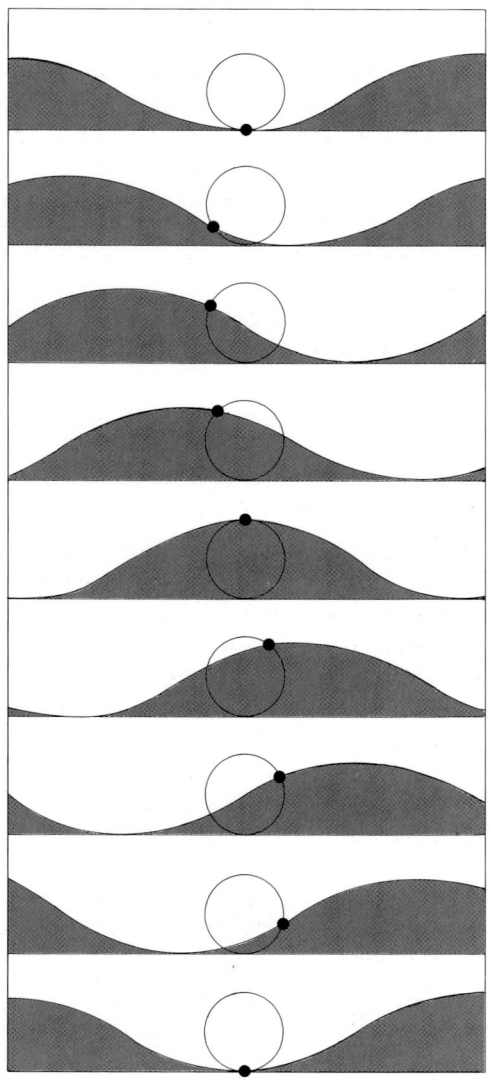

Die Orbitalgeschwindigkeit ist zugleich die Geschwindigkeit der Oberflächenströmung auf dem Wellenberg und im Wellental. Auf dem Wellenberg strömt das Wasser mit der Zugrichtung der Wellen, im Wellental
strömt es entgegen, und zwar bei einer Wellenhöhe von 6 Metern mit
etwa 4 Knoten. Im Gegensatz zum normalen Strom, den man von Bord
aus nicht empfindet, macht sich die oszillierende Oberflächenströmung
sehr wohl bemerkbar. Am meisten bei Kursen mit oder gegen die Wellenrichtung, weil in Anströmungsrichtung die Yacht länger mit ihrer Massenträgheit gegen die steigende und schwindende Strömungsgeschwindigkeit verharrt. Die Fahrt durchs Wasser pendelt dann im Rhythmus der
Wellen. Je kürzer die Periode, desto weniger folgt die Yacht der hin und
her setzenden Oberflächenströmung, und desto mehr schwankt die
Fahrt durchs Wasser. Plus minus 3 Knoten sind keine Seltenheit, sehr
viel, bedenkt man, was das für die Steuerfähigkeit der Yacht bedeutet.

Der Seegang im Tidenstrom

Läuft der Tidenstrom mit dem Wind, wird die Wellenlänge größer, läuft er
dagegen, wird sie kürzer (Abbildungen 8/2 und 8/3). Als Analogie kann
man sich den Dopplereffekt zur Hilfe nehmen. Das Wasser, Medium der
Welle, läuft ihrer Fortpflanzung entgegen und verkürzt auf diese Weise
die effektive Laufstrecke. Die Welle wird förmlich gestaucht.

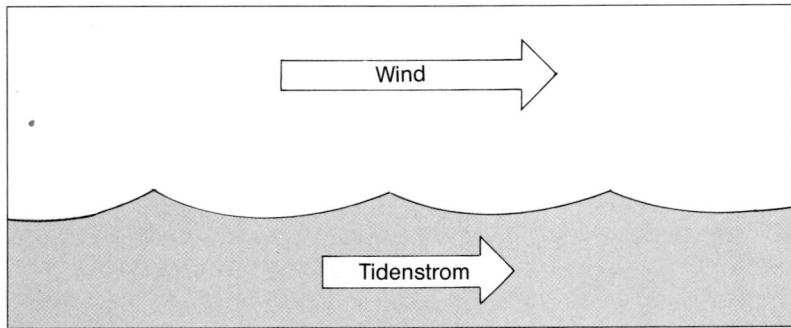

Abb. 8/2: Wind mit Strom

In Längsrichtung dezimiert, sucht sich die Welle den Ausgleich in der Vertikalen. Tatsächlich, quasi zum Energieausgleich, steigt die Wellenhöhe entsprechend. Bei 2 bis 3 Knoten Gegenstrom kann dies 150 bis 200 Prozent ausmachen. So ergibt sich der doppelte Effekt: Die Welle wird kürzer und sie wird höher. Es entsteht jene ekelhaft ruppige See, die einem ganz schön zu schaffen machen kann, wenn zum Beispiel beim Einlaufen in die Elbe oder beim Runden von Cap Gris Nez der Tidenstrom gegen den Wind läuft.

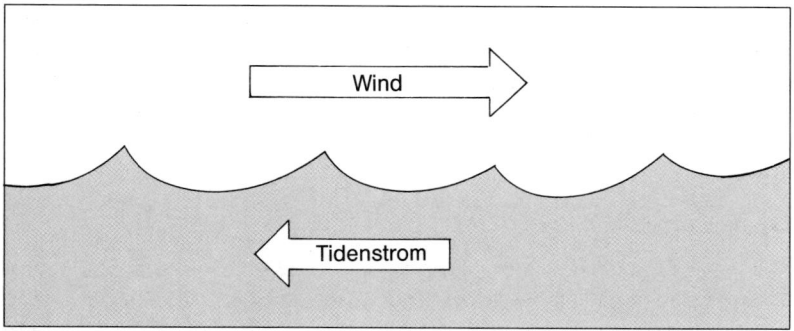

Abb. 8/3: Wind gegen Strom

Herrlich ist natürlich der umgekehrte Effekt, wenn der gegenlaufende Tidenstrom kentert und sich der Sturzacker plötzlich in einen milden Rasen verwandelt.

Interferenzen oder Kreuzseen

Wann immer zwei oder mehrere Wellensysteme überlagert werden, bildet sich ein Interferenzsystem. Physikalisch addieren sich an jedem Punkt die Amplituden beider Systeme, so daß zwei Wellenberge einen doppelt hohen Berg bilden, zwei Wellentäler ein doppelt tiefes Wellental und ein Berg und ein Tal sich gegenseitig aufheben. Das resultierende Wellensystem hat auf diese Weise Felder vergrößerter Wellenhöhen und Felder abgeflachter Wellen.

Diese stark schwankenden Wellenhöhen machen Kreuzseen so unangenehm. Je nach Vielfalt des Durcheinanders können einzelne Wellen sogar zu außergewöhnlichen Riesen anwachsen.

Zur Überlagerung verschiedener Wellensysteme kommt es nach drastischen Windrichtungssprüngen, wie wir sie beim Frontendurchgang, beim Durchzug eines Tiefdruckkerns, aber auch bei Troglagen kennen. Sie tritt ferner auf, wenn sich auf eine alte Restdünung eine neue Windsee aufbaut und, schließlich, wenn ein homogenes Wellensystem durch Beugung oder Brechung an besonderen Küstenformen und Inseln gestört wird (Abbildung 8/4). So ist es zu erklären, daß zum Beispiel in Lee einer kleinen Insel (2 bis 5 sm groß), wo die geteilte See nach Beugung wieder zusammenläuft, überraschend hohe Wellen auftreten. Ein typisches Beispiel für Beugungsinterferenz ist das Cap Corse, die Nord-

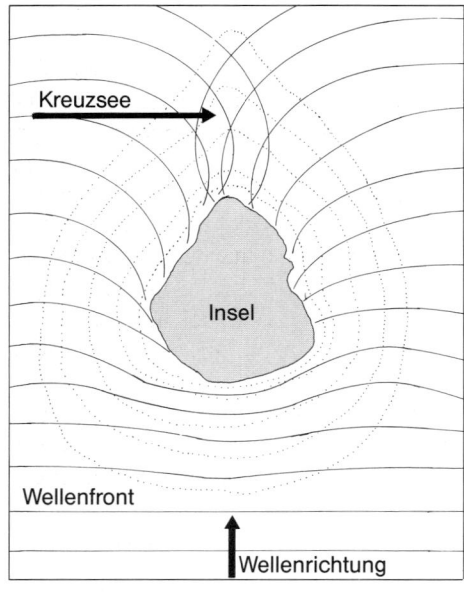

Abb. 8/4: Kreuzsee in Lee
einer kleinen Insel

spitze Korsikas. Hier baut sich bei Mistral stets eine ordentliche Kreuzsee in Lee des Kaps auf, wobei allerdings der Effekt noch durch das vorgelagerte Inselchen Giraglia verstärkt wird.

Die aus der Memoiren-Literatur bekannten Monsterseen – deren Existenz ich übrigens keineswegs bezweifle – sind ebenfalls mit Interferenzeffekten zu erklären. In Anlehnung an die katastrophalen Folgen von Monsterseen einerseits und an die verschwindend geringe Auftretenswahrscheinlichkeit andererseits hat sie ein lustiger Vogel GAU genannt (größter anzunehmender Unfall bei einem Atomkraftwerk). Ich mag diesen Ausdruck, weil er zur Entmystifizierung beiträgt. Tausendfach verbreitete Horrormeldungen haben nämlich dazu geführt, daß sich harmlose Hobbysegler militärisch anmutende Schutz- und Trutzfahrzeuge angeschafft haben und nun Urlaub für Urlaub hinter dicken Stahlplatten verbringen, um gegen Monsterseen gefeit zu sein.

Grundseen

Bei Wassertiefen von 5 bis 2 Metern (genauer: von 4 Prozent der Wellenlänge) entstehen die Grundseen, Wellen mit besonderem Bodeneffekt. Der die Walzenbewegung störende Meeresboden dämpft zunächst Wellenlänge und Wellenhöhe. Die See beruhigt sich vor dem Strand. Bei weiter abnehmender Wassertiefe stolpert die Welle jedoch und bricht. Die Kammgeschwindigkeit beim Brechen ist erheblich größer als die normale Orbitalgeschwindigkeit der Walzenbewegung. Das ist damit zu erklären, daß die Walze mangels Wassertiefe elliptisch plattgedrückt wird und bei einer Ellipse die Bahngeschwindigkeit längs ihrer gestreckten Bahnteile am größten und in den Scheitelkurven am kleinsten ist.

Während in den Standardwerken der Meereskunde Grundseen mit der geringen Wassertiefe von $1/25$ der Wellenlänge definiert werden, spricht man in Seglerkreisen auch bei größeren Wassertiefen von Grundseen, sofern sie sich wegen abnehmender Wassertiefe brechen. Und das kann auch bei 30, 20 oder 10 Metern passieren. Der Begriff wird also unterschiedlich gebraucht.

Die See in Wirklichkeit

Um Abläufe, Zusammenhänge und Ursachen zu erläutern, bin ich mit der analytischen Methode dem Seegang zu Leibe gerückt. Diese Darstellungsweise hat allerdings die Nebenwirkung, ungerechtfertigterweise ein schönes Bild der Systematik und Ordnung zu hinterlassen. Das muß nun schleunigst korrigiert werden, denn der Seegang als Ganzes sieht freilich anders aus: Die See ist das große Durcheinander. Unendlich verzweigte Wechselwirkungen lassen die Wellen in verschiedenster Gestalt und Folge erscheinen, so daß der belesene Amateursegler bestenfalls einzelne Facetten seines geordneten Buchwissens in der Wirklichkeit wiederfindet, sicherlich aber nicht das ganze System.

Das Bild des Waschbretts ist völlig fehl am Platze. Die Wellenberge kommen nicht in breiter Front anmarschiert, sondern nahen einzeln und unregelmäßig versetzt. Kaum daß die Hauptberge auszumachen sind, um mit deren Abstand die Wellenlänge zu erkennen. Was ist, wenn anstelle des nächsten Berges nur Geröll kommt und gleich dahinter wieder ein respektables Exemplar? Gilt das Geröll als Berg? Es gibt auch Berge, die keinen Rückhang haben. Der Kamm gleitet durch, aber der Abstieg bleibt aus. Unerklärbar, aber wahr.

Der Mensch ist es schließlich, der die See erlebt und der nach seinen Eindrücken handelt. Maßgebend für das Verhalten des Rudergängers, für die Entscheidungen des Skippers ist nur das subjektive Bild. Man muß sich darüber klar sein, daß dieses von der Wirklichkeit abweicht. Innere Erregtheit, Konzentration und Anstrengung, aber auch Angst und Ermüdung verzerren, was die Sinne registrieren. Das Pfeifen, Brausen, Fauchen, Zischen und Knallen geht unter die Haut wie Urwaldtrommeln. Es wirkt beängstigend und stimulierend zugleich. Zur Objektivität trägt es bestimmt nicht bei. Kaum ein Segler glaubt, daß zwischen zwei Wellenbergen nur fünf bis zehn Sekunden liegen. Sie empfinden soviel Aktion und Reaktion in dieser Periode, daß sie mindestens eine halbe Minute dauern müßte. Egal, dann ist die halbe Minute die entscheidende Wirklichkeit.

9 Die Yacht im Sturm

Was passiert, wenn eine Yacht in einen Sturm gerät? Was passiert grundsätzlich ohne Betrachtung irgendwelcher Sturmtaktiken oder besonderer Maßnahmen? Worin liegt die Gefährdung? Wie entsteht das eigentliche Sturmproblem?
Wir gehen wieder analytisch vor, betrachten das Problem also Stück für Stück. Wir trennen sogar die Einwirkungen des Windes und der See, obwohl die fast immer gemeinsam wirken.

Windbelastung einer richtig gerefften Yacht

Alle vom Wind resultierenden Kräfte, Auftrieb, Widerstand, Vortrieb, aber auch die Zerreißkraft gegenüber dem Material, steigen im Quadrat zur Windgeschwindigkeit und proportional zur Segelfläche. Daraus folgt: Bei doppelter Windgeschwindigkeit muß die Segelfläche auf ein Viertel, bei dreifacher auf ein Neuntel verkleinert werden und so weiter, um die gleichen Kräfte zu behalten.
Wenn dies schon alles wäre, könnte man das Windproblem durch Reffen allein lösen. Aber es gibt natürlich zusätzliche Belastungen durch den Wind. Erstens reicht die Vortriebskraft, die das bei 15 Knoten ungereffte Rigg liefert, nicht aus, um die Yacht gegen den Stirnwiderstand und gegen die schwere See voranzutreiben. Deshalb refft man bei 45 Knoten Windgeschwindigkeit gegenüber einer Brise von 15 Knoten auch nicht auf ein Neuntel der Segelfläche herunter. Die Sturmfock eines ungerefften Riggs von 70 Quadratmetern ist größer als 6,6 Quadratmeter, was genau ein Neuntel wäre. Die Mehrbelastung wird durch stärkeres Tuch aufgefangen, das zugleich weitere Probleme löst:

Das größte Problem ist das Killen oder Schlagen der Segel. Gerade im Sturm, wenn die Aufmerksamkeit des Rudergängers mehr der See als dem Wind gilt, kann er kaum vermeiden, daß die Segel immer wieder fürchterlich schlagen. Killen im starken Wind ist eine mörderische Strapaze für Gewebe und Nähte.

Die heftigen Rollbewegungen der Yacht im Seegang lassen den Mast peitschenartig hin und her schlagen. Für die Segel bedeutet das abwechselnd zusätzliche Reiß- oder Killbelastung, ein Höllenspektakel im Rhythmus des Rollens.

Alle mechanischen Belastungen, die bei Manövern oder der Handhabung der Segel auftreten, schaben, kratzen und reißen bei Sturm ungleich stärker als unter Normalbelastung. Patenthalsen unter Sturmfock passieren ganz schnell und in manchen Lagen fast zwangsläufig. Nur wer die Schläge gehört hat, weiß, welche Kräfte dabei an Tuch und Schoten reißen.

Daß die Gischt ständig in das Vorsegel fliegt, ist normal. Nicht normal ist es, wenn es eine massive Wasserladung abkriegt. Solche Wasserschläge sind wohl die größte Belastung, der ein Segel standhalten muß. Tuchstärken, die dafür geeignet sind, halten jeder Windbelastung stand.

Windbelastung bei zu großer Segelfläche

Das Krängungsverhalten der Yacht ist entscheidend für die Windbelastbarkeit des Riggs. Eine Yacht mit moderater Stabilität legt sich brav auf die Seite, wenn der Winddruck zu groß wird. Dadurch wird die Wirkfläche gegenüber dem Wind kleiner, und der Winddruck auf das Rigg bleibt in Grenzen. Theoretisch schwindet die effektive Windkraft am Segel mit dem Cosinus des Krängungswinkels und geht gegen 90° auf Null zurück. Theoretisch.

In der Praxis gerät eine Yacht außer Kontrolle, bevor der Wind sie auf die Seite legt. Denn mit zunehmender Krängung wandert der Angriffspunkt der Vortriebskraft aus der Mittschiffslinie heraus leewärts außenbords, während der Wasserwiderstand in der Mittschiffslinie angreift. Beide Kräfte bilden ein Drehmoment und machen das Schiff extrem luv-

gierig (Abbildung 9/1). So stark, daß das Ruder nicht mehr dagegen ankommt. Es taucht zudem auch mehr und mehr aus dem Wasser auf, so
daß früher oder später die Yacht mit viel Schwung in den Wind schießt.
Oder gar darüber hinaus. Dann flippt sie mit backstehendem Vorsegel
auf die andere Seite, als wollte sie ihren Reiter abschütteln.

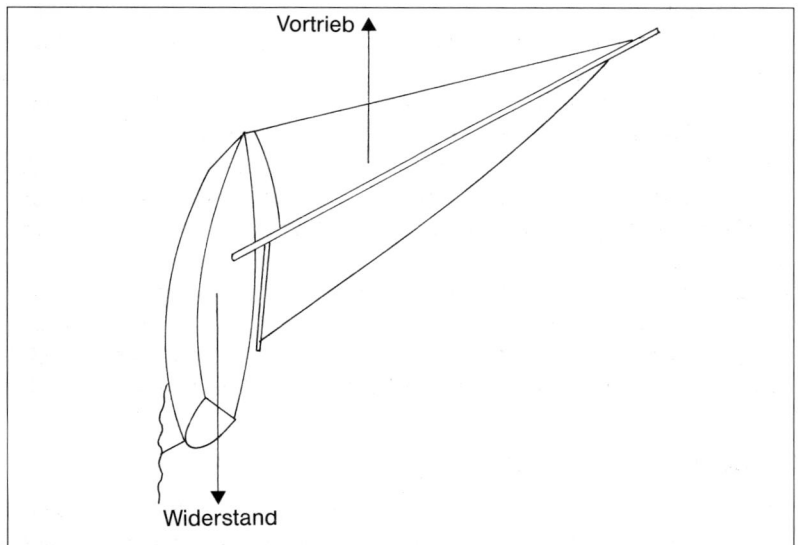

Abb. 9/1: Stark krängende Yachten sind extrem luvgierig

Es wird also kaum gelingen, gesunde Segel durch den Winddruck allein
aus den Lieken fliegen zu lassen. Wenn es dennoch passiert, liegt es
entweder an Fehlbedienung beim Manöver, so daß irgend etwas gehakt,
geklemmt oder gescheuert hat, oder an Überalterung des Materials.
Der Festigkeitsverlust durch Ermüdung und durch Abnutzung ist erheblich. Bevor man ein Segel endlich auf den Müll wirft, benutzt man es,
ohne es wahrscheinlich zu ahnen, noch bei nur 30 Prozent seiner Festigkeit. Und das ist normal! Solche Segel halten einem übermäßigen Winddruck freilich nicht stand.

Das Stampfen

Der wahre Übeltäter ist nicht der Wind, sondern der Seegang. Schon im kleinen, bei Wellenhöhen von drei bis fünf Metern, von Brechern noch keine Spur, zermürbt er Mensch und Material. Man möge sich an die Walzenbewegung der Wasseroberfläche erinnern. Diese Bewegung wird auf das Schiff übetragen, und zwar nicht insgesamt, sondern erst vorn, dann achtern oder umgekehrt. Denn das Schiff läuft ja nie genau parallel zu den Wellen. Vorschiff und Achterschiff werden abwechselnd geschubst und gezogen. Wenn das Vorschiff oben ist, ist das Heck unten und umgekehrt. Das gleiche gilt für die Querbewegungen, auch wenn man die nicht so stark empfindet. Diese Stampfbewegung ist nicht nur eine Tortur für die Menschen an Bord, sie erhöht auch beträchtlich den Fahrwiderstand durch das Wasser. Wenn der Bug mit Schwung von oben kommend eintaucht, müssen große Wassermengen zur Seite geworfen werden. Die Energie für deren Beschleunigung fehlt dann beim Vortrieb.

Je nach Kurs und Geschwindigkeit kann die Yacht mit ihren Stampfbewegungen mehr oder weniger gut der See folgen. Je höher und schneller gegenangesegelt wird, desto mehr neigt die Yacht dazu, den Wellenberg zu überschießen, so daß dann das Vorschiff in das sich unter ihm öffnende Wellental buchstäblich hineinknallt (Abbildung 9/2). Kein Mensch kann dann im Vorschiff schlafen, und man wird das beklemmende Gefühl nicht los, daß bald etwas kaputtgeht.

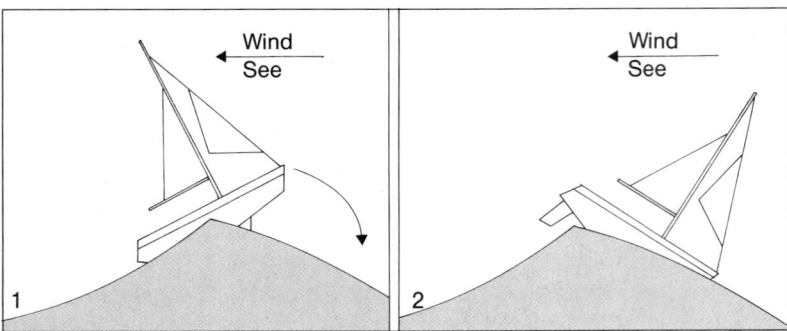

Abb. 9/2: Überschießen eines Wellenberges

Das Rollen

Es reicht noch nicht. Zu allem Übel haben die meisten Yachten heute Spantenrisse mit einem großen Anteil an Formstabilität. Im Gegensatz zur Gewichtsstabilität, die ein Schiff in bezug auf die echte Vertikale aufzurichten trachtet, wirkt die Formstabilität in bezug auf die Wasseroberfläche, in die das Schiff gerade eintaucht. Ist die schräg, liegt auch das Schiff schräg, oder es tendiert zumindest dazu! Moderne, jollenförmig geschnittene Rümpfe nehmen auf diese Weise jede Verformung der Wasseroberfläche, jede Welle mit (Abbildung 9/3)!

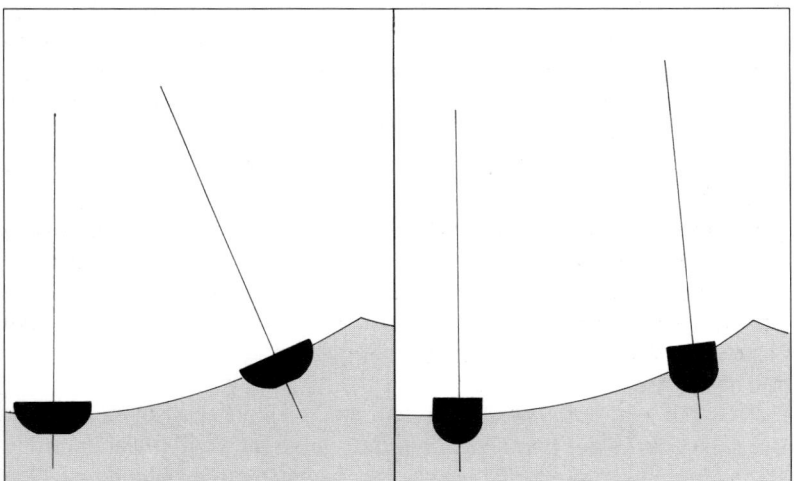

Abb. 9/3: Formstabiler und gewichtsstabiler Rumpfspant in der Welle

Yachten, die auf diese Weise alle Unebenheiten der See auskosten, sind ungemütlich zu segeln. Die Arbeit unter Deck wird erheblich erschwert, auf warmes Essen muß möglicherweise verzichtet werden, Reparaturen können äußerst schwierig werden. Und wer schließlich zur Seekrankheit neigt, hat dort beste Chancen dazu.
An Deck ist die Schaukelei auch nicht problemlos. Gefahr besteht, daß

sich unbelastete Teile des Riggs losschütteln; so sind zum Beispiel schon Leewanten aus ihrer Befestigung an der Salingnock herausgeflogen, und man kann lesen, daß ein Dreimastvollschiff vor Kap Hoorn in einer fürchterlichen Restsee fast bei Flaute das ganze Rigg abgeschüttelt hat. Ich war nicht dabei, aber es ist beeindruckend.

Die „Straßenlage" einer Yacht sollte nicht auf die leichte Schulter genommen werden. Seekrankheit ist eine natürliche Eigenschaft gesunder Menschen und sollte deshalb nicht Krankheit heißen. Sie ist existent, und fast jeder hat seine persönliche Wellenlänge, die ihm mehr oder weniger produktiv auf den Magen geht. Für die Schiffssicherheit bedeutet Seekrankheit das Problem der ausgefallenen Kraft. Ist vor lauter Seekrankheit zum Schluß nur noch der Skipper einsatzfähig, ist er im Sturm überfordert. Stundenlanges Rudergehen und dann auch noch die eine oder andere Arbeit auf dem Vorschiff verrichten, das kann keiner alleine machen. Jedenfalls nicht unser Standard-Urlaubsskipper.

Das Gieren

Dreht eine Yacht selbständig vom Kurs weg, nennt man das Gieren. Es muß mit dem Ruder ausgeglichen werden. Zu heftiges Gieren bedeutet eine unnötige Belastung für den Rudergänger bis hin zum Verlust der Steuerbarkeit der Yacht. Daß das Kurshalten – allen Giermomenten zum Trotz – Voraussetzung für effektives Segeln ist, sei nur der Vollständigkeit halber erwähnt.

Das Gieren wird auf zweierlei Weise vom Seegang verursacht. Erstens: Bei einer schräg zur See liegenden Yacht wird das zum Wellenberg hinzeigende Ende immer zu Tal geschoben, weshalb die Yacht quer zur See drehen will (Abbildung 9/4). Der Rudergänger muß bei jeder herannahenden Welle dagegenhalten.

Zweitens: Bei schräg zur See verlaufenden Kursen geraten Vor- und Achterschiff abwechselnd in die wellenbedingten Oberflächenströmungen und werden mal zur einen, mal zur anderen Seite versetzt. Der Drehsinn entspricht auf dem Vorderhang des Wellenberges dem schon beschriebenen Trend, querzudrehen, auf dem Rückhang wirkt er dagegen.

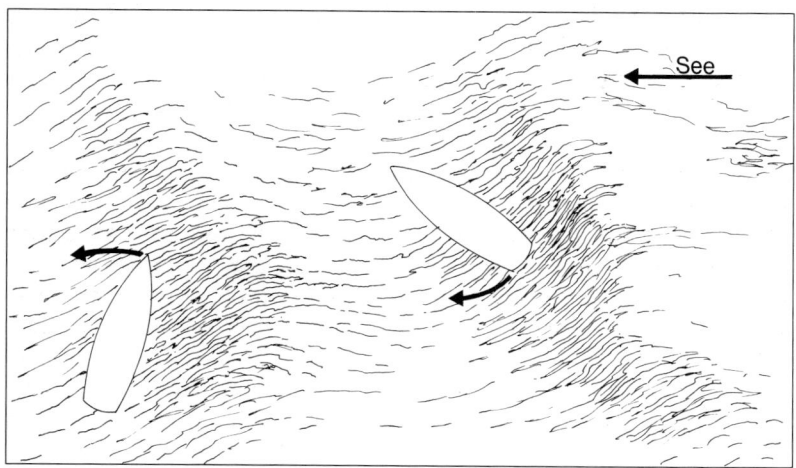

Abb. 9/4: Giermoment durch die anlaufende Welle

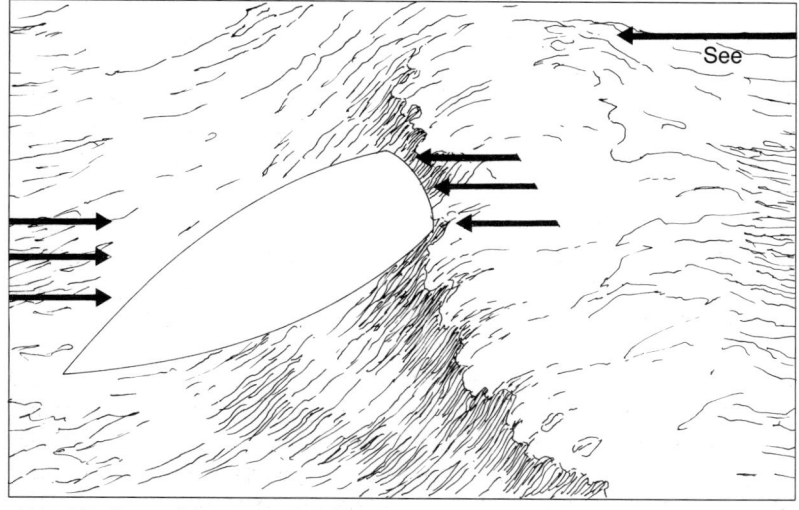

Abb. 9/5: Querschlagen vor der See

Dieser doppelte Querdreheffekt auf dem Vorderhang trifft Yachten, die auf raumem Kurs vor der See ablaufen, an einer schwachen Stelle. Eine solche Yacht läuft auf dem Vorderhang bereits mit kräftiger Ruderlage, wenn der Kamm mit seiner mitlaufenden Oberflächenströmung naht. Die effektive Fahrt durchs Wasser geht zurück und damit auch die Ruderwirkung. Man kann nur hoffen, daß die Restwirkung reicht. Sonst bricht das Schiff aus (Abbildung 9/5).

Wenn es eine Welle ist, die mit großer Gewalt schiebt, kann das Ausbrechen gefährlich werden. Die Yacht wird in eine enge Kurve gezwungen, die einem zu scharf eingekanteten Stemmbogen beim Skifahren ähnelt. Sie stolpert über ihren Kiel und legt sich, von Wind und Welle zusätzlich gedrückt, flach aufs Wasser.

Unterschneiden

Eigentlich ist das Unterschneiden mehr ein Problem der Motoryachten, die zu schnell gegenanbrettern. Segelyachten passiert das selten, es sei denn, sie schießen bei einem Amwindkurs die Rückhänge der Wellen zu steil hinab. Dann kann es passieren, daß sich der Bug am Ende der Talfahrt eingräbt und ordentlich Wasser baggert (Abbildung 9/6).

Die Tendenz zu dieser Unart wächst mit abnehmender relativer Wellenperiode, also der um die Eigenfahrt berichtigten Dauer der Wellenpas-

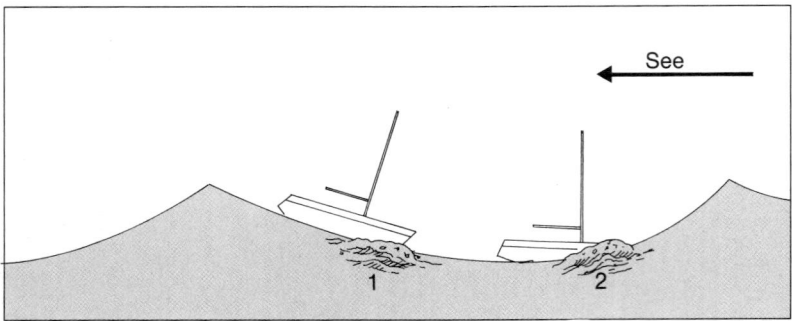

Abb. 9/6: Unterschneiden gegen die See

sage. Der eigene Stampfrhythmus kann der schnellen Wellenbewegung immer schlechter folgen.

Glücklicherweise wird beim Unterschneiden nur erstaunlich wenig Fahrt weggebremst. Der Grund ist die im Wellental mitlaufende Oberflächenströmung. Sie sorgt dafür, daß der Bug sich nicht noch tiefer in das Wasser bohrt. Sie ist auch Ursache für eine gewisse Reduktion der Ruderwirkung, was aber im Wellental bei der hohen Eigenfahrt unbedenklich ist.

Vor dem Wind können Segelyachten nicht unterschneiden, auch wenn man das hier und da hört oder liest. Der Grund ist sehr einfach. Vor dem Wind kommt die See von achtern und nicht von vorn. Es sei denn, jemand segelt schneller als die Wellengeschwindigkeit, und das gelingt, wenn überhaupt, nur augenblicksweise. Je mehr sich die Eigengeschwindigkeit der Wellengeschwindigkeit nähert, desto langsamer werden die an Bord empfundenen Wellenbewegungen, desto leichter fällt es der Yacht, diesen Bewegungen zu folgen.

Einsteiger

Eine analoge Unterschneidesituation spielt sich bei Vorwindkursen höchstens am Heck ab. Kommen die Wellen von achtern mal irgendwie außer Tritt, so daß das Heck vor einem Berg nicht schnell genug aufsteigen kann, dann sprudelt das Wasser an Deck und rauscht übers Achterschiff

Abb. 9/7: Welleneinsteiger von achtern

ins Cockpit (Abbildung 9/7). Solche Einsteiger sind völlig ungefährlich, weil sie keine kinetische Energie besitzen. Der Wasserschlag ist harmlos, es geht nichts kaputt. Solange die Cockpitlenzer gut arbeiten, ist das Wasser auch längst wieder abgeflossen, bevor sich der nächste Einsteiger anmelden kann.

Die Yacht im Brecher

Die Sache wird ernst, wenn sich die See höher auftürmt und mit schweren Brechern zu rechnen ist. Es sei daran erinnert, daß es dabei nicht auf die Höhe der Wellen, sondern auf das Verhältnis Höhe zur Länge ankommt. Brecher können in Nord- und Ostsee schon bei drei bis fünf Meter hohen Wellen vorkommen. Die sind aber mangels Masse nicht so gefährlich.

Zwei Dinge passieren, wenn man in einen schweren Brecher gerät:

Erstens fallen Tonnen von Wasser auf das Schiff, die mit fürchterlicher Gewalt alles wegzureißen scheinen, wie eine Naßschneelawine in den Bergen.

Fast immer ist dann das Cockpit gestrichen voll Wasser, die Rettungskragen hängen, sofern angebunden, außenbords, die Doradelüfter sind weg, und wenn's schlimm war, ging auch noch das festgelaschte Dingi über Bord. Falls jemand gerade auf allen vieren auf dem Vorschiff zugange war, schwamm er auf und hatte seine liebe Not, sich festzuhalten. Im Ölzeug wird es allgemein naß.

Zweitens: Nicht nur das Wasser fällt von oben, es fällt auch das Schiff selbst. Und zwar purzelt es, von der nahenden Welle angehoben, mangels Halt den übersteilen Vorderhang der Welle unmittelbar vor dem Brecher den Hang hinunter, wo es in diesem Augenblick vom Brecher überrollt wird.

Dieses Herunterpurzeln ist ernsthaft gefährlich, wenn es die Yacht quer zur Wellenrichtung getroffen hat. Sie fällt dann mit einem ungeheuer harten Aufschlag mit ihrer Breitseite auf das Wellental (Abbildung 9/8). Man kann dieses Aufschlagen mit einem Bauchklatscher vom Fünfmeterbrett vergleichen. Dabei hat sich auch schon manch einer böse

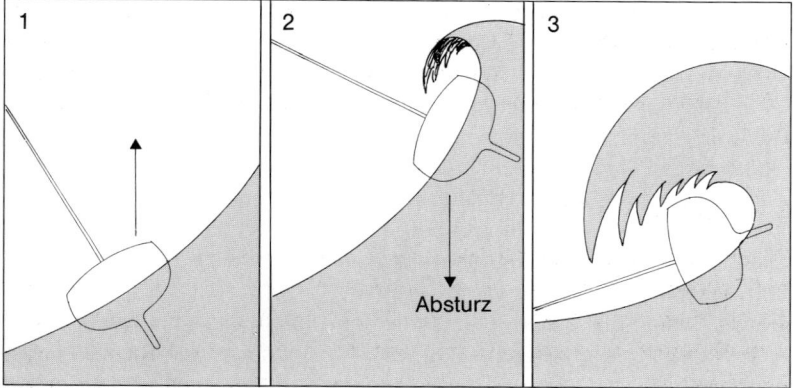

Abb. 9/8: Querliegende Yacht im Brecher

verletzt. Die Schäden, die Yachten aus solchen Situationen davontragen, sind vorwiegend auf der Leeseite, also der Aufschlagseite: eingedrückte Kajütfenster oder Bulleyes, verbogene Seezäune, Schäden im Verbund Unterschale Deck.

Wer an Deck nicht gut gesichert war, mag über Bord gespült worden sein, und unter Deck ist die Chance groß, sich die Knochen zu brechen, wenn man quer durch den Salon nach Lee knallt. Besonders schwere Ausrüstungsteile, wie Batterien, Tanks, Werkzeugkästen, Pött' un' Pann und so weiter, können sich losreißen und durch die Gegend fliegen. Je nachdem, wo solche Unterdecktorpedos einschlagen, können die Sekundärschäden beträchtlich sein. Es soll sich auch schon einmal ein Motor losgerissen haben, obwohl bei dem mir bekannten Fall Materialermüdung mit im Spiel war. Aber wer hat schon immer eine nagelneue Maschine?

Yachten können bei solch einem seitlichen Absturz sogar durchkentern. Liegt das Rigg erst einmal flach auf dem Wasser und stürzt der Brecher im richtigen Augenblick gegen die hohe Rumpfseite, kann das für das aufrichtende Moment zu viel sein. Die Yacht rollt über mit allen Folgen, die man sich leicht ausmalen kann.

Weniger gefährlich ist das Abstürzen, wenn die Yacht mit dem Heck zur See erwischt wurde. Sie stürzt dann in Fahrtrichtung Bug voraus auf das Wellental, wo sich der Bug sanft einbohrt. Das Wasser bildet die „Knautschzone" und mildert den Aufschlag ab. Verlief der Absturz sauber rechtwinklig zur Welle beziehungsweise parallel zur Laufrichtung der See, wird der Bug wieder auftauchen und die Yacht wieder Fahrt aufnehmen. Andernfalls haben wir nach dem Einbohren genau die Ausgangssituation zum Querschlagen, wie bereits weiter oben besprochen. Diesmal allerdings mit dem brechenden Kamm der Schiebewelle, der den Kenterimpuls noch ordentlich verstärkt.

Höchst unangenehm ist auch der umgekehrte Fall, wenn einer Yacht beim Versuch, einen Brecher Bug voraus zu nehmen, der Schwung ausgeht und sie rückwärts den Vorderhang vor dem Brecher herunterpurzelt. Jedem normalen Rudergänger wird bei dieser überraschenden Rückwärtsfahrt das Ruder aus der Hand geschlagen. Das steht dann in Hartruderlage, wenn es überhaupt noch da ist, und die Yacht schlägt natürlich quer – mit allen Folgen, wie oben beschrieben.

10 Die Schwerwetter-Eignung einer Yacht

Eine Yacht, die nur auf Schwerwetter-Eignung hin konzipiert wäre, würde wahrscheinlich einem weißgestrichenen U-Boot ähneln. Der schwere Röhrenrumpf eines U-Bootes läßt sich von den Wellen kaum aus der Ruhe bringen, sein Stahlpanzer ist durch nichts kaputtzukriegen, alle Inneneinrichtungen sind minenfest ausgelegt, sein Rigg ist extrem unterdimensioniert und kräftig. Der Mast, als Sehrohr mißbraucht, soll sogar einziehbar sein. Ideal!

Es ist also ein Kompromiß gefordert. Unsere Yacht soll zugleich sportlich sein, gewissen Komfort bieten, soll betriebsfreundlich und einfach zu handhaben sein, sie soll schick aussehen und nicht allzuviel kosten. Die Sicherheit ist natürlich ganz oben angeschrieben, aber die anderen Dinge dürfen auch nicht zu kurz kommen.

Daß auch die Sicherheit gewissen Kompromissen unterliegen muß, wird ungern ausgesprochen. Man handelt aber ohnehin danach. Sonst würde vor lauter Sicherheit kein Spaß am Segeln mehr übrigbleiben.

Die handelsübliche Fahrtenyacht soll unser Grundkompromiß sein. Sie wollen wir systematisch zerpflücken und Stück für Stück auf Schwerwetter-Eignung untersuchen. Wir wollen erkennen, wo die Probleme stecken und auf welche Weise die eine oder die andere konstruktive Auslegung das Gesamtbild verbessern würde. Welches sind die Bauteile, die besonderen Konstruktionsmerkmale, die die Schwerwetter-Eignung bestimmen, welches sind die Zusammenhänge?

Die Größe der Yacht

Sammelt man die Punkte, die für eine große Yacht sprechen, steht die Schwerwetter-Eignung keineswegs an letzter Stelle. Man sollte im Auge haben, daß ein dreihundert Meter langer Ozeanriese ruhiger in der See liegt als ein zehn Meter langer Fischkutter. Auch bei Yachten wirkt sich die Trägheit der größeren Masse positiv auf das Seeverhalten aus. Größere Yachten setzen sich besser im Seegang durch, sie sind kursstabiler und vertragen beim Ablaufen höhere Geschwindigkeiten. Kleinere Wellen gleichen sie aus. Sie bieten der Crew besseren Schutz im Cockpit und unter Deck, sie können besser ausgerüstet werden und sind angenehmer zu steuern.

Die Liste der Argumente für eine größere Yacht ließe sich fortsetzen. Statt dessen sei abrundend darauf hingewiesen, daß Ozeanüberquerungen in winzigen Yachten als herausragende Sportleistungen gelten. Man sollte sich ohne diese Absicht solche Strapazen nicht auferlegen.

Wanten und Stagen

Nur bei Rennyachten muß die Festigkeit des Riggs genau bemessen sein, um nicht zu viel Gewicht und Windwiderstand nach oben zu bringen. Für uns gilt, eine Nummer stärker kann nie schaden, wobei wir es uns leisten können, auf hochfeste und superteure Materialien wie zum Beispiel auf „Rod"-Wanten (massive Stahlstäbe statt Stahltaue) zu verzichten.

Mit etwas Sinn für Geometrie und für den Umgang mit Kräftevektoren kann man auch ermessen, wo besonders große Kräfte lasten: Je spitzer der Winkel, mit dem ein Want auf den Mast zuläuft, desto größer die Zugkraft auf diesem Want. Der Multiplikator ist der Kotangenz dieses Winkels, und der ist bei null Grad unendlich! Das Problem stellt sich bei modernen Yachten, bei denen die Wanten nach innen versetzt sind, um die Genua bei Amwindkursen dichter heranziehen zu können. Da sich dadurch sehr spitze Wantenwinkel ergeben würden, werden zwei oder mehr Salinge benutzt. Durch den geringeren Abstand von Saling zu Saling wird der Winkel wieder weniger spitz, und die Wantenkräfte werden wieder akzeptabel. Aber es sind mehr Wanten geworden: Ober-, Mittel- und Unterwanten. Und die Summe aller Wantenkräfte ist ausschlaggebend für die Zugbelastung auf den Rumpfbereich, wo die Püttings befestigt sind, und für die Stauchbelastung des Mastes und dessen Fundamentes. Die Kräfte an diesen kritischen Punkten steigen unabhängig von der Zahl der Salinge mit dem Verhältnis der Mastlänge zum Basisabstand der Wanten vom Mast.

Diesen Zusammenhang sollte man im Auge haben, wenn man die Dimensionierung der Wanten und ihrer Beschläge vergleicht. Vor allem ist es wichtig, zu untersuchen, wie die Kräfte im Rumpfverbund aufgefangen werden. Sie sollten durch Verstärkungen möglichst weitflächig vom Angriffspunkt weg und der Bordwand zugeführt werden.

Der Rumpfquerschnitt auf der Höhe des Mastes und der Wanten unterliegt starker Verformungsbelastung. Die Luvwanten zerren die Bordwand in die Höhe, der Mast drückt mittschiffs nach unten. Der Querschnitt wird wie ein Parallelogramm verschoben. Man erkennt dies daran, daß bei manchen Yachten bei Lage die Türen klemmen. Deshalb sind kräftige Querschotten im Mastbereich, mit nach vorn und hinten abgesetzten Teilschotten, wichtig für die Aufnahme dieser Verformungskräfte.

Weniger problematisch sind die Stagen, weil ihre Winkel zum Mast nicht so spitz sind. Hier gibt es zuweilen Schwachstellen bei dem Kräfteübergang in den Rumpf. Das trutzige Aussehen eines mächtigen Bugbeschlages ist manchmal reine Heuchelei, denn es kommt auf seine Befestigung am Rumpf an. Ich habe schon herausgerissene Bugbeschläge gesehen. Es ist unter anderem zu beachten, daß die Bohrlöcher, durch die der Bugbeschlag angebolzt ist, durch den ständigen Salzwassereinfluß Schaden nehmen. Und wenn da erst mal Spiel auftritt, geht alles Weitere schnell.

Doppelte Vorstagen sind eine gute Sache. Nur sollten sie auch getrennte Beschläge an Bug und Masttopp haben. Stagen brechen, wenn überhaupt, meistens an den Beschlägen.

Ob es sich um Profilvorstagen handelt oder um herkömmliche mit Stagreitern an den Segeln, ist für die Festigkeit egal. Wenn man im schweren Wetter das Vorsegel wechseln muß, ist es meines Erachtens leichter, die grobschlächtigen Mastrutscher einzupicken, als den filigranen Liekwulst durch den feinfühligen Einfädler in die Stagkeep einzufummeln. Vielleicht habe ich auch nicht genug Übung mit dem modernen Kram.

Mast und Fallen

Mit dem Werkstoff, aus dem der Mast gefertigt ist, sollten wir uns nicht mehr aufhalten. Denn die modernen Aluminum-Mastprofile sind inzwischen so ausgereift, daß der gute alte Spruce-Mast nicht mehr der einzige und wahre Mast ist. Nur sei auch hier bei der Dimensionierung daran gedacht, daß es nicht um Rennen geht. Vertrauen erweckende Festigkeitsreserven erwecken eben Vertrauen.

Bei trimmbaren Masten, deren Mitte durch Vorspannung entsprechender Stagen nach vorn gebogen wird, um den Bauch aus dem Großsegel zu ziehen, gibt es besondere Probleme mit der Stauchkraft. Im durchgebogenen Zustand wirkt die Stauchkraft als Knickbelastung, und nur die sorgfältig bedienten Backstagen sichern den Mast dagegen ab. Die Mastprofile sind meist etwas knapper ausgewählt, um den Mast überhaupt biegen zu können und weil der Konstrukteur von der gewissenhaften Bedienung der Backstagen ausgeht. Für den Schwerwettereinsatz sind deshalb trimmbare Masten eher zusätzliches Risiko.

Die Salinge sind im normalen Betrieb problemlos. Anders im schweren Wetter. Durch die heftigen Stampfbewegungen des Schiffes werden die entlasteten Leewanten peitschenartig vor- und zurückgeschleudert. Entsprechend rucken sie an der Saling vor und zurück. Dieses Rucken wird um den Hebelarm der Salingslänge verstärkt auf den Fußbeschlag der Saling übertragen. Die Belastbarkeit dieses Beschlags ist deshalb ausgesprochen kritisch für die Schwerwetter-Eigenschaft der Yacht.

Innengeführte Fallen werden oft unter dem Sicherheitsgesichtspunkt verteufelt. Da sie jedoch viele andere große Vorteile haben, möchte ich darauf nicht verzichten. Aber es sollten Reservefallen vorhanden sein und nicht nur eines. Es müßte schon dumm zugehen, wenn im schweren Wetter mehr als zwei Fallen brechen würden. Und hinterher kann man in aller Ruhe wieder ein neues einfädeln. Macht Spaß!

Nach hinten ins Cockpit geführte Fallen erleichtern den Kampf beim Reffen und beim Segelwechsel. Sie sollten aber möglichst wenig umgelenkt und durchgezogen sein, weil sonst doch viel Reibung entsteht. Ein leicht laufendes Fall ist nötig, um ein Segel mit einem Schwung herunterzukriegen. Falte für Falte herunterzuzerren, kann bei Sturm in halsbrecherische Hampelei ausarten.

Segel

Man kann es getrost dem Segelmacher überlassen, den richtigen Segelriß, den geeigneten Bahnenverlauf, die richtigen Dopplungen und schließlich überhaupt die passende Tuchstärke zu bestimmen. Der Laie ist überfordert, dies zu beurteilen. Dennoch gilt es, „Sparsegel" zu erkennen und abzulehnen, wie sie oft bei der Grundausstattung von Serienyachten mitgeliefert werden. Bei den selten hervorgeholten Sturmsegeln wird in der Regel am meisten gespart, obwohl gerade bei diesen kostenintensive Handarbeit geleistet werden muß. Augen und Gatchen müssen sorgfältig unterlegt und Liektampen eingenäht werden, um nur einiges zu nennen. Solcherlei Qualität muß natürlich extra bezahlt werden. Sie lohnt sich aber, denn ein ausgerissener Hals bei der Sturmfock kann die ganze Strategie, mit einem Sturm fertig zu werden, zunichte machen. Die Zweitlösung ist dann bestimmt nicht mehr die beste, wenn es überhaupt eine Zweitlösung gibt.

Auf alle Fälle würde ich auf eine angemessene Abstufung des Segelstells achten, was oft im Bereich der höheren Windstärken vernachlässigt wird. Der Schritt von der Fock I zur Sturmfock ist zu groß. Eine hochgeschnittene Fock II bereits mit dem stärkeren Tuch der Sturmfock würde gerade bei den Starkwindwetterlagen im Sommerhalbjahr gute Dienste leisten. Über Beaufort 8 bläst es da selten. Fehlt die Fock II, neigen viele Skipper dazu, zu lange die Fock I zu tragen und den Wechsel zur Sturmfock vor sich herzuschieben. Ein unnötiger Streß für Mensch und Material.

Das Großsegel muß aus einem Tuch sein, wie es der Belastung bei acht Windstärken entspricht, für die das letzte Reff nun mal gedacht ist. Schwachpunkte sind auch hier oft die Dopplungen, wo die Kraftlinien zusammenlaufen, sowie die Sicherung der Augen und Gatchen. Das gereffte Großsegel befindet sich bei den meisten Yachten noch im Gefahrenbereich überkommender Seen. Früher führte man deshalb das Trysegel mit, ein besonders hoch angeschnittenes Ersatzsegel für das Groß, das nur in der Mastkeep angeschlagen war und sonst wie ein Vorsegel mit zwei Schoten über die achteren Spiblöcke gefahren wurde. Das Tuch ähnelte einer LKW-Plane und war sehr sperrig. Deshalb ist es aus der Mode gekommen. Ich hätte bei Langstreckenfahrten gern eines dabei, aber eben aus modernem Tuch.

Die traditionelle Reffmethode mit Reffhaken und Smeerreepen ist meines Erachtens die einzig wahre. Richtig ausgeführt, dauert ein Reff einzulegen nur wenige Sekunden, und das Segel steht wieder anständig. Es ist sogar voll trimmbar (s. Kap. 13).

Keinesfalls würde ich so einen „Kurbelbaum" akzeptieren. Die Mechanik dieses Reffsystems ist störanfällig, das Segel steht schlecht und ist nicht trimmbar, das aufgerollte Vorliek bildet beim weiteren Reffen einen unbeherrschbaren Knautsch, das Unterliek läßt sich nicht durchsetzen, und auf den Baumniederholer muß man verzichten. Das Rollreff muß für irgendeinen anderen Zweck erfunden worden sein. Fürs Segeln jedenfalls nicht.

Anders sind die Rollreffeinrichtungen im Mast. Wenn sie funktionieren, leisten sie genau den richtigen Dienst. Sie ersparen die Arbeit am Mast, die sonst beim Reffen erforderlich ist, das gereffte Segel steht nicht schlecht und ist mit der Unterliekspannung noch trimmbar. Freilich nicht im Vorliek. Der Hauptvorteil liegt eben in der Handhabung vom Cockpit aus, die auch noch äußerst einfach ist, wenn man's richtig macht.

Gefährlich ist das Rollgroß im Starkwind bei Fehlbedienung. Wenn beim Ausrollen die Yacht nicht im Wind steht und die Großschot nicht völlig frei ist, bekommt das ausrollende Segel Winddruck und rauscht aus, bevor man sich versieht. Dies kann so heftig passieren, daß die Mechanik beschädigt wird. Das mit viel zu großer Fläche ausgerollte Großsegel krängt das Schiff dann wie wild, oder es killt sich zu Tode. Wenn die Mechanik kaputt ist, erhebt sich die berechtigte Frage: „Wie weiter?" Denn einholen läßt sich das Ungetüm wahrscheinlich nicht mehr.

Ähnliches gilt für Rollvorsegel. Sie sind heute sehr weit verbreitet, ersparen sie doch dem geplagten Freizeitsegler die Arbeit auf dem Vorschiff. Was wichtiger ist: Sie mindern das immer vorhandene Sicherheitsrisiko, wenn jemand bei Sturm auf dem Vorschiff arbeiten muß. Auch die Roll-vorsegel müssen äußerst behutsam bedient werden. Mehr als einmal habe ich eine völlig weggefetzte Rollgenua gesehen, weil bei Starkwind die Einholleine entweder gebrochen oder versehentlich losgeworfen wor-den war. Auch hier ist es sehr schwierig, die Reste aus der Stagkeep herauszukriegen und ein Ersatzsegel einzuziehen.

Natürlich ist ein weiterer schwerwiegender Nachteil der Rollgenua, daß im stark gerefften Zustand das Restsegel schlecht steht und daß der dicke Wulst am Vorstag den Strömungsablauf stört. Wenn man gezwun-gen ist, unter Sturmbesegelung noch einiges an Höhe herauszusegeln, mag sich die dicke Wurst da vorn fatal auswirken.

Ohne auf die Vorzüge der Rollgenua verzichten zu müssen, bietet sich ein Ausweg an: das wegnehmbare Kutterstag, das etwa bei 20 % der Vorschiffslänge an Deck angeschlagen wird und an dem eine Fock II und die Sturmfock mit Stagreitern gefahren werden können. Damit es die Wenden mit der Genua nicht stört, wird das Stag nur bei Bedarf an Deck eingeklinkt und sonst am Fuße des Babystags oder am Mastfuß gebor-gen.

Das auf diese Weise zurückgesetzte Starkwind-Vorsegel bietet noch ei-nen weiteren Vorteil: Sein Achterliek bildet mit dem gerefften Groß immer noch eine Düse, wodurch die Amwind-Eigenschaft erheblich verbessert wird. Die Giertrimmlage verändert sich erstaunlicherweise kaum, weil am Wind auf Grund der Düsenwirkung die zurückgesetzte Fock selbst eine größere Auftriebskraft produziert.

Das Starkwindsegel am Kutterstag kann frühzeitig vorbereitet werden, solange man noch unter gereffter Rollgenua segelt. Man kann nicht nur das Kutterstag bereits anschlagen und durchsetzen, sondern auch schon das Segel mit den Stagreitern anreihen und mit Abreißgarn sichern, so daß es klar zum Aufheißen ist. Hat dann der Wind so weit zugenommen, kann vom Cockpit aus die Genua eingerollt und das Starkwindsegel vor-geheißt werden. Feine Sache!

Der Rumpf

Aus welchem Werkstoff der Rumpf gebaut sein sollte, ist eine Glaubensfrage. Der Geschmack, der Pflegeaufwand, der Wiederverkaufswert und viele andere Gesichtspunkte, die nichts mit der Schwerwetter-Eignung zu tun haben, stehen bei der Wahl des Werkstoffs zweifellos im Vordergrund. Alle heute üblichen Werkstoffe haben sich unter den hohen Belastungen im Sturm bewährt. Zu differenzieren ist schon eher bei der Konstruktions- und Fertigungsweise. Leichtbaukonzeptionen sollte man meiden. Sie sind für einen anderen Zweck optimiert. Die mit Stolz in den Broschüren vorgeführte geringe Wasserverdrängung würde mich skeptisch machen. Je leichter die Bauausführung, desto aufwendiger müßte die Konstruktion sein. Eine kräftige Bauauslegung muß allerdings konsequent durchgehalten sein. Die Kette ist so schwach wie ihr schwächstes Glied. Potentielle Schwachpunkte sind der Verbund zwischen Deck und Rumpfschale, die Kielbefestigung, die Aufnahme von Bugbeschlag und Püttings sowie die Ruderanlage.

Die Bugform

Es gibt richtige Stampfrösser, und es gibt Yachten, die wie ein Wal ungerührt durch die Wellen gleiten. Woran liegt's? Immer wenn die See das Vorschiff anheben will, taucht dieses wegen der Massenträgheit tiefer ein. Dadurch steigt der Wasserwiderstand, und die Fahrt wird abgebremst. Bei einer Reihe von kurzen Wellen kann eine Yacht sich völlig feststampfen.

Deshalb muß der Bug einer Yacht scharf geschnitten sein. Er soll die See gemach, nicht mit Wucht zur Seite drücken. Damit er nicht zu tief eintaucht, Stichwort „Massenträgheit", darf er nicht zuviel Masse haben. Die Masse einer Yacht sollte mittschiffs konzentriert sein. Die üblicherweise ganz vorn gestaute, oft 100 bis 200 kg schwere Ankerkette trägt also keineswegs zur Schwerwettereignung der Yacht bei. Alternativen sind aber schwer zu realisieren. Der Versuch, das Eintauchen hydrodynamisch durch eine flache Unterseite der vorderen Spantrisse zu reduzieren, gelingt zweifelsohne. Nur wird dann das Eintauchen durch harte

Schläge, durch „Bauchplatscher" gestoppt. Und die tun weh, auch dem Schiff. Die ideale Linienführung im vorderen Bereich ist der gemäßigte V-Spant mit möglichst spitz zulaufendem Bug und wenig Masse in den Überhängen achtern und vorn.

Der Spantenriß

Das Aufrichtverhalten aller Segelyachten ist eine Mischung aus Gewichtsstabilität und Formstabilität. Lange lanzettförmig geschnittene S-Spanter haben einen größeren Anteil an Gewichtsstabilität, breite Rümpfe mit flach eintauchendem Unterwasserschiff haben mehr Formstabilität. Der Kielballast in letztem Falle kann entsprechend kleiner sein. Da Formstabilität ein besseres Segeltragevermögen bei kleinen Krängungswinkeln und damit höhere Segeleffizenz am Wind bewirkt, will man heute kaum mehr auf einen großen Formstabilitätsanteil verzichten. Aber. . . Wie bereits festgestellt, folgt die formstabile Yacht der effektiven Ebene der Wasseroberfläche, ihre Schräglage paßt sich also stets der Wasseroberfläche in der Welle an, sie rollt mit der Welle mit. Das ist nicht nur ungemütlich, sondern es läßt auch den Mast hin und her schwenken, wodurch der Einfallswinkel der Windströmung natürlich ständig gestört wird. Gut nur, daß die Windströmung am Segel selbst dieser Pendelbewegung entgegenwirkt, und zwar mit dem Quadrat des Ausschlags. Sonst wäre es in den modernen „Schüsseln" kaum auszuhalten; beim Motoren oder – besser noch – beim Dümpeln erlebt man das ja.
Die vornehmlich gewichtsstabile Yacht orientiert ihr Aufrichtverhalten an der Erdschwerkraft, also der absoluten Vertikalen. Querlaufende Wellen würden ihre Krängung kaum beeinflussen.
Gefährlich ist die vorwiegend formstabile Yacht beim extremen Rollverhalten, um nicht zu sagen beim Kenterverhalten. Wir kennen von der Jolle her, daß die Formstabilität mit zunehmender Krängung zunächst schnell ansteigt, aber nach einem bestimmten Winkel wieder abfällt und dann negativ wird. Bei Gewichtsstabilität hingegen nimmt das aufrichtende Moment mit dem Sinus des Krängungswinkels bis 90° zu (Abb. 10/1).
Bei einem Rumpf, der beide Stabilitätsprinzipien in sich vereinigt, werden

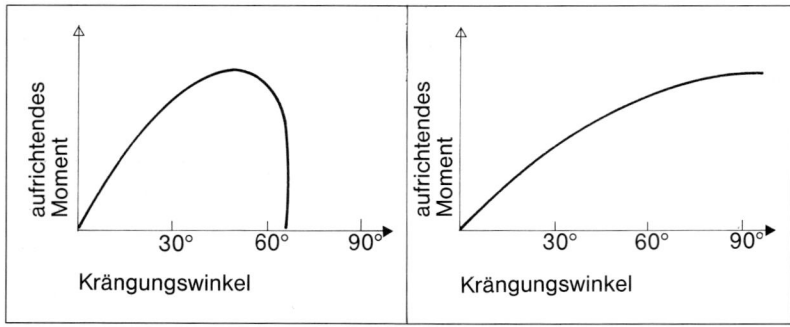

Abb. 10/1: Stabilitätskurven: links bei Formstabilität, rechts bei Gewichtsstabilität

beide Stabilitätskurven addiert. Je nach Ausprägung der beiden Anteile setzt sich dabei die höhere Anfangsstabilität der formstabilen Kurve oder die größere Endstabilität der gewichtsstabilen Kurve durch (Abbildung 10/2). Ein gutes Maß an Sicherheitsreserve bei der Endstabilität ist wesentlich, um beim Querschlagen vor einer großen Welle das Schlimmste zu vermeiden.

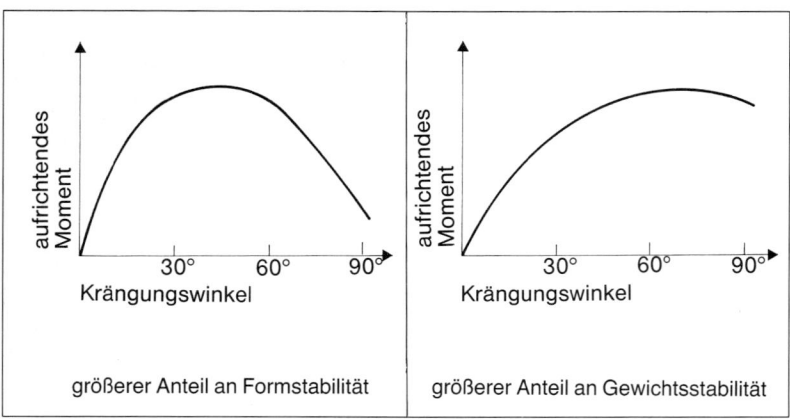

Abb. 10/2: Gemischte Stabilitätskurve mit höherem Formstabilitätsanteil (links) und mit höherem Gewichtsstabilitätsanteil (rechts)

Moderne Rennyachten, deren Risse mehr und mehr von den Serien-yachten übernommen werden, gehen ein hohes Risiko bei ihrem Kenter-verhalten ein. Daß bei 90° Krängung überhaupt noch eine statische Auf-richtkraft da ist, reicht nicht aus, um den Schwung beim Herunterstürzen von einer Welle aufzufangen.

Es geht noch weiter: Sollte es einmal passiert sein und die Yacht kiel-oben liegen, wirkt sich ein großer Formstabilitätsanteil höchst unange-

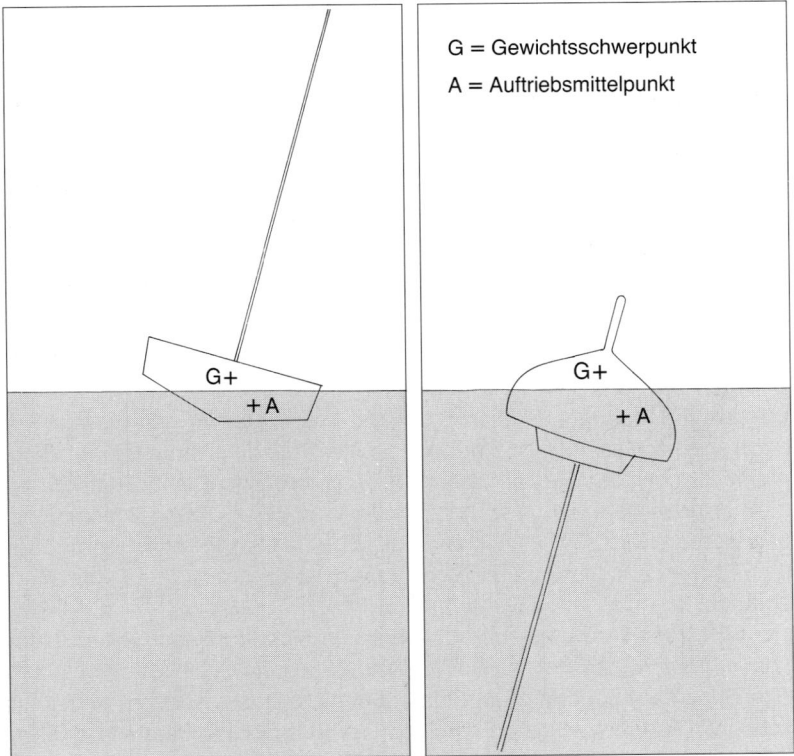

G = Gewichtsschwerpunkt

A = Auftriebsmittelpunkt

Abb. 10/3: Vergleich der Stabilität einer durchgekenterten Yacht mit der einer normal segelnden Jolle

nehm aus. An Hand von Abbildung 10/3 erkennt man eine erschreckende Ähnlichkeit des Stabilitätszustandes einer durchgekenterten Yacht mit dem einer normal segelnden Jolle. Es sind die gleichen Stabilitätsverhältnisse! Die kieloben liegende Yacht liegt genauso stabil wie eine Jolle. Sie muß erst durch eine neue große Welle gekrängt werden, und zwar so weit, daß der Massenschwerpunkt über den Auftriebsmittelpunkt hinausrutscht. Dann erst kentert sie ein zweites Mal durch, diesmal aber zurück in ihre aufrechte Lage. Das ist der Hintergrund zu den Berichten, in denen zu lesen ist: „... und es hat eine Ewigkeit gedauert, bis die Yacht sich endlich wiederaufrichtete..."

Der Stabilitätsaspekt läßt sich zusammenfassen: Formstabilität und Schwerwettereignung widersprechen sich in jeder Beziehung. Jede Yacht hat beide Prinzipien in ihren Spantenrissen verwirklicht. Das Verhältnis ihrer Anteile ist ein wesentlicher Indikator für ihre Schwerwetter-Eignung.

Der Lateralplan

Hier geht es um die Kontrolle der besonderen Giermomente, also der Bewegungen und Drehbeschleunigungen um die Hochachse, die im schweren Seegang entstehen. Während das Ruder für den aktiven Teil der Kontrolle zuständig ist, liegt der passive Teil, die Dämpfung der Giermomente, bei der Gestalt des Unterwasserschiffs. Die Dämpfwirkung muß sicherstellen, daß in schwerem Wetter der Rudergänger nicht überbeansprucht wird. Sie muß aber zugleich eine ausreichende Agilität auf dem Ruder zulassen, damit nicht so ein notorischer Geradeausfahrer entsteht.

Dämpfung, sprich Kursstabilität, wird durch einen langgestreckten Lateralplan erreicht, der Heck und Bug direkt gegen die Schiebewellen stützt. Allerdings paßt ein Langkieler überhaupt nicht in das Konzept moderner schneller Fahrtenyachten. Er hat zu viel Strömungswiderstand und zu schlechte Amwindeigenschaften. Diese wären ideal beim tief eintauchenden, ranken Flossenkiel mit weit abgesetztem Ruder, einer Anordnung, die zugleich hohe Steueragilität aufweist. Zwischen beiden Extremen muß ein Kompromiß gefunden werden, wobei es für persönliche Präferenzen sicherlich einen breiten Raum gibt. Lösungsmöglichkeiten liegen bei einem mäßig gestreckten Flossenkiel und einer Ruderauslegung mit hoher Stützwirkung.

Ein Kompromiß ist auch beim Ausmaß der Bug- und Hecküberhänge zu treffen. Während ein weit zugespitzter Bug und ein langes Yachtheck das Stampfverhalten günstig beeinflussen, stören sie gleichzeitig das Gierverhalten. Sie bilden weit vom Drehpunkt abgesetzte Angriffsflächen für die seitlichen Schiebewellen und verleihen so dem Drehimpuls einen größeren Hebelarm.

Die Ruderanlage

Die trotz Dämpfung verbleibenden Giermomente muß der Rudergänger ausgleichen. Dazu braucht er eine gut abgestimmte Ruderanlage, die für ein großes Geschwindigkeitsspektrum hohe Steuerwirkung bei geringen Rückstellkräften aufweist. Heute gibt es schon hervorragend proportionierte Balanceruder mit optimalen Strömungsprofilen, die diese Leistungen bringen. Bei konventionellen Ruderanlagen hat man immer das Problem mit zu hohen Ruderdrücken im Bereich höherer Geschwindigkeiten, ein Manko, das sich beim Ablaufen vor schwerer See als ernstes Handicap erweist.

Was die Bruchfestigkeit betrifft, müssen wir den Konstrukteuren vertrauen, treten doch am Ruder immense Kräfte auf, die von der Rumpfschale aufgefangen werden müssen. Oft wird der Ruderskeg als Problemlösung ins Feld geführt – trotz seines Nachteils, ein nichtbalanciertes oder nur teilbalanciertes Ruder zu bedingen. Ob er besser als ein durchgehender Ruderschaft geeignet ist, die Knickbelastung an der Ruderwurzel aufzunehmen, sei dahingestellt. Allerdings wäre mir ein gebrochener Ruderschaft lieber als ein aus der Rumpfschale gerissener Skeg mit entsprechendem Wassereinbruch.

Wichtig ist, daß das Ruder tief genug eintaucht; je weiter achtern es angebracht ist, desto tiefer muß es reichen. Zwei Gründe gibt es dafür: zum einen wegen der Gefahr des Austauchens bei starker Lage und heftigen Stampfbewegungen. Zum zweiten wegen der mitlaufenden Oberflächenströmung auf dem Wellenkamm, die in ein bis zwei Meter Tiefe schon nachläßt und dort bessere Ruderwirkung ermöglicht.

Großes Augenmerk würde ich der Rudermechanik widmen. Bei einer Seilzuganlage sollte der Ruderquadrant einen möglichst großen Radius haben, damit Spiel und Reck in den Zügen zu nur geringem Spiel am Ruderblatt führen. Spiel kann sich im Getobe des Sturms rasch verstärken und kann bei Spitzenbelastungen dazu führen, daß ein Zug von einer Rolle springt. Wichtig sind auch die Ruderanschläge. Sie sollten sehr kräftig, aber federnd ausgeführt sein.

Auch bei hydraulischen Ruderanlagen würde ich auf lange Hebelarme achten. Die Kräfte an den Scharnieren und Widerlagern der Arbeitszylinder werden kleiner, und damit wird auch die Bruchgefahr geringer.

Hilfreiches und Störendes an Deck

Es gibt Yachten, die ihr ganzes Leben lang das Beiboot an Deck gefahren haben, mit Erfolg. Wenn es nicht sehr große Yachten sind, habe ich dennoch meine Bedenken. Vor allem auf den Ozeanen. Wenn es also sein muß, sollte das Beiboot wenigstens kieloben liegen oder eine starke, dachförmig abgewinkelte Persenning haben, so daß kein Wasser hineinschlagen kann. Die Laschings müßten diagonal geführt werden, also von links oben nach rechts unten und umgekehrt. Senkrecht geführte Laschings werden bei Querkräften um ein Vielfaches unnötig belastet. Wenn sie brechen, räumt das Beiboot das Deck ab.

Auch an achterlichen Davits aufgehängte Beiboote sind gefährlich, es sei denn, es handelt sich wieder um eine sehr große Yacht. Jemand sagte mir mal, wer sich eine Yacht mit Davits leisten kann, kann es auch verschmerzen, sein Dingi bei Schwerwetter zu slippen und aufgeben. Auch eine Lösung.

Keinesfalls kann man ein Beiboot im Sturm nachschleppen, auch wenn es ein schweres und gut in der See liegendes Boot ist. Wenn das Boot kentert, wozu sicherlich genug Gelegenheit geboten wird, bricht sofort die Trosse, und das Boot ist weg. Vielleicht ist das auch gut so. Denn gefährlich sind die Überholversuche. Ein Beiboot gerät bei Talfahrt schnell ins Surfen, während die Yacht sich in Verdrängerfahrt befindet. Dann kommt das Dingi mit ordentlich Fahrt von achtern auf, und die Kollision ist vorprogrammiert. Wenn man Glück hat, war es ein Schlauchboot.

Ich würde als Beiboot ein Schlauchboot vorziehen, das zusammengepackt in einer Backskiste gefahren wird. Als psychologische Stütze für dieses Verfahren würde ich mir eine elektrische Luftpumpe leisten. Dann gibt es keinen Grund mehr, es nach Gebrauch nicht gleich brav wegzustauen.

Auch der Außenborder gehört in eine Backskiste. Und zwar mit stabiler Zurreinrichtung. Es ist überhaupt wichtig, daß in den Backskisten und in anderen großvolumigen Stauräumen ordentliche Laschings vorhanden sind, damit bei Sturm nicht alles kaputtgeht.

Zurück an Deck: Die Doradelüfter, abgewinkelte Lüftungstrompeten, heute meist aus Weichplastik, fliegen nicht nur durch schlagende Schoten aus ihren Halterungen, sondern auch durch überkommende See. Da helfen auch Schutzbügel nichts. Die Hutzen müssen abgeschraubt und an ihre Stelle Deckel aufgesetzt werden. Die gehören zwar zum Lieferumfang der Lüfter, sind aber erfahrungsgemäß, wenn man sie braucht, nicht zu finden.

Bulleyes, Skylights und Luken werden heute fast durchweg in erprobter Konstruktionsweise geliefert und verwandt. Mit einer Ausnahme: Das Vorluk wird bei modernen Yachten immer größer, um den Spi direkt hineinbergen zu können und um die sperrigen Vorsegelsäcke hindurchzukriegen. Sehr schön für den normalen Betrieb, aber die Luken haben es in sich. Mehr als einmal wurde berichtet, daß im Sturm das Vorluk aufsprang, weil die Verriegelungsvorrichtungen gebrochen waren. Bei manchen Serienlukendeckeln scheinen die Verriegelungen für alle Größen gleich zu sein, und das reicht bei den großen Luken wohl nicht aus. Bei Extremlagen fliegt so einiges von innen gegen das Luk, und irgendwann knacken dann die Riegel. Eine andere Ursache ist auch möglich: Durch die Extrembelastung der Rumpfschale kann sich die Lukenöffnung verwinden, wodurch die Riegel brechen. Egal welche Ursache, mit wenig

Aufwand könnte man dem Problem abhelfen und bei besonders großen Lukendeckeln ein paar zusätzliche Vorreiber anbringen. So wie früher.

Ähnliches gilt für Backskistendeckel, die schon bei weniger als 90° Lage auffliegen, wenn sie nicht gesichert sind. Erstens ist es halsbrecherisch für die um Halt ringenden Leute im Cockpit, wenn die Backskisten plötzlich aufklappen und wahrscheinlich gerade zuschlagen, wenn sich einer mit der Hand am Öffnungsrand festklammert, und zweitens können ganz schnell ein paar Tonnen Wasser gelöffelt werden. Denn wir haben ja bei dieser Gelegenheit gerade ordentlich Lage!

Die Seereling, auch Seezaun genannt, ist bei den gängigen Yachten heutzutage hinreichend stabil und hoch genug ausgelegt. Empfehlenswert ist es, zwischen der meist vorhandenen Lochschiene und dem oberen Durchzug ein Netz zu spannen. Es verhindert, daß Segel, Spibäume oder auch das eine oder andere schlank gebliebene Crewmitglied, das an Deck gestürzt ist, unter den Relingszügen außenbords rollen.

Fest angebrachte Strecktaue, in die man sich mit der Sorgleine des Lifebelts einpicken kann, werden allerorts von einer schwerwetterfesten Yacht gefordert. Sie müssen aber so angebracht sein, daß sie nicht unter den Füßen wegrollen und man darauf ausrutscht. Ich bin kein großer Freund dieser Strecktaue, denn dort eingepickt, reichen die Sorgleinen kaum, um am Baum zu arbeiten. Mehr Aktionsfreiheit hat man, wenn man ein oder zwei Sorgleinen am Mastfuß anschlägt und sie frei nach hinten ins Cockpit führt. Muß einer nach vorn, befestigt er das hintere lose Ende dieser Sorgleine an seinem Lifebelt, und er kann sich frei bewegen. Geht er über Bord, hängt er auf Höhe des Cockpits und kann auf Lee direkt ins Cockpit gezogen werden. Fällt er nach Luv, wird beigedreht und genauso leicht aufgefischt.

Bei manchen Yachten ist die Rettungsinsel wohlverpackt und verzurrt mittschiffs auf dem Kajütdach hinter oder vor dem Mast angebracht. Dort liegt sie zwar gut in Bereitschaft. Aber sie kann bis zum Ernstfall auch schon verlorengegangen sein. Denn da vorn liegt sie voll den überkommenden Seen ausgesetzt. Ihre Angriffsfläche ist groß und entsprechend hoch die Belastung der Zurrings. Besser ist sie im Cockpitbereich untergebracht und am besten in einem extra dafür vorgesehenen Stauraum.

Hier und da sieht man mal eine Yacht mit einem „Überrollbügel", wie ihn Rennautos und auch Ackertraktoren haben. Er hat bei einer Yacht sicherlich eine andere Funktion, aber keine schlechte: Erstens dient er als Baumablage, was die Arbeit beim Großsegelbergen erheblich erleichtert und den Baum ohne stehendes Großsegel im Seegang vernünftig sichert. Zweitens gibt ein Überrollbügel guten Halt für Crewleute im Cockpit und beim Aus- und Einsteigen nach vorn. Und er bietet eine stabile achtere Befestigung für ein Sprayhood, das, wenn gut angebracht, die Cockpitcrew hervorragend gegen von vorn überkommendes Wasser schützt.

Kommen wir zum Cockpit. Es soll nicht zu groß sein, um nicht zuviel Wasser beim Einsteigen der See zu fassen. Die Cockpitlenzer müssen riesig sein. Der offene Spiegel ist der ideale Lenzer und sieht sehr sportlich aus. Ich würde ihn nicht empfehlen. Zu viele Winschkurbeln, Taschenlampen und Ferngläser gehen schon auf sein Konto. Armdick sollten die Lenzrohre aber sein. Man muß das Gefühl einmal erlebt haben, bis zum Gürtel in der Badewanne zu sitzen, und das Wasser läuft und läuft nicht ab. Und der nächste Einsteiger kommt, bevor der erste weg ist. Spätestens dann denkt man über bessere Lenzer nach.

Es gibt kaum mehr Niedergänge, die so tief angebracht sind, daß die ganze Wasserladung im Cockpit sich nach unten ergießen kann. Früher mußte man das auch noch bedenken.

Im Cockpit sucht jeder Halt. Damit nicht dauernd einer versehentlich ins Ruderrad greift, sollte ein starker Bügel davor angebracht sein. An festen Handläufen sollte es nicht fehlen auf beiden Seiten, und einigermaßen geschützte, sichere Ablagen für das, was man immer zur Hand haben muß, sollten vorhanden sein. Für den Rudergänger muß es verschiedene Einpickvorrichtungen geben, so daß er entweder mit einem Bauchgurt fest angeschnallt oder auch per Sorgleine lose mit Freiraum gesichert werden kann.

Zu große Ruderräder sind eher hinderlich als vorteilhaft. Noch einmal: Unsere Yacht soll kein Racer sein. An den heute üblichen, riesigen Ruderrädern muß man vorbeiturnen, um dahinter zu kommen, und wenn man einmal mit Wucht dagegenfliegt, entstehen Riesenkräfte in der

Nabe. Hoffentlich ist die dann auch stark genug ausgelegt. Es wäre nicht das erste abgebrochene Ruderrad.

Deckshäuser oder ähnliche hohe Kajütaufbauten gibt es heute kaum mehr. Hinsichtlich der Schwerwetter-Eignung waren sie zweifellos von Nachteil. Man muß sich mal vorstellen, was mit diesen oft wunderschön aussehenden Mahagonichalets passiert, wenn die Yacht aus fünf Meter Höhe seitlich aufs Wasser schlägt. Stahlblenden, die man auf die Fensterflächen aufschraubt, helfen. Aber nur, wenn nicht das ganze Deckshaus wegbricht. Deshalb ist es eine gute Idee, wenn das Deckshaus zum Schiffsinneren hin noch einmal abgeschottet und der Niedergang zum Salon als Sicherheitsluk ausgeführt ist. Dann kann man notfalls auch ohne Deckshaus weitersegeln.

Unter Deck

Genug der Schreckensvision vom weggerissenen Deckshaus und zu naheliegenderen Dingen: Unter Deck zeichnet sich die schwerwetterfeste Yacht durch Zweckmäßigkeit aus und durch Verzicht auf unnötigen Zierat. Alles muß so gestaut sein, daß es auch bei extremer Schräglage an Ort und Stelle bleibt, und das nicht nur statisch, sondern auch bei ordentlichem Kascheng. Die meisten heute üblichen Schappverschlüsse würden aufplatzen. Alle Bodenbretter würden durch die Gegend fliegen und die Bilge-Vorräte hinterher. Nur selten habe ich verriegelte Bodenbretter gesehen.

Alle Einbauten und Möbel müssen so kräftig sein, daß man mit dem eigenen Achtersteven so heftig dagegenknallen kann, daß es weh tut. Und damit es nicht zu weh tut, sollten alle Kanten abgerundet, und der Kopfraum sollte frei von eckigen oder gar zerbrechlichen Instrumenten, Lampen und anderen Geräten sein.

Alle Schwergüter, wie Batterien, Tanks, Werkzeugkisten, Ersatzpropeller, Ersatzanker, müssen kräftig festgelascht sein, um bei Kenterungen nicht wie Torpedos durch den Salon zu schießen. Es soll auch Yachten mit lose gestautem Bleiballast geben. Sie sind bei Kenterungen lebensgefährlich.

Die Kojen sind verständlicherweise bei modernen Urlaubsyachten eben für genüßliches Urlaubssegeln konzipiert. Aber auch in schwerem Wetter muß man schlafen können. Dazu braucht man andere Kojen, die man oft noch in älteren Yachten findet: etwa 65 cm schmal, in Schiffslängsrichtung angeordnet und mit Kojenbrettern, so daß man nicht hinausrollt. Leesegel sind für den gleichen Zweck nicht ganz so geeignet, tun's aber auch. Nicht alle Kojen müssen so urlaubsfeindlich gestaltet sein. Wenn's hackt, fährt man ohnehin heiße Kojen, das heißt, die Crew benutzt im gegenseitigen Wechsel nur die geeigneten Sturmkojen. Sie liegen achtern oder mittschiffs, wo's nicht so schaukelt, und sind gegen die Aktivitäten im nassen Ölzeug am Kartentisch und am Herd sowie gegen Lärm der Mannschaft möglichst geschützt. Hektisches Zugerufe läßt einen aus tiefstem Tiefschlaf hochschrecken, selbst wenn es draußen rauscht, zischt und bolzt.

Schlecht ist die traditionelle Hundekoje gleich neben dem Niedergang. Die ist ständig naß, denn jedesmal, wenn einer den Niedergang rauf- oder runtergeht, landet eine ordentliche Wasserladung in dem feuchten Nachtlager. Jemand hat deshalb einmal einen Duschvorhang vor die Hundekoje gehängt. Etwas unkonventionell, aber nicht schlecht!

Apropos naß. Gleich unterhalb des Niedergangs sollte ein abgegrenzter Naßbereich sein. Die Ölzeugschleuse. Von hier aus müssen Navigation, Elektrik, Instrumente, die Pantry und die Toilette zu erreichen sein. Ein Ölzeugschapp gehört da auch hin. Die Absicht ist, daß keiner im Ölzeug durch das ganze Schiff turnt und alles naß macht.

Motorisierung

Es ist noch nicht lange her, daß Segler bei diesem Thema die Nase gerümpft haben. Inzwischen ist die Auffassung salonfähig geworden, daß die Maschine ein Sicherheitsattribut ist. Auch und gerade in schwerem Wetter. Wir werden das noch behandeln. Hier ein paar technische Dinge.

Die Maschinenleistung soll ruhig reichlich bemessen sein. Der einzige Nachteil sind die Anschaffungskosten, die mit der PS-Zahl heftig steigen.

Der Kraftstoffmehrverbrauch kann vernachlässigt werden, solange man nur die gleiche Leistung abfordert. Der Hauptvorteil liegt in der Leistungsreserve. Die braucht man nicht für höhere Spitzengeschwindigkeiten, sondern für mehr Anzug im Manöver oder in der Schubkraft gegen den Wind und die See. In beiden Fällen habe ich es mit geringer bis normaler Bootsgeschwindigkeit zu tun. Um die Mehr-PS in diesem Bereich zu nutzen, muß eine Schraube mit erhöhtem Wasserdurchsatz gewählt werden. Ein großer Schraubendurchmesser ist besonders günstig und läßt sich in Form eines Faltpropellers auch auf einem Segelboot realisieren. Die meisten Yachten haben zu kleine Propeller für ihre starken Motoren.

Daß Dieselmotoren bei Schräglage sauergefahren werden, weil die Ölpumpe im Sumpf Luft ansaugt, stimmt nicht so absolut. Moderne Schiffsdiesel können bis zu einer bestimmten, in der Betriebsanleitung genannten Lage fahren. Das gilt allerdings statisch. Im Seegang schwappt aber das Öl ständig auch im Sumpf, und von einem festen Lagewinkel kann keine Rede mehr sein. Die Pumpe wird öfters ein wenig Luft schlucken, was im Gegensatz zur Dieselversorgung nichts ausmacht. Es kommt immer gleich wieder Öl nach.

Das größere Problem liegt, wie eben angedeutet, beim Brennstoff. Auch moderne Dieseleinspritzpumpen vertragen keine Lufteinschlüsse in der Kraftstoffzufuhr. Luft kommt ins System, wenn sich im Tank Seegang aufbaut. Da kann es schon passieren, daß an der Entnahmeleitung im Tank alles wegschwappt und Luft angesaugt wird. Der Motor bleibt dann stehen. Man muß das Zufuhrsystem entlüften, was bei starken Schiffsbewegungen nicht einfach ist. Natürlich schnappt der Motor meist dann Luft, wenn man ihn gerade braucht. Das liegt in der Natur des Schicksals.

Deshalb sollte man die Brennstoffversorgung schaukelfest machen lassen. Das geht auf zwei Weisen. Entweder läßt man sich einen Falltank einbauen, der oberhalb der Maschine angebracht ist und manuell aus dem Haupttank gefüllt wird, oder einen Sumpftank unterhalb des Haupttanks, der, so angebracht, immer voll Diesel sein muß. Luft kann dann nicht in die Leitung, egal wie es schaukelt.

Viel Ärger kann man sich auch ersparen, wenn die Maschine und die gesamte Elektrik gut frei vom Bilgewasser angeordnet sind. Man bedenke dabei allerdings, daß im schweren Seegang Bilgewasser die Wände hochsteigt. Ich habe schon erlebt, daß Bilgewasser gegen die Keilriemenscheibe schwappte und von dort feinversprayt die ganze Maschine unter Wasser setzte. Als sie später gebraucht wurde, tat's der Anlasser nicht mehr. Die Motorelektrik, Lichtmaschine, Anlasser und besonders die Starkstrom führenden Kontakte vertragen keine Seewasserduschen!

Lenzsystem

Oft wird als Allheilmittel eine automatisch einschaltende Lenzpumpe eingebaut. Die halte ich für die zweitbeste Lösung, denn man hat durch sie keine Kontrolle über den Lenzbedarf. Besser ist eine Bilge-Warnanlage, die über ein deutliches akustisches Signal anzeigt, daß gelenzt werden muß. Beide Lösungen lassen sich übrigens mit einem Wahlschalter kombinieren.

Am Lenzsystem sollte ohnehin nicht gespart werden. Wassereinbrüche sind bei schwerem Wetter nicht gerade vorprogrammiert, aber es kann sich dann schon leichter ein Schlauch losrütteln, als das sonst der Fall ist. Ganz abgesehen von der Kollisionsgefahr mit Treibgut, das im Sturm oft von geslippten Decksladungen der Frachter stammt. Wichtig ist die Fördermenge der Pumpen. Es sollten mindestens drei getrennte Systeme sein:

1. Für Wassereinbrüche eine elektrische Tauchpumpe mit großer Förderleistung im Bilge-Brunnen und mit dem Auslaß gut oberhalb der Wasserlinie, wegen der Gefahr des Rückflusses.

2. Als Reserve und Ergänzung bei Wassereinbrüchen eine großvolumige, handbetriebene Membranpumpe im Cockpitbereich, die auch im Bilge-Brunnen saugt.

3. Für die Feinarbeit eine elektrische Membranpumpe mit Wahlventilen für verschiedene Lenzbrunnen im Schiff (auch Leelenzbrunnen).

Resümee

Mit dem Lenzsystem endet dieser Katalog ziemlich willkürlich. Weiter ins Detail gehend, ließe er sich fortsetzen. Uns soll er genügen. Er befähigt uns, die Schwerwetter-Eignung einer Yacht im Vergleich mit anderen zu bewerten, Mängel zu erkennen und Verbesserungsvorschläge zu machen.

Müßig wäre der Versuch, die einzelnen schwerwetterrelevanten Eigenschaften zu einer Gesamtnote zusammenzufassen. Es ist Sache der persönlichen Auffassung, welche Priorität man einzelnen Eigenschaften zuordnet und mit welchem Gewicht man zum Beispiel mangelnde Kursstabilität gegen gutes Stampfverhalten aufrechnet.

Die Kenntnis der technischen und physikalischen Zusammenhänge ist wichtig, um zu verstehen, was im Sturm passiert. Man muß wissen, weshalb die Yacht in bestimmter Weise reagiert, wissen, was schuld an dieser oder jener Eigenschaft ist.

Wer Pferde nicht kennt, kann auch nicht reiten.

11 Auslaufen oder nicht?

Rückblickend begann es immer mit der Einsicht: „Eigentlich hätten wir zu Hause bleiben sollen. Genug Anzeichen gab es ja für das, was dann kam." Aber nach der Schlacht ist jeder Admiral.

Versetzen wir uns in die Lage. Wir befinden uns mit der Yacht in einem sicheren Hafen und wollen wieder los. Bedrohliche Wetteraussichten lassen uns zögern. Die Gemüter schwanken zwischen „Safety first" und „Vergeudung von kostbarem Urlaub".

In solcher Situation werden die Fronten schnell hart. Zu sehr sind Segler nun einmal auf das Segeln fixiert, um kampflos aufzugeben. Der alte Grundsatz, im Zweifelsfalle zu Hause zu bleiben, wird zur Worthülse. Geht es doch gerade darum, die Zweifel auszuräumen oder es zumindest zu versuchen.

Wetterinformationen

Wie wird das Wetter nun wirklich? Der beste Wetterbericht taugt nur die Hälfte, wenn wir unsere Schularbeiten nicht gemacht haben: Um sicherzustellen, daß man die zuständigen Wetterberichte auch empfängt, schreibt man sich aus der aktuellen Ausgabe des Nautischen Funkdienstes oder des Jachtfunkdienstes eine chronologische Liste der Wetterberichte mit ihren Empfangsdaten heraus. Damit man die nächste Empfangszeit nicht verpaßt, wird ein Wecker scharfgemacht. Blankowetterkarten mit den eingetragenen Vorhersagegebieten und den Stationskreisen werden vorbereitet.

Man basiert seine Entscheidung nicht auf dem gerade gültigen Wetterbericht allein, sondern bezieht auch die vorangegangenen mit ein. Deshalb muß schon vor Törnbeginn und während der Hafentage, wenn der Wachzyklus ruht, jemandem die Aufgabe zugewiesen werden, Wetterberichte und Luftdruck zu loggen.

Im Hafen bekommt man auch ohne Bordtelefax aktuelle Wetterkarten. Wenn nicht bei der Hafenmeisterei, dann aus den örtlichen Tageszeitungen.

Es kann nichts schaden, auch unkonventionelle Quellen in die Wetterbeurteilung einzubeziehen und Fischer oder andere hier beheimatete Seefahrer zu Rate zu ziehen. Sie nutzen für ihre Vorhersagen Indikatoren, die der Wissenschaft weitgehend verborgen sind. Ihre Trefferrate ist erstaunlich hoch, wenn auch nicht ganz hundert Prozent.

Ein kleines Hilfsmittel für das Verstehen von Wetterberichten in fremder Sprache sei hier am Rande empfohlen. Mit einem billigen Diktiergerät wird der Wetterbericht aufgezeichnet. Unter Beteiligung aller linguistisch Begabten an Bord wird er dann Satz für Satz abgespielt und so lange wiederholt, bis man endlich alles verstanden hat.

Nicht ganz seriös, aber dennoch erwähnenswert ist eine persönliche Beobachtung bei den amtlichen Wetterdiensten: In den meisten Organisationen ist für die Morgenausgabe des Seewetterberichts die Nachtschicht und für die Abendausgabe die Tagschicht zuständig. Über mehrere Tage hinweg lernt man die zuständigen Beamten meteorologisch kennen. Da gibt es Pessimisten und Optimisten, Traditionalisten und Avantgardisten. Wie sinnvoll es ist, deren Vorhersage entsprechend zu beschicken, sei dahingestellt. Wer es tut, möge allerdings das Risiko eines Dienstplanwechsels bedenken!

Alles, was an Wetterinformationen aufzutreiben war, versucht man nun in ein Bild zu bringen. Die Seriosität der einzelnen Auskünfte ist genauso zu berücksichtigen wie ihre Professionalität. Einem amtlichen Wetterbericht würde ich mehr Glauben schenken als der Wetterecke einer Boulevardzeitung. Naiv finde ich den sicherlich gut gemeinten Ratschlag, grundsätzlich dem pessimistischsten aller verfügbaren Wetterberichte zu glauben.

Die Auslaufentscheidung

Der eigenen Wetterbeurteilung wird nun der Reiseplan gegenübergestellt. Woher wird es blasen? Wie zum Kurs? Gegenan wird es ab Stärke 6 schon höchst ungemütlich, raumschots bietet Stärke 7 noch eine feine Reise.
Wie groß ist der Fetch auf der Strecke? Wie die Wassertiefen, welche See wird da stehen? Wie sturmfest ist die Crew, das Schiff? Wie lange wird die Belastung dauern? Kann ich in Wachen fahren?
Wie groß wird der Leeraum sein, wenn wir abfallen oder gar ablaufen müssen? Zwölf Stunden Beiliegen kosten fünfzig Meilen als Faustregel. (Genaueres im Kapitel 16.)
Gibt es Ausweichmöglichkeiten, Schutz unter Land oder gar gut anlaufbare Schutzhäfen? Kann man umkehren, wo ist der kritische Umkehrpunkt?
Sind die Fakten soweit geklärt, ist es Zeit, die Crew einzubeziehen.
Sie muß die Entscheidung mittragen. Ihre Haltung gilt es zu analysieren. Ist die Stimmung echt, oder wird sie von einer Minderheit dominiert? Oft entsteht ein positives Bild nur, weil jeder einzelne nicht der Spielverderber sein möchte und gespielten Tatendrang zur Schau stellt. Ein Stimmungskartell muß auf die Probe gestellt werden, indem der Skipper möglichst mit noch jemandem zur Verstärkung bewußt gegen die Gruppenmeinung wirbt.
Auch sollte man keinen Versuch unterlassen, durch konkretes Fragen die Stimmung zu versachlichen. „Was wollen wir eigentlich?" Diese Frage mit möglichst klaren Begriffen zu beantworten, führt oft schon zur Ernüchterung. Reicht dies nicht, kann man als nächsten Schritt vorsichtig Erlebnisse, die dem bevorstehenden Abenteuer ähneln, ins Gespräch

bringen. Vielleicht sogar Erfahrungen der jetzt beteiligten Personen. Manchmal führt das zur gewünschten Öffnung.

Es wäre zu viel verlangt, bei jedem Crewmitglied die abschließende Selbsterkenntnis zu erwirken. Es genügt, wenn der Verantwortliche, der Skipper, ein wenig in die Seele seiner Anvertrauten blickt und der wahren Stimmung etwas näherkommt.

Schließlich sollte versucht werden, Brücken zu bauen, um das Reiseziel oder das Segelerlebnis anderweitig, durch zeitliche Umplanung oder mit anderen Mitteln, auch erreichen zu können. Bieten sich solche Alternativen an, fällt es gleich viel leichter, vernünftig zu sein.

Sollte eine Überzeugungshilfe nötig sein, kann man mal zur Probe auslaufen bis dahin, wo es ausreichend bläst und tobt. Vielleicht läßt sich auf diese Weise unechte Begeisterung entlarven. Ich erinnere mich an einen solchen Versuch. Da stieg allerdings die Begeisterung mehr und mehr, und wir blieben gleich draußen! War auch gut.

12 Sturm im Hafen

Mit dem Entschluß, nicht auszulaufen, sondern im Hafen zu bleiben, hat man in aller Regel das geringere Übel gewählt. Aber ein Übel kann es dennoch bleiben, denn auch im lauschigen Hafen kann schweres Wetter viel Unheil anrichten.

Die kurzen, hackigen Wellen im Hafenbecken lassen die Schiffe tanzen. Die Yachten krängen vor dem Winddruck gegeneinander, die Masten schlagen zusammen, Festmacher brechen, Anker schlieren, Nachbarschiffe drücken auf das eigene, und irgendwann driftet ein unbemanntes Boot als Geisterfahrer quer durch das Hafenbecken. Ein entnervter Spätheimkehrer verliert beim Hafenmanöver die Kontrolle über seine Yacht und wird zur Treibmine. Auf den Yachten stehen die Leute mit Bootshaken und Fender in Abwehrstellung. Ein Stimmungsbild.

Das alte Sprichwort „Wie man sich bettet, so liegt man" gilt nirgendwo mehr als im Yachthafen. Vieles ist zu beachten, falsch und richtig zu machen, wenn es darum geht, bei Sturm die Yacht richtig zu vertäuen und abzufendern.

Längsseits liegen

Außer bei ablandigem Wind ist das Längsseitsliegen in erster Linie ein Fenderproblem. Zwischen Bordwand und Kaimauer walken und schaben sie, klettern hoch und zerplatzen auch zuweilen. Sie müssen ständig gewahrschaut und mit kunstvoll gesetzten Hilfsleinen in Position gehalten werden. Es müssen genug sein, um den Druck zu verteilen, und sie müssen horizontal angebracht werden, damit sie den Schiffsbewegungen entsprechend frei rollen können.

Die Festmacheleinen müssen so lang gesteckt und mit Springleinen gekontert sein, daß Bug und Heck ungehindert stampfen können.

Der Mast muß neben den Nachbarmasten gut versetzt stehen, damit beide beim Stampfen und Rollen nicht zusammenschlagen.

Zu bedenken ist, daß auch ohne Gezeiten sich bei Sturm der Wasserstand im Hafen drastisch verändern kann. Wenn das Wasser über die Pier steigt, schwimmen die Fender auf, und der Rumpf drückt gegen die Mauerkante. Hier helfen phantasiereiche Brettkonstruktionen oder Gürtelleinen, die unter dem Rumpf hindurchgeführt werden, um die Fender an ihrem Platz zu halten.

Schwierig oder gar unmöglich ist es, im Notfall abzulegen, wenn der Sturm auf die Kaimauer steht. Deshalb wird ein weit vorausschauender Skipper für alle Fälle einen Luvanker mit dem Beiboot ausbringen.

Liegen im Päckchen

Hauptproblem im Päckchen sind die Querkräfte auf das „Gebinde", wenn der Wind in Schiffslängsrichtung bläst. Das Päckchen will sich dann wie eine Banane verbiegen, was ungeheure Zugkräfte auf die Vor- beziehungsweise Achterleinen verursacht. Wenn innen kleinere Yachten liegen, wird der Hebelarm noch ungünstiger, und die Klampen werden dünner.

Abhilfe schafft man durch Kopfleinen. Sie führen von den äußeren Yachten diagonal achteraus und voraus an Land. Es muß jedoch genügend Platz nach vorn und hinten sein, sonst werden die Diagonalwinkel zu ungünstig, und die Leinen zerren mehr zur Pier als in Windrichtung (Abbildung 12/1). Man kann sich leicht ausmalen, welcher Druck dabei auf die inneren Yachten entsteht. Wenn das Nachbarpäckchen für die Diagonalleinen zu dicht dran liegt, ist es besser, wenigstens eine Leine diagonal durch das ganze Päckchen hindurchzufädeln, als sich an das Nachbarpäckchen zu hängen. Fender und Leinen hätten sonst da drüben die doppelte Last.

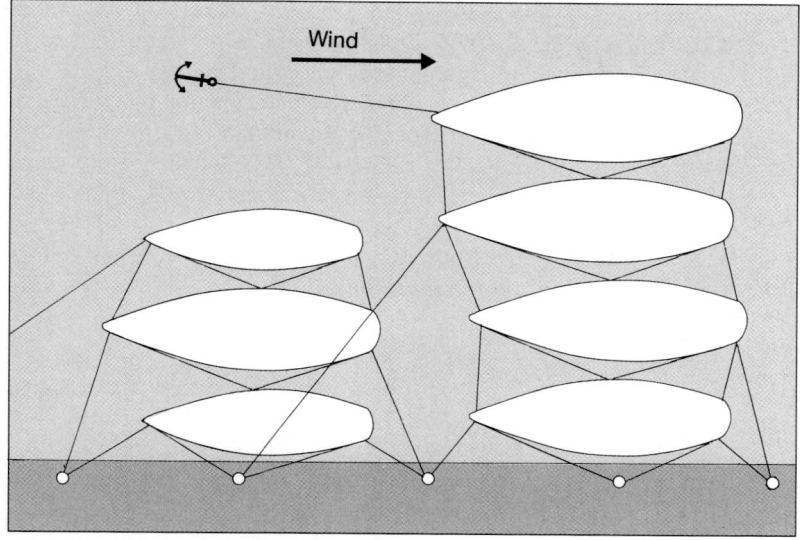

Abb. 12/1: Sturmvertäuung im Päckchen

Die äußeren Yachten sollten auf alle Fälle Luvanker ausbringen oder, falls die Gelegenheit besteht, sich nach Luv zu einem Pfahl vertäuen.

Liegen vor Buganker mit dem Heck zur Pier

Die allgemein römisch-katholisch genannte Anlegeweise vor Buganker und mit dem Heck zur Pier ist hinlänglich bekannt. In den Mittelmeerhäfen ohne Steganlagen wird sie fast ausschließlich angewendet. Bei Sturm im Hafen ist diese Liegeweise dem Längsseitsliegen sogar vorzuziehen, sofern es guten Ankergrund oder feste Grundgeschirre gibt.

Wichtig ist, daß der Anker gut sitzt. Man überprüft das mit der Belastungsprobe, aber bitte erst, nachdem der Anker Zeit gehabt hat, sich einzukuscheln. Die braucht er immer. Hat man Zweifel, geht man am besten gleich ankerauf und wiederholt das Manöver, diesmal mit längerer

Kette. Will man noch mehr Sicherheit, wird ein Zweitanker mit langer Trosse und Kettenvorlauf luvwärts ausgebracht. Ein Reitgewicht wäre hilfreich, um die Trosse im Verkehrsbereich tiefzuhalten.

Vorteilhaft ist es, die Achterleinen länger zu stecken, damit das Heck drei bis fünf Meter frei von der Pier liegt. Die Ankerkette braucht dann nicht so wahnsinnig steif durchgesetzt zu werden. Das Schiff hat auf diese Weise Raum, mit den Wellen zu arbeiten, und ruckt nicht so hart in Leinen und Kette ein. Das schont Trossen und Beschläge.

Bei Seitenwind müssen die Buge querverbunden und, wo immer möglich, nach Luv gesichert werden (Abbildung 12/2). Solche Luvleinen kön-

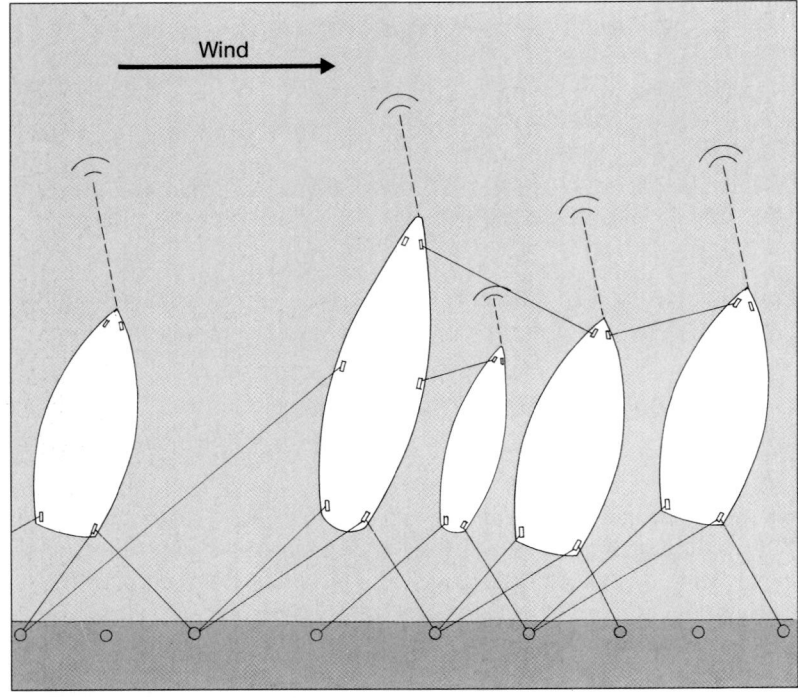

Abb. 12/2: Vertäuung vor Buganker festgemachter Yachten

nen voraus quer durch das Hafenbecken gezogen werden, sofern dadurch nicht der ganze Hafen für Spätheimkehrer blockiert wird. Man kann sie auch wie Kopfleinen bei Päckchen führen, die übrigens auch mittschiffs angebracht sein können. Wichtig ist nur der möglichst große Basisabstand an der Pier. Durch ihn wird unnötiger Zug auf die Ankerkette vermieden.

Beim Römisch-katholisch-Liegen ist der Fluchtweg immer offen. Das Ablegen egal unter welcher Windrichtung ist immer unproblematisch. Die einzige Gefahr ist „Kettenlegerwall"! Das ist die mißliche Lage quer vor der Ankerkette des Nachbarn, wo man den Propeller nicht mehr benutzen kann und ziemlich hilflos gegen die Bugkörbe der anderen Yachten treibt (Abbildung 12/3). Deshalb muß man beim Ablegen, sobald man

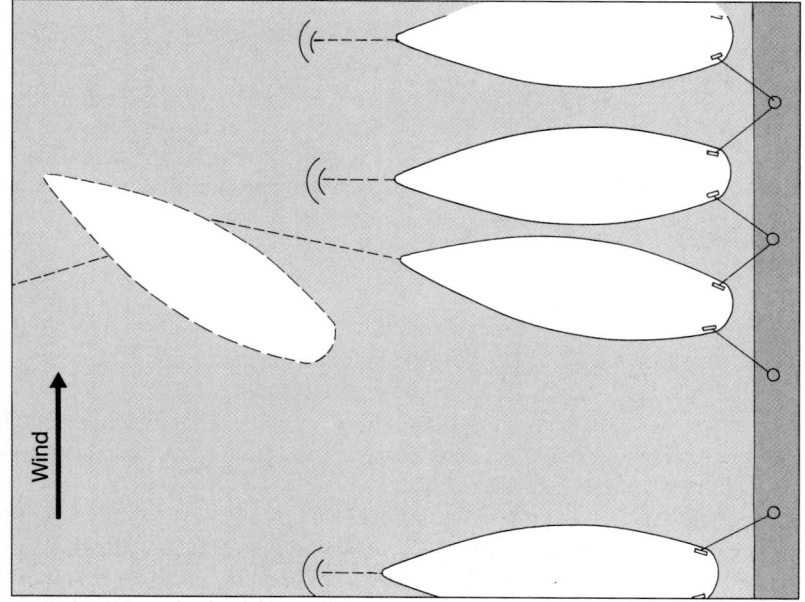

Abb. 12/3: Kettenlegerwall

sich vorsichtig aus dem Fenderknautsch freigewürgt hat, das Schiff mit einem galanten Satz voraus aus dem Gefahrenbereich der Nachbarketten hinausretten. Die eigene Kette kann dabei ruhig überlaufen werden. Wichtig ist, daß das Heck freikommt und das Schiff ungehindert in den Wind drehen kann.

Schamfilvorkehrungen

Egal, wie man liegt, Leinen und Fender müssen immer besonders gewahrschaut werden. Hier gibt es viel seemännische Kleinkunst zu lernen

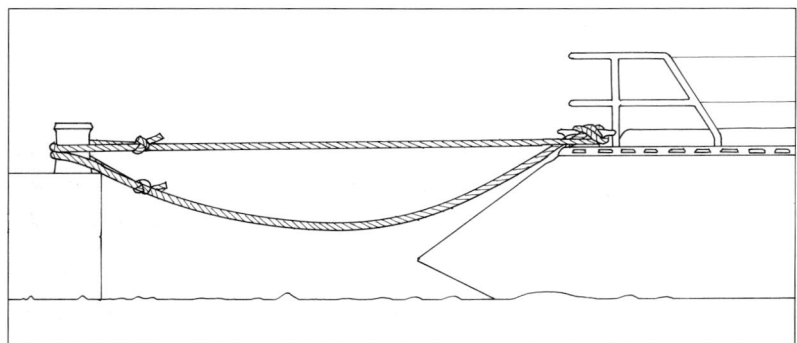

Abb. 12/4: Die Doppelungsleine muß Lose haben

und auch selbst zu entwickeln. Denn nicht alle Probleme lassen sich mit aufgeschnittenen Schlauchenden und beigebändselten Feudeln lösen.

Der Palstek, Lieblings- und Universalknoten der meisten Segler, hat eine zu kleine Auflagefläche an Ringen, Augen und kleineren Pollern. Er scheuert an diesen Stellen, weshalb zum Beispiel zwei (besser drei) Rundtörns mit halben Schlägen besser sind. Da reibt weniger.

Auf Slip gelegte Leinen dienen ausschließlich dem Zweck, sie bei einem eiligen Ablegemanöver von Bord aus loswerfen zu können. Zusätzliche Sicherheit bringen sie nicht, denn die Verdoppelung ist nur scheinbar. Da, wo sie schamfilen, im Ring oder am Poller, liegen sie einfach.

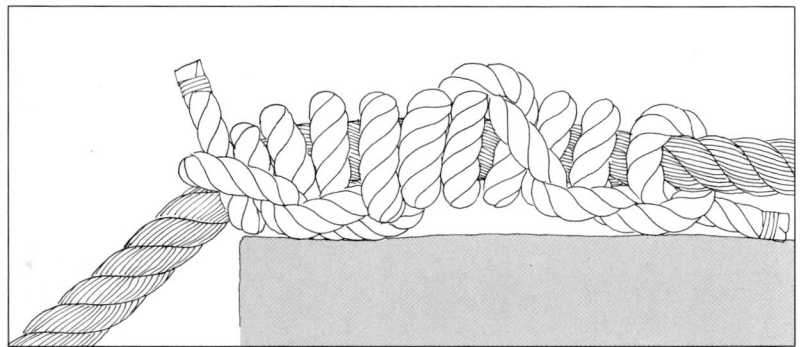

Abb. 12/5: Festmacher auf der Mauerkante

Will man zur Sicherheit Taue verdoppeln, dann ist das zweite Tau ohne Spannung parallel zu führen. So kann nur das belastete Tau schamfilen, und das zweite ist noch unbeschädigt, wenn das erste bricht (Abbildung 12/4).

Als Schamfilschutz an der Mauerkante empfehle ich einen vielfach gesteckten Webeleinstek, der mit einem Abfallende um den Festmacher geschlagen wird (Abbildung 12/5). Der hält ziemlich lange und verrutscht nicht.

Am besten vermeidet man Kratz- und Schamfilstellen, indem man geeignete Festmachemöglichkeiten sucht. Phantasie ist gefragt. Da sind herumliegende Bretter, Balken, Autoreifen und auch die Straßenlaterne in die Überlegungen einzubeziehen. Schließlich sind auch der Kettenvorlauf des Heckankers und die Ankerkette selbst nicht zu vergessen, die man an die Festmacheleinen landseits anstecken kann.

Fenderkonstruktionen

Eigentlich erwartet der Hersteller von Fendern, daß man die Abstandhalter schlicht und einfach dort außenbords hängt, wo das Schiff sonst

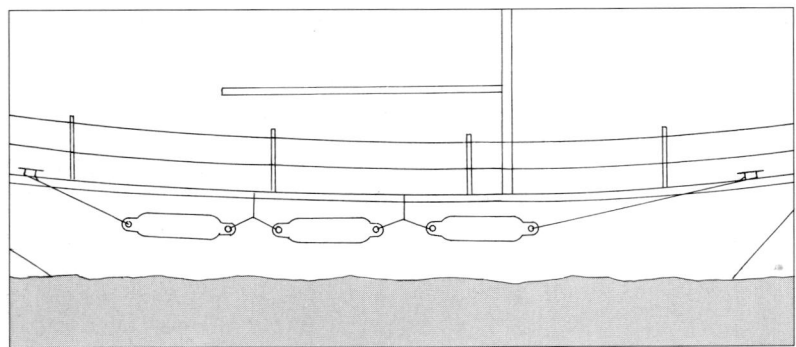

Abb. 12/6: Fenderkette mit Kugellagereffekt

irgendwo gegenstoßen würde. Plietsche Segler dagegen haben sich längst Tricks und Kniffe ausgedacht, wie man aus einfachen Fendern bedeutend mehr Wirkung herausholen kann und wie scheinbar unlösbare Problemfälle doch lösbar werden. Phantasie ist gefragt, die Zahl der Lösungsmöglichkeiten ist schier unbegrenzt. Hier werden drei Beispiele vorgestellt:

Gegen das quietschende Walken und Reiben der Fender zwischen zwei Bordwänden hat sich die Fenderkette bewährt. Die Fender können frei

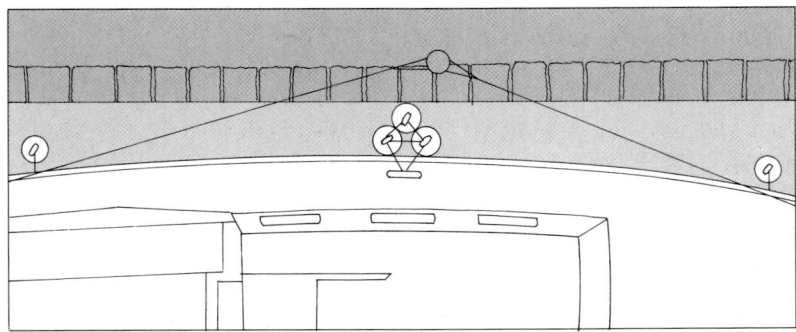

Abb. 12/7: Dreierbündel als Abstandhalter

auf und ab rollen und werden nur horizontal in Position gehalten (Abbildung 12/6).

Wenn eine längsseits an der Kaimauer liegende Yacht mächtig stampft, müssen die Fender in der Mitte konzentriert werden und dort für mög-

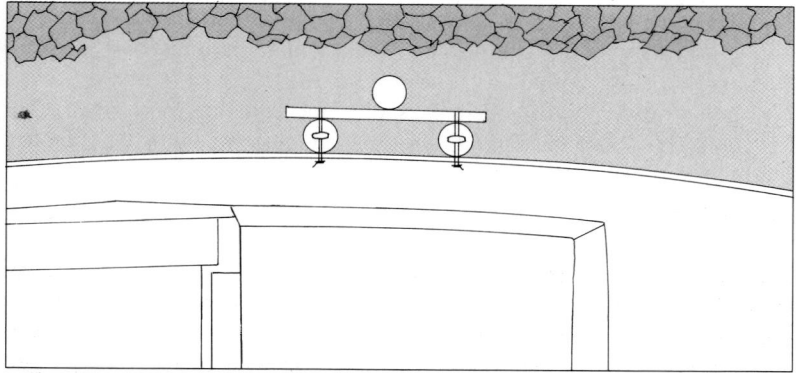

Abb. 12/8: Brettfender an einem Pfahl

lichst großen Abstand sorgen. Vorlich und achterlich ausgebrachte Fender sollen nur gegen Einzelstöße sichern. Zu diesem Zwecke bündelt man zwei Fender mit derbem Tauwerk zusammen und befestigt einen dritten mit den normalen Fenderstropps an dem Bündel. Die Bündelleine der ersten zwei wird bewußt nicht für den dritten Fender mitbenutzt, weil sie sonst an der Kaimauer schamfilen würde (Abbildung 12/7).

Drückt die Yacht mit der Bordwand gegen einen Pfahl, würde jeder Fender, auch horizontal angebracht, sich langsam herausarbeiten. Deshalb verbindet man zwei Fender mit einer kräftigen Planke und hängt sie so außenbords, daß die Planke horizontal gegen den Pfahl drückt (Abbildung 12/8).

Beiboot klar

Es ist gut, das Beiboot im Wasser zu haben, um im Bedarfsfalle Leinen und Anker ausbringen zu können. Auch wenn es für die Sicherheit der eigenen Yacht nicht gebraucht wird, kann man doch auch anderen damit unendlich viel und gute Hilfe leisten. Letztlich dient es auch der eigenen Sicherheit, wenn das Nachbarboot besser vertäut wird, wodurch die Selbstlosigkeit der Hilfe wieder etwas zurechtgerückt wird. Wie so oft im Leben vermischen sich auch hier Edelmut und Eigennutz.

Zum Beiboot gehört ein Außenborder mit gut vier PS oder sehr viel Übung im Umgang mit den Riemen. Sonst kommt man nicht gegen den Wind an und endet irgendwo in Lee.

Ich habe einmal einen Jungen in einem Opti bei Starkwind kreuz und quer durch den Hafen flitzen und allerlei Leinendienste verrichten sehen. Der hat mir imponiert.

Einen Anker mit dem Beiboot auszubringen, will übrigens geübt sein. Man packt alles in richtiger Reihenfolge, so wie dann gefiert werden soll, in das Beiboot und dampft nach Luv. Die Trosse gleitet ins Wasser, und der Anker samt Kettenvorlauf wird bei möglichst gestreckter Trosse über die Kante geworfen. Man darf dabei nur nicht im Kinken stehen oder ein Paddel eingeknotet haben.

Problematischer ist das Manöver, wenn man anstelle der Trosse die Hauptankerkette auszubringen hat. Das gelingt nur bei geringer Wassertiefe, etwa drei bis vier Meter. Der Schrägzug wird bei größeren Tiefen zu groß für den kleinen Außenborder, man käme nicht voran, und die Kette würde auf einen Haufen fallen.

Übrigens gibt es einen Trick, Luvleinen auch ohne Beiboot auszubringen. Man marschiert mit einem möglichst dicken Kugelfender und der Leine (eventuell Pilotleine) um das Hafenbecken herum auf die Luvseite und läßt den Fender mit der angeknoteten Leine nach Lee treiben. Ist die Leine zu schwer, müssen weitere Fender in Abständen angesteckt werden, was zugleich als Markierung der Leine im Hafen nützlich ist.

Mit der Maschine gegen den Winddruck

Wenn der Anker schliert, wenn ein Päckchen unter dem Winddruck mehr und mehr zur Seite kippt oder wenn vor Buganker liegend das Vorschiff hilflos auf den Nachbarn drückt, dann kann man ganz schön in Bedrängnis geraten. Denn das sind Situationen, wo sich nicht so schnell noch eine Leine ausbringen läßt oder ein paar dickere Fender für die ruhige Nacht reichen.

Wenn's eng wird, sollte man ruhig die Maschine in seine leinenstrategischen Erwägungen einbeziehen, auch wenn dies ungewöhnlich ist. Daß sie stundenlang brummen müßte, sollte kein Hindernis sein, andere Leute tun dies, um den Kühlschrank kalt zu kriegen.

Natürlich muß man sich eine besondere Leinenführung ausdenken, die unter Maschineneinsatz die Yacht in die beabsichtigte Richtung abstützt. Meistens dampft man gegen eine Vorspring oder gegen eine Achterleine, um Heck oder Bug nach Luv zu drehen. Notfalls möge man sich eine Skizze machen. Die Zahl der Möglichkeiten ist erstaunlich.

Manchmal, zum Beispiel im Päckchen oder auch römisch-katholisch aufgereiht, kann es nötig sein, daß die Nachbarlieger ebenso verfahren. Es soll schon vorgekommen sein, daß auf diese Weise das ganze Päckchen gerettet wurde. Und falls einer die Nase rümpft: Keine Angst, Diesel stinkt nicht bei Sturm!

Notauslaufen

Wenn es im Hafen zu gefährlich wird, weil der Anker nicht hält, das Schiff zu sehr tanzt und schamfilt oder weil die Nachbaryacht zu sehr drückt, kann es vernünftiger sein, abzulegen und zu verholen. Natürlich sind Hafenmanöver bei Sturm eine besondere Delikatesse und können böse enden. Doch sollte man auf alle Fälle diese Option bedenken und die Risiken abwägen. Wenn nicht gerade alle auf die gleiche Idee kommen, liegt man zum Beispiel viel sicherer im Vorhafen vor Anker. Da schaukelt es zwar, aber es bedrohen einen keine Hafenmauer und kein Nachbar mehr.

Einmal hörte ich von einer Crew, die es vorzog auszulaufen und den Sturm draußen abzuwettern, nachdem die Zustände im Hafen zu chaotisch wurden. Letzteres passiert zuweilen in Mittelmeerhäfen, wenn die ersten Yachten mangels haltenden Ankers ankerauf gehen und dabei einen oder zwei Nachbaranker mit herausreißen. Die müssen dann auch raus, wobei wiederum der eine oder andere Nachbaranker mitgeht, und schon läuft eine typische Kettenreaktion an. Aus solch einer Wuling würde ich auch nur hinaus auf die offene See fliehen, egal wie es bläst.

Hafenwache

Bleibt zusammenzufassen, daß das Sturmproblem keineswegs nur auf offener See existiert. Auch in den Häfen gibt es eine ganze Menge richtig und falsch zu machen, wenn es ordentlich bläst. Crews, die auf Törn im Hafen liegen, können entsprechend reagieren. Sie tun gut daran, Hafenwachen einzuteilen, können doch Leinen brechen, Fender herausrutschen, Anker schlieren und so weiter.

Dauerlieger dürften oft nicht die Gelegenheit haben, bei Sturm schnell genug zur Stelle zu sein. Deshalb müssen an Dauerliegeplätze ungleich höhere Sicherheitsanforderungen gestellt werden, wie sie zum Beispiel in modernen Marinas realisiert sind. In vielen öffentlichen Häfen im Mittelmeerraum, die nicht solche fortschrittlichen Bedingungen bieten, ist es sogar verboten, Yachten ohne Besatzung liegen zu lassen.

13 Sturmklar machen auf See

Szenenwechsel. Unsere Yacht befindet sich irgendwo auf See. Am Horizont sieht es finster aus, der Wetterbericht sprach von Südwest 7 zunehmend, und der Luftdruck fällt bedenklich.

Die Sturmgefahr erkennen

Es ist das A und O, rechtzeitig zu erkennen und zu akzeptieren, daß schweres Wetter aufkommt. In den nördlichen Breiten baut sich das Wetter in der Regel langsam auf, so daß man eigentlich nicht überrascht werden kann, es sei denn, man will es einfach nicht wahrhaben. Die Wunschdenker, die einfachheitshalber felsenfest überzeugt sind, daß es gleich wieder aufhört, leben gefährlich. Natürlich kann man auch nicht gleich bei jeder Bö, die aus einer dunklen Wolke kommt, anfangen, die Fenster zuzunageln. Es gilt, wie so oft im Leben, gewissenhaft abzuwägen und zu entscheiden.

Überraschungen gibt es weiter im Süden, zum Beispiel im Mittelmeer. Da platzt eine Sturmbö in Minutenschnelle völlig ohne Vorzeichen über einen herein. Bei blauem Himmel und schnurgeradem Barogramm. Glücklicherweise gehen diese Eruptionen selten über acht, höchstens neun Windstärken hinaus. Trotzdem, wenn man da nicht blitzschnell reagiert, fliegt schon mal ein Segel weg. Eine Crew döste gerade im Cockpit bei bestem Sonnencremewetter, als es plötzlich entsetzlich fauchte, und dann hingen nur noch Fetzen im Rigg. Alle Segel waren weg, und das war eine Ketsch gewesen an der Nordküste Elbas.

Es lohnt sich, über die klimatischen Verhältnisse des Segelreviers Bescheid zu wissen. In den Seehandbüchern, Teil B, findet man hervorragende Beschreibungen und Statistiken. Sie sind lesenswert!

Abgesehen von den Wetterberichten gibt es Anzeichen von aufkommendem Schlechtwetter, die man aber nur mit einiger Erfahrung richtig deuten kann. Oft beginnt es mit so einem komischen Gefühl. Alles ist anders, aber man kann nicht so recht sagen, was anders ist. Manchmal ist es die fahle, gleißende Sonne, vielleicht mit einem komischen Glitzerhof, oder es sind zerfetzte Zirren, die irgendwo hinzeigen, oder es ist die ungewöhnliche Windrichtung. Ein deutlicher Hinweis ist schließlich eine fremde Dünung, die nicht zum Wind paßt. Dann müssen aber auch schon bald die schwarzen Wolkenbänke anrücken – sonst war alles Fehlalarm.

Kein schlechter Indikator ist der Funkpeiler. Mehr noch auf Mittelwelle als auf Langwelle kann man gut die elektrischen Entladungen eines aufkommenden Sturmes hören. In den Tropen kann man sogar durch Minimumbestimmung des Geknatters die Peilung eines Wirbelsturmes auf erstaunlich große Distanzen feststellen.

Sturm ist nicht gleich Sturm. Sich auf schweres Wetter in den nördlichen Randmeeren vorzubereiten, verlangt weitaus geringere Vorkehrungen als in den Tropen. Auch sollte das Ausmaß der grundsätzlichen Sturmeignung von Yacht und Ausrüstung auf das Seegebiet abgestimmt sein. Zum Beispiel wäre es übertrieben, eine nur in der westlichen Ostsee verkehrende Yacht für „Überkopfoperationen" herzurichten. Mit dem Absturz von einem brechenden Wellengebirge ist vor Laboe nicht zu rechnen, vor den Bermudas soll das hingegen schon vorgekommen sein.

Vorbereiten der Crew

Mit einer eingespielten Crew gibt es vor einem Sturm nicht viel zu besprechen, jeder weiß, was bevorsteht und was zu tun ist. Es bleibt nur zu organisieren. Die üblichen Vorbereitungsmaßnahmen müssen genannt und zugewiesen werden, sofern nicht ohnehin schon jeder seine feste Aufgabe für diese Rolle hat.

Mit einer weniger erfahrenen Mannschaft ist es sinnvoll, sich die Zeit für ein vorbereitendes Gespräch zu nehmen. Es hat neben dem organisatorischen Zweck auch große psychologische Bedeutung. Die Crew wird erheblich mehr Widerstandskraft aufbringen können, wenn nicht in der Seele heimliche Ängste nagen. Das Gespräch muß so offen wie möglich, so sachlich wie möglich und so persönlich wie möglich geführt werden. Jeder muß die Sicherheit haben, daß für alles, was passieren kann, eine Antwort da ist. Jeder muß genau wissen, was seine Aufgabe sein wird. Jeder muß das Gefühl haben, daß er seiner Aufgabe gewachsen ist und daß sich die anderen auf ihn verlassen können.

Neulinge an Bord dürfen nicht stillschweigend übergangen werden. Ihr Einsatz muß auf den Erfahrungsstand zugeschnitten sein, sie müssen wissen, daß die anderen auf sie Rücksicht nehmen, aber auch, daß ihr Beitrag wichtig ist.

Neben dem zu erwartenden Normalablauf der Ereignisse sollten auch die Was-wäre-wenn-Fälle besprochen werden. Sie mögen zwar ein beängstigend schwarzes Bild entstehen lassen, sind aber besser gemeinsam durchdiskutiert als der Phantasie jedes einzelnen überlassen. Was nicht offengelegt wird, geistert anderweitig durch die Köpfe und bedrückt.

Wer bisher keine Probleme mit der Seekrankheit gehabt hat, mag jetzt Gelegenheit dazu kriegen. Natürlich weiß jeder, daß Seekrankheit keine Schande ist. Aber insgeheim? Es kann nichts schaden, wenn der Skipper oder eine andere nautische Autorität an Bord offen sagt: „Ich habe auch schon mal gekotzt!"

Noch ein Hinweis zur Methode: Die Aufforderung, ein intensives Gespräch zu führen, möge nicht mißverstanden werden. Ein im Redefluß kaum zu unterbrechender Skipper wird zur Nervensäge, wenn es der Worte genug sind und man Taten sehen möchte. Monologe ohne Rückfluß sind gefährlich.

Besonderer Wachplan

Zu den Taten also. Wegen der bevorstehenden Belastung empfiehlt es sich, den Wachplan so zu ändern, daß kurze Seewachen, aber dennoch vernünftige, zusammenhängende Schlafzeiten entstehen. Die Seewache sollte bei normalen Fahrtenschiffen aus zwei Personen bestehen: aus einem Rudergänger und einer Deckshand für Navigation und alles, was so anfällt. Beide wechseln sich gegenseitig ab, und die Wache dauert zwei Stunden. Je nach Crewstärke sollten dann vier Stunden Freiwache drin sein. Segelt man nur zu viert oder gar zu noch wenigeren, würde das Ganze ganz schön hart werden.

Bei der Wacheinteilung ist die Sturmerfahrung des einzelnen zu nutzen, indem die alten Hasen auf die Wachen verteilt werden und die weniger Erfahrenen von ihnen lernen können. Außerdem kann der Skipper nur dann ruhig schlafen, wenn er weiß, daß in jeder Wache jemand mit ausreichender Erfahrung ist.

Einen Navigator oder einen Smut aus dem Wachdienst auszuklammern, ist meines Erachtens ein Luxus, auf den ich gern zu Gunsten längerer Freiwachen für die Gesamt-Crew verzichten würde.

Neben dem Wachsystem ist der „All hands"-Fall, bei dem jeder seinen bleibenden Verantwortungsbereich hat, zu organisieren. Weil es aber oft gar nicht nötig ist, daß sich das ganze Volk ins Ölzeug stürzt und nach oben kommt, wenn die Seewache Hilfe braucht, empfehle ich für normale Fahrtenyachten neben dem „All hands"-Fall den „Zwei Mann an Deck"-Fall vorzusehen. Denn zwei Mann zusätzlich zur Seewache reichen zum Reffen und Segelwechsel oder für andere Arbeiten am Rigg. Wenn nach ihnen gerufen wird, sollte klar sein, wer gemeint ist. Ich würde grundsätzlich der gerade abgelösten Seewache diese Bereitschaft zuordnen, weil sie noch weiß, wo was angeschlagen war, und entsprechend besser agieren kann. Besonders bei Dunkelheit.

Mit etwas Vorausschau gelingt es meistens, Segelwechsel, Reffen oder Spibergen, wozu die Hilfe der Zweimannbereitschaft gebraucht wird, gleich bei Wachwechsel vorzunehmen. Dann braucht man die alte Wache nicht wieder aus der Koje zu holen. Aber es kann ja auch mal anders kommen, und dann hilft's nichts, dann müssen sie wieder ins Ölzeug.

Mit Anlauf des besonderen Wachsystems würde ich heiße Kojen fahren. In den vorderen Kojen wird man bei Sturm zu sehr auf und nieder geschleudert. Deshalb werden die Kammern oder Kojen, die mittschiffs oder achtern liegen und die vom Betriebslärm im Salon ein wenig abgeschirmt sind, als heiße Kojen ausersehen. Die werden so klargemacht, daß alle sie benutzen können, mit eigenem Schlafsack oder Kojenzeug oder, wenn's im Laufe der Schlacht ganz schlimm wird, auch im Ölzeug.

Navigation

Bei schwerem Wetter ist man oft nur noch auf die Koppelnavigation angewiesen. Denn Landsicht gibt es meist nicht, die Funkpeilerei klappt selten, und Loran und Decca, vor allem ersteres, zeigen unsicher an, weil jegliche Sendeenergie durch das Salzwasserinferno abzufließen scheint. Und an einen Sonnenschuß ist schon gar nicht zu denken. Also sollte man noch vorher den Standort so gut wie irgend möglich absichern. Eine letzte Astrostandlinie, gegen die die vorherige noch versegelt werden kann, ist vielleicht noch drin. Wenn man GPS, Loran oder Decca hat, sollte man in kurzen Abständen die Positionen in die Karte eintragen, damit bei Ausfall des Geräts die letzte Ablesung nicht unnötig alt ist. Keinesfalls sollte man bei funktionierendem GPS, Loran oder Decca die Koppelnavigation vernachlässigen. Erstens muß auf sie zurückgegriffen werden können, wenn die elektronische Anzeige ausfällt, und zweitens gibt der häufige Vergleich des Koppelorts mit dem GPS-, Decca- oder Loran-Ort Auskunft über Versetzung durch Seegang und Rudergänger. Mit solchen Erfahrungswerten kann man die weitere Koppelnavigation verbessern.

Solange noch Zeit dazu ist, sollte man die Navigationsecke gründlich aufklaren. Alles verschwindet, was keinen sturmfesten Platz hat und was nicht naß werden darf. Wenn die Leute dann im Ölzeug an den Kartentisch kommen, bleibt nichts trocken.

Um die Tischplatte wird ein Gummistropp gespannt, unter den die Arbeitskarte gesteckt wird. Sie bleibt so auch bei starker Lage da, wo sie hingehört. Die anderen Karten verschwinden. Der Übersegler und die Anschlußkarte liegen zuoberst im Kartentisch. Ebenso Logkladde und Handzettel, am besten aus Pappe.

Die Zeiten und Empfangsdaten für die nächsten Wetterberichte liegen zur Hand, der Wecker ist eingestellt.

Der beabsichtigte Kursverlauf wird als Planungshilfe auf dem Übersegler eingezeichnet.

Sicherheit unter Deck

Seegehende Yachten sollten grundsätzlich sturmfest hergerichtet und ausgestattet sein. Jetzt geht es nur noch darum, die kleinen Nachlässigkeiten des täglichen Bordlebens zu korrigieren und die eine oder andere zusätzliche Sicherheitsvorkehrung zu treffen.

Zunächst mal sollten alle ihre Plünnen ordnen, vernünftig wegstauen und vielleicht mit einem Müllsack gegen Nässe schützen. Nur das kleine Sturmgepäck ist paratzulegen. Dazu gehören Wechselhandtücher, neue trockene Sachen unterm Ölzeug, zweiter Pudel, Schlafsack, Zahnbürste. Am besten alles im Extraplastiksack und zugeschnürt. (Dies ist übrigens ein Tip, wo all die verschwundenen Zeisinge bleiben.)

Je nachdem, wie naß es unter Deck wird – manche Oldtimer entwickeln sich zur Tropfsteinhöhle –, kann es sinnvoll sein, die Kojenmatratzen mit großen Müllsäcken zu überziehen. Eine Weile bleiben sie so trocken. Dauert es länger, schützen die Säcke den Schläfer vor der nassen Matratze.

Alle offen abgelegten Sachen müssen verschwinden und hängende Lampen beigebändselt werden. Teppiche, falls vorhanden, werden eingerollt und weggestaut.

In den Schapps werden zerbrechliche Sachen mit Kleidungsstücken abgepolstert, die Türen und Schubladen ordentlich verriegelt.

In allen großvolumigen Stauräumen, wie unter den Bodenbrettern, im Vorschiff und unter den Kojen, müssen Vorräte und anderes Staugut gegen seitliche Belastungen gesichert werden. Dabei ist darauf zu achten, daß Seeventile und die Geber für Lot und Log zugänglich bleiben und nicht durch verrutschende Lasten beschädigt werden können.

Die Bilge ist zu kontrollieren, ob kein Papier von Etiketten der Flaschen und Dosen darin herumschwimmt und die Lenzkörbe verstopfen kann. Es schadet nichts, die Lenzkörbe kurz anzuheben und, falls nötig, sauberzumachen. Die Pumpen kann man möglicherweise bald gut gebrauchen. Loses Schwergut wie Werkzeugkästen, Wasserkanister etc. muß verzurrt oder verstaut werden. Luken, Bulleyes, die Motorabdeckung und auch die Treppe des Niedergangs müssen überprüft und gesichert werden.

Zum Leichtern des Vorschiffs sollten, so praktikabel, im Vorschiff befindliche Frischwassertanks entleert und der Buganker mittschiffs gestaut werden.

Pantry

Bevor die Pantry auf Sturm geschaltet wird, sollte man noch eine deftige Mahlzeit kochen, und die gleich so reichlich, daß man sie später wieder aufwärmen kann. Mit vollem Bauch schaukelt es sich besser. Und – so ein Essen ist der richtige Rahmen für das gemeinsame Crewgespräch. Jemand sollte einen ansehnlichen Vorrat an Broten schmieren und andere Kaltverpflegung zusammenstellen. Denn bald wird keiner mehr Lust zum Kochen haben. Heiße Brühe und Tee in Thermoskannen sind sehr begehrt, und natürlich sind auch gleich Dosen und andere Schnellgerichte zum Aufwärmen bereitzustellen, damit man später nicht auch noch in die entlegensten Stauräume krabbeln muß.

Die Sturmverpflegung muß in einem bequem erreichbaren Schapp verstaut sein, das sich auch bei Lage öffnen läßt, ohne daß einem gleich alles entgegenkommt. Die restliche Pantry wird mit weichem Zeug ausgestopft, und die Türen werden gesichert. Besonders gut sind die schweren Töpfe und Pfannen zu sichern. Wenn die fliegen, ist der Aufschlag ungeheuer!

Vor der Pantry muß man guten Halt haben. Der Hüftgurt, der den Smut gegen Zurückfallen stützt, wird ausprobiert, und was oft übersehen wird: Der Fußboden muß fettfrei sein. Sonst rutscht man mit den fettigen Sohlen nicht nur dort, sondern überall, wo's naß ist, fürchterlich aus.

Fast alle Herde sind schwingend aufgehängt, was das Problem allein noch nicht löst. Je nach Schwerpunkt kann so mancher Schwingherd die Töpfe förmlich durch die Gegend katapultieren. Da helfen auch keine Topfklammern. Man muß den Herd trimmen, indem man ausprobiert, mit wieviel Gewicht unten in der Röhre die Eigenschwingung dem Wellenrhythmus entspricht. Ich empfehle, als Trimmgewichte in Beuteln abgefüllte Kartoffeln zu nehmen, weil sie am wenigsten zerstören, wenn die Röhre einmal aufgeht.

Die handelsüblichen Topfklemmen halten nicht viel aus. Wenn man keine „Heavy duty"-Topfzäune hat, sollte man versuchen, zusätzlich mit Draht die Töpfe am Rost zu befestigen. Petroherde sollten aufgetankt, Vorheizspiritus sollte in die kleinere Dosierflasche abgefüllt werden.

Klar Deck für Hack

Da sieht man eigentlich mit einem Blick, was getan werden muß. Alles was wegfliegen kann, muß vorher weg. Das beginnt beim Beiboot und hört bei den Lüfterhutzen auf. Auch die Nationale aus feinem Tuch verschwindet samt Flaggstock. Im Sturm treten die hoheitlichen Aspekte in den Hintergrund, was übrigens nicht nur praktisch ist, sondern auch den internationalen Yachtgepflogenheiten entspricht. Manchmal deckt sich das.

Befindet sich das Beiboot an Deck oder in Davits, müssen Dachpersenning und Zurrings überprüft werden. Das Boot sollte klar zum Slippen sein. Entsprechendes Schneidewerkzeug ist bereitzulegen.

Die Geräte für die Crew-Sicherheit sind auszubringen und zu überprüfen. Strecktaue vom Bug auf beiden Seiten nach achtern oder Sorgleinen vom Mast zum Cockpit. Rettungskragen mit Schwimmleine im Beutel, klar zum Ausrauschen daraus. Rettungsboje mit langem Flaggstock, auf Slip am Achterstag gefahren. Eine gute Idee ist ein Rauchtopf, der für den Rudergänger griffbereit und klar zum Abziehen gestaut wird. Der Rauch ist beim Mann-über-Bord-Manöver besser auszumachen als die Stabboje.

Die Zurrings der Rettungsinsel, ihre Aufreißleine sowie die Slipvorrichtung sind zu überprüfen. So manche Rettungsinsel verabschiedete sich bei extremer Schräglage, was sicher nicht die Absicht war. Sie wiegen in der Regel 30 bis 50 Kilogramm und zerren je nach Anordnung der Gurte mit einem Vielfachen ihres Gewichts am Geschirr!

Solange es noch nicht zu sehr schaukelt, kann man das Rigg noch mal inspizieren. Dazu legt man sich mit dem Fernglas bewaffnet auf den Rücken und besieht sich genau die einzelnen Beschläge und Verbindungen im Rigg. Einmal von vorn, einmal von hinten. Noch kann man hinauf, um das eine oder andere zu richten. Die meisten Riggs, die im Sturm heruntergekommen sind, taten dies, weil irgend etwas nicht in Ordnung war. Es schadet auch nichts, die Spannung der Wanten im Vorbeigehen zu prüfen. Zu lose Leewanten schlagen unnötig und können Schaden anrichten.

In den Backskisten und bei den Segelsäcken sollte Ordnung herrschen. Nichts ist ärgerlicher, als wenn man erst mal alle Säcke aus dem Luk zerren muß, bis endlich die verfluchte Sturmfock zum Vorschein kommt. Und noch viel schlimmer: Wehe, es steckt ein verkehrtes Segel im Sack! Dann darf geflucht werden.

Die Nacht sollte man nicht vergessen. Lampenkontrolle und ein griffnaher Stauplatz für die Taschenlampe sind gefragt.

Die Sturmcheckliste

Sicherlich werden auf jedem Schiff einige abweichende Vorkehrungen zu treffen sein. Ich empfehle jedem Skipper, sich für sein Schiff eine Checkliste anzulegen. Sie dient im Gebrauchsfalle der Sicherheit, daß nichts vergessen wird. Bei ihrer Zusammenstellung zwingt sich der Skipper zu fruchtbarer Geistesdisziplin (Abbildung 13/1). So manche Idee wird am Schreibtisch leichter geboren als unter dem Druck der Ereignisse selbst. Die Checkliste würde ich gleich mit Namensspalten versehen, so daß bei der Sturmeinweisung die einzelnen Punkte per Kreuzchen den Crew-Mitgliedern zugewiesen werden können. Die Sturmeinweisung würde ich nicht erst bei herannahendem Unwetter machen, sondern in den ersten Tagen eines Törns. Auf diese Weise weiß jeder schon einmal, was er bei Schwerwetter zu tun hat, und kann sich in Ruhe damit vertraut machen. Der Skipper selbst sollte sich möglichst nicht für diese Aufgaben miteinteilen. Er sollte Kopf und Hände freibehalten für die Koordination und für Unvorhergesehenes, was uns das Leben besonders gern in solchen Augenblicken beschert.

Sturmcheckliste	Skip	Heinz	Helga	Anke	Klaus	Karin		
Crew-Führung								
Sonderwachplan	✓							
Zwei-Mann-an-Deck-Plan	✓							
Unter Deck								
Persönlichen Kram wegstauen	✓	✓	✓	✓	✓	✓		
Sturmpäckchen herrichten	✓	✓	✓	✓	✓	✓		
Heiße Kojen herrichten		✓	✓	✓	✓			
Stauräume Stb sichern	✓							
Stauräume Bb sichern		✓						
Stauräume Bilge sichern				✓				
Bilge und Lenzkörbe prüfen					✓			
Werkzeugkasten sichern					✓			
Luken, Bulleyes, Niedergang						✓		
Seeventile				✓				
Vorschifftank umpumpen				✓				
Pantry								
Sturmpantry einrichten	✓							
Herd trimmen	✓							
Geschirr abpolstern	✓							
Fußboden entfetten	✓							
Navigation								
Standort festhalten						✓		
Kursvorrausplanung						✓		
Aufklaren Nav-Ecke						✓		
An Deck								
Strecktaue, Sorgleine ausbringen			✓					
Sicherheitsausrüstung prüfen				✓				
Anker mittschiffs stauen					✓			
Beiboot, Deckslasten sichern					✓			
Rigg kontrollieren				✓				
Ordnung in den Backskisten			✓					
Segelsäcke ordnen			✓					
Lampenkontrolle				✓				
Taschenlampe					✓			

Abb. 13/1: Die Sturmcheckliste

Rechtzeitig reffen

Ob man rechtzeitig gerefft hat, kann man nur rückwirkend feststellen. Insofern ist der überall zu lesende Ratschlag, rechtzeitig zu reffen, sehr theoretisch. Der Skipper muß sich auf einen konkreten Zeitpunkt festlegen. Und um nicht ewig mit Minisegeln durch die Gegend zu dümpeln, muß seine Entscheidung vernünftig und sachlich sein. Ein noch so gut gemeintes „rechtzeitig" kann ein Mindestmaß an Geschick und Erfahrung in der Wetterbeobachtung nicht ersetzen.

Ich glaube, dem Gebot ist Genüge geleistet, wenn an Bord alles zum Reffen vorbereitet ist. Das heißt, die Crew ist eingeteilt, jeder Handgriff sitzt, die Koordination ist gewährleistet. Das Reffen dauert dann ein, zwei Minuten.

Reffen des Großsegels

Glücklicherweise haben heute die meisten Yachten Großsegel mit Reffhaken und Smeerreepen (Abbildung 13/2). Es ist sicher nicht falsch, hier noch einmal den Umgang mit diesem einfachsten und effektivsten aller Reffsysteme zu skizzieren. Nur allzuoft habe ich sogar bei alten Hasen umständliche und bei dem Geschaukel auch gefährliche Verfahrensweisen erlebt.

Zum Reffen gehen wir an den Wind. Mit dem Fall wird das Vorliek gefiert, das Reffauge eingehängt und das Vorliek wieder durchgesetzt. Dauer 10 Sekunden. Pause. Dann Großschot los, Smeerreep durchgeholt und über die Winsch dichtgesetzt. Großschot dicht. Dauer 20 Sekunden seit der Pause.

Dazu drei Anmerkungen:

1. Die Dirk wird immer so gefahren, daß bei schnellem Reffen oder Segelfallen der Baum zwar etwas durchsackt, aber nie irgendwo gegenschlägt. Einmal so vorbereitet und markiert, braucht man beim Manöver nicht mit der Dirk herumzutüddeln.

2. Die Mastrutscheröffnung in der Keep (das ist die Nut im Mast, in der

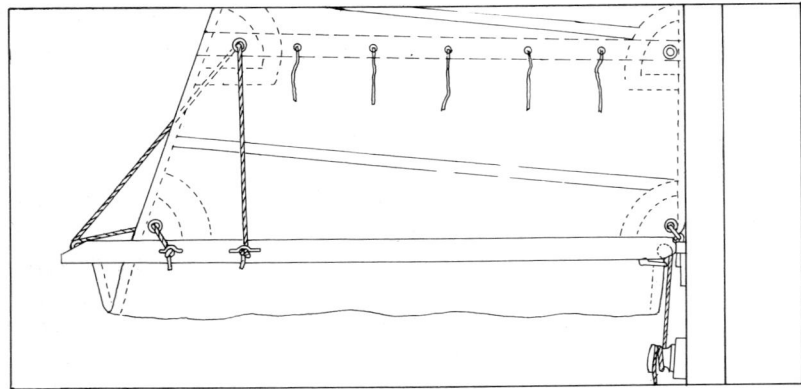

Abb. 13/2: Bindereff

die Rutscher laufen) wird vorher geöffnet, so daß die Mastrutscher beim Herablassen des Vorlieks von selbst herausfallen. Will man gleich das dritte Reff setzen, werden zunächst das erste und zweite in Reihenfolge gesetzt. Sonst würde das ganze weggereffte Tuch auf einmal aus der Keep rutschen und ungebändigt durch die Gegend fliegen.

3. Die Reffbändsel dienen ausschließlich dem Bergen des weggerefften Teils des Segels. Sie sollen und dürfen keinen Zug auf das stehende Segel ausüben. Ich würde sie nur aus Eitelkeit benutzen und nur, wenn dies ohne Turnerei möglich ist. Wenn man beim zweiten und dritten Reff die unteren eingebunden läßt, hängt da nicht allzuviel Tuch am Baum herunter. Nie darf man vergessen, sie zu lösen, bevor man ausrefft.

Der Hinweis, daß der Reffvorgang nur wenige Sekunden dauert, soll helfen, sich von unnötigen Handgriffen zu befreien. Die Arbeit am Mast ist nicht ganz ungefährlich. Man muß nicht gleich über Bord gespült werden, aber einmal mit voller Wucht an Deck zu knallen, reicht auch schon. Das kann ekelhafte Verletzungen geben.

Und noch ein Tip zum Großsegel: Wenn man grundsätzlich den luvseitigen Reffhaken benutzt, wird verhindert, daß sich einsteigendes Wasser in dem Sack zwischen Großbaum und Segel sammelt.

Verkleinern der Vorsegelfläche

Was das Vorsegel betrifft, gibt es auch ein paar wichtige Tips. Daß wir Rollgenuas immer mit völlig offenen Schoten ein- oder ausrollen, ist schon gesagt worden, wobei beim Ausrollen das Rollreep gefühlvoll gebremst werden muß. Bei starkem Wind entsteht mächtiger Zug auf dem Reep. Wenn man nicht aufpaßt, rauscht das ganze Segel aus und knallt ins Liek.

Bricht bei einem teilgerefften Rollvorsegel das Rollreep oder wirft es jemand versehentlich los, rauscht das Segel ganz aus, diesmal aber unter Winddruck. Das hält eine Rollgenua meistens nicht aus.

Konventionelle Vorsegel werden zum Verkleinern gewechselt. Da die Arbeit auf dem Vorschiff ohne stehendes Vorsegel leichter ist, verzichten wir hier auf das Anschlagen des neuen Segels, während das alte noch steht. Es geht hier nicht um eine Regatta.

Das Vorsegel fällt, wenn die Yacht für einen Augenblick im Wind steht, zum Beispiel bei einer Wende. Jemand kauert dazu vor dem Vorstag im Bugkorb und zerrt am Vorliek, wenn es nicht von selbst mit einem Schlag an Deck fällt. Jener oder jene im Bugkorb schlägt sofort das Fall ab und pickt es am Bugkorb ein, damit es schnell wieder durchgesetzt werden kann und sich nicht im Rigg vertüddert.

Der Rudergänger steuert nun einen gut zu haltenden langsamen Kurs, während die Schoten abgeschlagen werden und das Segel am Achterliek straffgezogen in Zickzackfalten in den Wassergang gelegt wird. Der Mann aus dem Bugkorb drückt dabei das Tuch vorn herunter. Von achtern wird nun das im Wassergang liegende Segel aufgerollt und, wenn am Stag angekommen, der Sack über die Rolle gestülpt. Erst jetzt werden die Stagreiter gelöst und wird der Hals abgeschlagen. Auf diese Weise kann das Segel nicht auffliegen oder sonstwie außer Kontrolle geraten.

Der Sack wird dichtgemacht und nach achtern transportiert. Mit dem neuen krabbelt man wieder nach vorn und verfährt genau umgekehrt. Während das Segel noch im Sack ist, werden Hals und Stagreiter angeschlagen. Dann wird das Segel nach achtern im Wassergang ausgerollt, die Schoten werden angeschlagen, Fall ran und hoch.

Bei normalen Yachten reichen dafür zwei Leute. Sie müssen aufeinander eingespielt und ein wenig wasserfest sein.

Es ist nicht gut, Segel schon angeschlagen und an der Seereling aufgetucht in Bereitschaft zu fahren. Man erspart sich im Endeffekt nur wenig, es sei denn, man wechselt ständig zwischen zwei Segeln hin und her. Sehr wohl riskiert man aber, daß die See das aufgetuchte Segel losreißt, und dann muß wieder jemand nach vorn. Will trotzdem jemand nicht auf die Sturmfock an der Reling verzichten, möge er sie am oberen Durchzug festbändseln, damit darunter ungehindert die See abfließen kann. Das aufgetuchte Segel muß möglichst faltenfrei wie eine pralle Wurst aussehen, damit die See möglichst wenig Angriffsfläche hat.

Hat man ein Profilvorstag, ist es etwas schwieriger, das Vorsegel direkt in den Sack hinein zu bergen und auch wieder daraus zu setzen. Denn es gibt keine Stagreiter, an denen das Segel noch fest ist, während schon oder noch das Tuch sich im Sack befindet. Der Sack ist hier eigentlich kein Sack, sondern eine mit vier Flügeln auseinanderklappbare Hülle, in die das Segel gepackt wird, wie die Wurstscheiben beim Metzger in das Papier. Diese Hülle vereinfacht das Verfahren, aber es bleibt dabei: Sobald das Segel aus der Keep rutscht, muß es mit Händen und Füßen gegen das Auffliegen gebändigt werden, und genauso beim Setzen.

Soweit die Yacht mit einem wegnehmbaren Kutterstag ausgerüstet ist, würde ich dies schon sehr früh setzen, während noch die größeren Segel am Vorstag beziehungsweise am Rollstag gefahren werden. Das erste Sturmvorsegel kann auch schon angeschlagen werden, muß aber mit einer kräftigen Reihleine oder besser noch mit einem wurstförmigen Sack eng zusammengehalten werden. Denn es befindet sich im Bereich der überkommenden Seen.

14 Die besondere Hausordnung

Der Kampf wird nicht allein am Ruder entschieden. Viel zuviel ist schon passiert, weil die zweitrangigen Dinge eben nur zweitrangig gesehen wurden. Bei der Fastnet-Katastrophe sind Menschen nachweislich an Erschöpfung gestorben, weil sie sich nicht der Disziplin gebeugt haben, „Crew-rest" zu halten, auf deutsch, sich um Schlaf zu bemühen. Dieses Kapitel behandelt die besonderen Grundregeln, wie man sich bei Sturm an Bord verhält, was man tut, wie man es tut und was man besser nicht tut.

Crew-rest

Beginnen wir gleich mit diesem Thema. Es ist wohl menschlich: Wenn's aufregend wird, wollen alle dabei sein. Jeder will mit anpacken, will miterleben. Es kostet Überwindung, die aufregenden Dinge der Seewache zu überlassen und sich selbst herauszuhalten. Der Skipper kann sich anfangs kaum des Tatendrangs der Crew erwehren, und nach zehn, fünfzehn Stunden schlaffen alle gleichzeitig ab. Dann wird es einsam im Cockpit.

Die Freiwache muß organisiert sein. Sie muß klare Aufgaben haben. Über allem steht die „erste Bürgerpflicht", nämlich fit zu sein für die nächste Seewache. Das nötige Schlafquantum darf nicht dem Zufall überlassen bleiben, es ist ernst zu nehmende Aufgabe.

In einer tanzenden Koje zu schlafen, ist gar nicht so einfach. Aber es geht – und nach der dritten Wache auch gar nicht so schlecht. Man muß sich so verkeilen, daß der Körper nicht seitlich rollen kann. Dazu helfen zusammengerollte Decken oder besondere Matratzenkonstruktionen mit untergekeilten Seesäcken oder Fendern (Abbildung 14/2). Hilfreich ist auch die stabile Bauchlage in der Koje. Man legt sich auf den Bauch, zieht ein Knie angewinkelt hoch bis fast unter die Achsel und stemmt sich damit gegen das Kojenbrett (Abbildung 14/1). Schultergürtel und Becken liegen auf diese Weise stabil, und der Körper rollt nicht mehr. Ausprobieren und staunen!

Am besten schläft man natürlich in den Leekojen. Die Luvkojen müssen mit anständigen Kojenbrettern oder Leesegeln gefahren werden. Leesegel müssen steif durchgesetzt sein. Sie geben nämlich immer nach, und

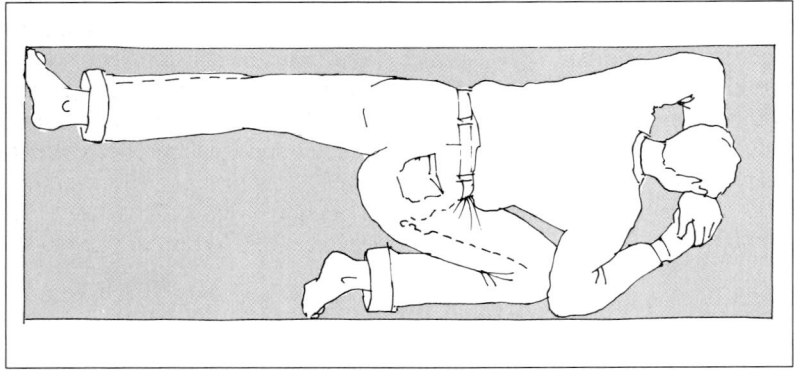

Abb. 14/1: Stabile Schlaflage in der Koje

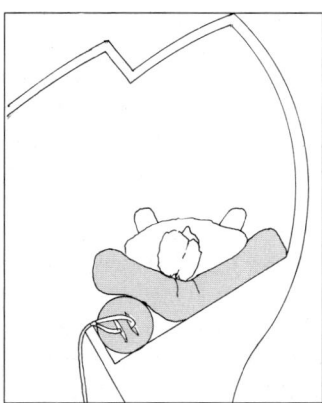

Abb. 14/2: Matratzenkonstruktion mit Fendern

stehen sie zu schlaff, kann man gleich auf die Koje verzichten und sie als Hängematte benutzen. Ich habe ihre Stropps immer wie eine kleine Talje zweifach durch die Augen gezogen und konnte sie so ohne fremde Hilfe ordentlich dichtholen. Wenn es irgend geht, sollte man feuchte Plünnen ausziehen und in den Schlafsack schlüpfen. Die Schlafzeit ist kurz und sollte intensiv genutzt werden. Und das geht eben am besten im kuscheligen Pennbüddel. Übrigens, wer sich gerade einen anschaffen will: keinen sogenannten Mumiensack kaufen, der viel zu eng ist, weil wohl für Bergsteiger gedacht. Er muß Platz haben, daß man ein Bein anziehen kann zum Querstemmen.

Irgendwann ist man dann doch so erschöpft, oder man mußte gerade eine Stunde vor Wachbeginn noch mal an Deck. Dann ist einem alles egal, man behält das nasse Ölzeug an. Aber bitte, wenn schon, dann mit möglichst wenig Schweinerei. Für diesen Fall hat man die Plastiksäcke unter der Matratze parat oder einen alten Duschvorhang. Damit wird die Matratze abgedeckt, bevor man sich hinlegt. Und vorher verschwindet noch der Schlafsack in Sicherheit.

Der Kampf mit dem Ölzeug

Das An- und Auspellen kann recht strapaziös sein, wenn man selbst ohne die Fessel einer halbangezogenen Hose sich kaum halten kann. Dennoch sollten sich alle zwingen, gleich nach Ablösung von der Seewache aus dem Ölzeug zu steigen. Und nicht vergessen, gleich rutschfeste Schuhe und eine möglichst dicke Pudelmütze überzuziehen. Letztere, zwar zweckentfremdet, bewährt sich nämlich als Kopfschutz, den man unter Deck reichlich braucht.

Nasses Ölzeug kommt in den Ölzeugspind oder, wenn nicht vorhanden, in die Toilette. Es wird zugeknöpft aufgehängt, damit die Innenseite, falls noch möglich, trocken bleibt.

Solange es sich irgendwie durchhalten läßt, sollte die Regel der Naßschleuse eingehalten werden. Das ist der Bereich gleich unterhalb des Niedergangs, der sich ohnehin nicht trockenhalten läßt. Hier bewe-

gen sich die Leute der Seewache im Ölzeug, um am Kartentisch zu arbeiten, um sich was aus der Pantry zu holen oder auf die Toilette zu gehen. Hier befreit man sich von den nassen Plünnen, bevor man in den
Salon oder in die anderen Kammern klettert. Jenseits der Naßschleuse
besteht Ölzeugverbot. Solange es geht, wie gesagt. Es gibt Situationen,
wo die Crew so erschöpft ist, daß für dererlei Übung kein Mensch mehr
zu haben ist.

Menschliches Rühren

Zwar ist mir keine Statistik bekannt, aber die Überlieferung ist absolut
glaubwürdig: Die meisten Mann-über-Bord-Fälle passieren beim Pinkeln.
Deshalb mögen sich alle daran gewöhnen, die Toilette für diesen Zweck
zu benutzen. Und zwar im Sitzen. Dabei findet man Halt und Geborgen-
heit. Das einzige Problem ist die meistens viel zu schwach ausgeführte
Toilettenbrille. Sie gibt bei den heftigen seitlichen Belastungen auch unter einem normalen Körpergewicht nach. Man sollte das zulassen und
vor dem nächsten Sturm sich eine bessere Konstruktion ausdenken. Pa-
tente in dieser Sache sind noch zu haben!
Auch bei Seekrankheit sollte man sich bedenkenlos der Bordtoilette an-
vertrauen. Es ist richtig, daß es einem in dieser Enge schneller schlecht
wird als an der frischen Luft. Aber dann hat man das hinter sich und fühlt
sich erheblich besser.

Seekrankheit

Damit muß man immer rechnen. Ein paar werden seekrank. Die Schaukelei bei Sturm ist doch eine ganz andere, und so mancher, der sich bisher als seefest erwiesen hatte, kriegt jetzt auch diesen verdächtig fahlen
Gesichtsausdruck. Es läßt sich nicht ändern. Wir sind alle Urlaubssegler,
und die richtigen Seebeine bekommt man erst, wenn man ständig auf
See ist. Es sei denn, man gehört der Gruppe derer an, denen die Seefe-
stigkeit quasi als Geburtsfehler in die Wiege gelegt worden ist.
Leichtere Fälle sollten mit Wache gehen. Am Ruder läßt sich das innere

Aufbegehren am besten unterdrücken. Nur Vorsicht: Das Ruder darf bei Sturm nicht als Rekonvaleszenzstation mißbraucht werden. Nur wer sich trotz Seekrankheit gut konzentrieren kann und auch noch genügend Biß aufbringt, darf ans Ruder. Wer nicht, wird als Ausguck und Schotenreißer auf Trab gehalten. Freiwächter sollten sich nicht im Cockpit aufhalten, wenn sie sich kodderig fühlen. Sie würden dort nicht ihre Crew-rest finden, die erste Bürgerpflicht. Leichte Anflüge von Seekrankheit schläft man am besten in der Koje weg. Lesen oder Kartenarbeit sollte man meiden. Und wenn doch, dann nur mit einem Auge, wie mir einer mal sagte. Ob's stimmt? Schlimme Fälle von Seekrankheit müssen vom Wachdienst ausgenommen werden, und es kann nötig werden, den ganzen Wachplan umzustellen. Die schwer Seekranken verschwinden in die Koje und kriegen eine Pütz in Reichweite beigebändselt. Nach hartem Seemannsbrauch wurden Seekranke, so sagt man, in ihren Kojen festgelascht. Ich halte das für totalen Unsinn, würde man doch mit solchen Torturen noch das letzte bißchen Willenskraft dieser bedauernswerten Menschen zerstören.

Die Versorgung mit Essen

Ein Segen ist es, wenn die Sturmpantry in Schwung gehalten werden kann. Das heißt, daß sich jemand um einfachste warme Mahlzeiten kümmert. Ein Doseneintopf im Wasserbad für alle reihum, Pulverbrühe mit Knäckebrot oder Müsli mit warmer Milch, das sind die kulinarischen Einakter, die man auch bei Bolzen und Toben noch versuchen sollte. Gut für die inneren Batterien ist ein ständiger Knabbervorrat an Snickers, Raiders, Mars und sonstigen Kraftriegeln, und nicht zu vergessen: am wirkungsvollsten vielleicht das gute alte Dextro-Energen. Fein ist es, wenn die Thermoskannen ständig mit neuem Heißgetränk versorgt werden können. Mittelstarker Kaffee oder Tee. Vorsicht ist geboten beim traditionellen Tee mit Rum. Alkohol bleibt auch bei Sturm ein solcher und benebelt die Empfindungen. Die brauchen wir aber gerade dann für unsere Entscheidungen und für unser Verhalten. Der Herd ist bei Sturm gefährlich. Es hat schon scheußliche Verbrennungen gegeben, wenn ein heißer Topf vom Herd flog und sich über die Beine ergoß. Deshalb sollte man es sich zur Regel machen, nur im Öl-zeug, zumindest unten herum, am Herd zu arbeiten.

Ob die Versorgung mit Beißbarem Aufgabe der Freiwache oder der See-wache sein soll, muß organisiert werden. Bei reduzierter Einsatzstärke sollte das besser die Seewache machen, damit die Freiwache zu ihrem Schlaf kommt. Der zweite Mann kann sich problemlos fünfminutenweise nach unten abmelden, um solche Arbeiten zu verrichten.

Für die Seele

Nahrung für Leib und Seele ist gefragt, nicht nur für den Leib allein. Je-der an Bord sollte sich der Spannung bewußt sein, der die einzelnen Gemüter unterliegen. Der Sturm ist für den Urlaubssegler eine extreme Ausnahmesituation, für die jede Routine fehlt. Jeder versucht, auf seine Weise damit fertig zu werden. Die Wirklichkeit zu akzeptieren und die un-vermeidlichen Wunsch- und Schreckensbilder zurückzudrängen, fällt dem einen mehr, dem anderen weniger leicht. Manchem nagt's an der Substanz.

Der Einfluß untereinander spielt eine große Rolle. Spürt man, daß die anderen ebenso fühlen, erscheint der eigene Fall normal, und man ist beruhigt. Deshalb ist der ehrliche, offen, aber zugleich maßvoll geführte Gesprächsaustausch wichtig. Es darf keiner ausgeklammert werden. Vor allem sind die Temperamente zu zügeln. Euphorische Vortänzer sind ge-nauso gefährlich wie die notorischen Durchhänger.

Der Kontakt mit der Außenwelt

Zu diesem Problem kenne ich keine zufriedenstellende Antwort. Auf den meisten Schiffen, die keinen festen Navigator fahren, wird das Sprech-funkgerät leise gedreht oder gar abgeschaltet, wenn im Salon ge-schlafen wird. Das ist verständlich, aber gefährlich, denn der Kontakt mit der Außenwelt ist dann abgebrochen. Alle aktuellen Sturmwarnungen gehen verloren, und, was wohl kaum bedacht wird, man versagt, ohne es zu wollen, bei irgendwelchen Notrufen die Hilfeleistung. Das muß einem einmal klarwerden!

Manche Yachten haben einen Cockpitlautsprecher. Der löst das Problem im Prinzip. Nur hört man ihn bei Sturm vom Ruder aus nicht. Er müßte deshalb an der Steuersäule angebracht und auf den Rudergänger gerichtet sein. Allerdings habe ich bisher auf keiner Yacht so eine Jerichotrompete gesehen. Nötig wäre sie.

Ganz abgesehen von Wettermeldungen und Seenotrufen: Es ist gut zu wissen, wer sich sonst noch im Seegebiet befindet und wo. Irgendwie hilft das Bewußtsein, nicht allein zu sein und mit anderen gemeinsam gegen den Sturm zu kämpfen. Deshalb sollte man ruhig mal seine Nachbarn rufen. Auf Kanal 16 mit kleiner Ausgangsleistung. Wenn man Glück hat, meldet sich jemand auf den ersten allgemeinen Anruf hin. Man wechselt auf den Schiff-Schiff-Kanal und bleibt in Verbindung. Man tauscht Erfahrungen und Taktiken aus und weiß, daß man notfalls auch um Hilfe bitten kann.

Navigation

Im Sturm fällt die Arbeit am Kartentisch schwer, und weil sie ohnehin nicht so ganz präzise sein kann, wird sie zuweilen vernachlässigt.

Bitte das nicht! Nicht einmal mitten auf einem Ozean, denn man könnte die Position ganz plötzlich in einem Notfall brauchen, und nicht nur im eigenen Notfall. Um eine Hilfeleistung zu disponieren, muß man die eigene Position gegenüber dem Hilferufenden kennen. Auf den Randmeeren mag es darum gehen, Höhe aufzugeben oder nicht, umzukehren oder nicht. Durch eine Winddrehung kann plötzlich der Leeraum zum Problem werden, und Alternativen müssen durchdacht werden. Alle diese Entscheidungen basieren auf einem klaren Standort und auf praktisch ersegelten Navigationswerten.

Natürlich muß der Aufwand am Kartentisch reduziert werden. Im wesentlichen sollte bei jedem Wachwechsel der Schiffsort in die Karte und in die Logkladde eingetragen werden, auch wenn es nur ein Koppelort ist. Von hier aus wird während der Wache weitergekoppelt. Das heißt, der Rudergänger mittelt den Kurs, den er tatsächlich steuert, über einen angemessenen Zeitraum: wenn es immer der gleiche Generalkurs ist, über die ganze Wache, sonst bei jeder Hauptkursänderung rückblickend. Mit diesem Wert und dem Logstand verschwindet der zweite Mann nach unten. Die Beschickung sollte im Kopf gehen, wobei die Abdrift (Beschickung für Wind) recht großzügig angesetzt werden sollte. Der doppelte Wert von normalen Seeverhältnissen ist kein schlechter Einstieg. Den Kurs zu zeichnen, ist Glücksache. Der Strich wird auf die Karte gedrückt, wenn das Kursdreieck mal gerade nicht wegrutscht. Irgendwie kriegt man das hin.

Verfügt die Yacht über ein elektronisches Navigationssystem, wie Decca, Loran oder GPS, würde ich natürlich die Positionen von dort nehmen, aber parallel mit der Koppelnavigation. Die Besteckversetzungen (Standortunterschiede) geben Auskunft über Abdrift und Steuerfehler. Parallelnavigation bedeutet Sicherheit durch Redundanz. Doppelt genäht hält eben besser.

Neben der Navigation spielt die Entwicklung des Wetters eine fast ebenso große Rolle. Die offiziellen Seewetterberichte müssen mitskizziert und die Bewegungen des Sturmgebildes mitgekoppelt werden, so gut das geht. Durch Vergleich der Windrichtung, Windstärke und des Luftdrucks mit der Wetterkarte stellt man fest, wie weit der Sturm schon gezogen und mit welchen Windrichtungen und -stärken noch zu rechnen ist.

Draußen im Cockpit

Das Ölzeug muß dicht und zugleich luftig sein. Das kriegt man weitgehend hin, wenn man beim Neukauf auf ein paar Tips achtet. Es muß erstens so voluminös bemessen sein, daß bei jeder Bewegung literweise Luft von unten nach oben und von rechts nach links gepumpt wird. Und wenn man zwischendurch mal vorn aufmacht und mit ein paar gymnastischen Rekelbewegungen die Luft auswechselt, gibt es drinnen kaum Schwitzwasser. Am Hals und an den Handgelenken muß es dicht sein.

Da gibt es heute wunderbar anliegende Gummimanschetten, die Wunder wirken.

Der Kapuze würde ich den traditionellen Südwester vorziehen. Richtig aufgesetzt und unterm Kinn dichtgeholt, schützt er ideal, und man kann den Hals frei bewegen. Kapuzen sind wie Scheuklappen.

Selbstverständlich trägt man Lifebelts und Rettungswesten, mit der Sorgleine immer eingepickt. Über Bord gespült zu werden, ist die einzige, wirklich immer gegenwärtige Gefahr bei Sturm. Auch mit der Einpickerei muß man seine Erfahrungen machen. Ich habe Leute gesehen, die sich mit ihren Sorgleinen und Karabinerhaken so fürchterlich vertüddert haben, daß sie beim Versuch, sich zu befreien, fast über Bord gingen. Man muß einfach probieren und mit Ruhe die einfachsten Einpickmöglichkeiten herausfinden. Wenn der Karabinerhaken zu klein ist, schlingt man die Sorgleine um den Gegenstand herum und pickt den Haken in die Sorgleine selbst ein.

Eine überraschende Erkenntnis ist, daß Karabinerhaken von alleine aufgehen können. Und zwar, wenn sie zunächst ohne Spannung verdreht Zug bekommen.

Es gibt neuerdings Karabinerhaken, die nicht an ihrer Nase diese Einkerbung haben, mit der man beim Auspicken dauernd hängenbleibt.

Ideal sind richtige Bauchgurte für den Rudergänger, die wählbar seitlich versetzt eingeklickt werden können. Sie geben idealen Halt und vermitteln ein Gefühl, als reite man das Schiff.

Der zweite Mann der Seewache hält sich im Cockpit möglichst so auf, daß er den Gesichtskreis des Rudergängers ergänzt. Das ist unbequem, denn man neigt allgemein dazu, sich mit dem Rücken zu Wind und See gewandt hinzukauern. Aber es ist ausgesprochen hilfreich, wenn er dem Rudergänger zeigt, von welcher Seite der nächste Berg angerollt kommt. Er muß nicht ständig im Cockpit sein, der zweite Mann. Er merkt auch unter Deck, wann es nötig ist, sicherheitshalber mal nach dem Rudergänger zu sehen. Wichtig kann nämlich auch sein, daß der zweite Mann sich unter Deck aufwärmt, um für die nächsten zwanzig Minuten den Rudergänger ablösen zu können. Außerdem gibt es auch unten für die Seewache genug zu tun.

Arbeit an Deck

Als eiserne Regel sollte gelten, daß keiner aus dem Cockpit klettert, und zwar ohne wichtigen Anlaß, ohne Bescheid zu sagen, ohne gesichert zu sein und ohne beobachtet zu werden.

Wer nach vorn muß, pickt sich in das Strecktau oder, falls vorhanden, in die vom Mast ins Cockpit führende Sorgleine ein. Die Verkehrsverbindung nach vorn ist der Luvwassergang. Dort krabbelt man auf allen vieren, Handlauf und Reling mit den Händen umklammert, nach vorn. War man am Strecktau fest, muß man sich am Arbeitsplatz, am Mast oder am Baum, umpicken, weil man sonst nicht genügend hochreicht. Beim Umpicken muß man besonders festen Halt haben, so daß es einen nicht gerade in diesem Augenblick erwischt. Das Verfahren, sich mit zwei Karabinerhaken überlappend voranzupicken, ist praktisch kaum durchführbar. Man hält sich eine Ewigkeit mit dem Gehake auf und setzt sich unnötig lange der Gefahr aus. Besser ist es, sich auf seinen festen Halt und auf die Arbeit zu konzentrieren.

Vom Cockpit aus wird die Arbeit an Deck überwacht. Kommt ein Berg herangerollt, der so aussieht, als würde er sich über das Deck ergießen, werden die Leute vorn gewarnt, und zwar mit dem Nebelhorn, wenn der Knopf dazu vom Rudergänger zu erreichen ist. Sonst mit der Bootsmannspfeife. Lautes Zurufen kommt bei all dem Getöse vorn nicht an.

Für die Leute auf dem Vorschiff oder am Mast gilt es dann, sich festzuhalten mit aller Kraft. Den festesten Halt hat man, wenn man den Mast, ein Want oder den Bugkorb, notfalls auch die Reling mit dem Ellenbogen umklammert und mit der zweiten Hand das Handgelenk umfaßt. An dieser Umklammerung können ein paar Tonnen (kleine) reißen, die hält!

Wenn die See überkommt, haben die Beine keinen Halt. Man schwimmt auf und wird mit großer Gewalt leewärts gezerrt. Hat man sich gut festgehalten, landet man anschließend flach auf dem Deck und ist pudelnaß. Vom Kapstadt-Rennen wurde einmal berichtet, daß einer auf diese Weise plötzlich an der Saling hing. Die Yacht hatte sich flachgelegt, als der Bedauernswerte, ein Want per Ellenbogengriff umklammernd, durchs Wasser in Richtung Saling rutschte. Alles greifend, was zu greifen war, hatte er gerade die Saling gepackt, als sich die Yacht wiederaufrichtete, und hing dann da. Aber das war wohl ein Einzelfall.

Nachts

Nachts ist alles viel schwieriger. Es muß jedem klar sein, daß jemand, der über Bord geht, so gut wie verloren ist. Nicht eingepickt sein bedeutet Lebensgefahr. So deutlich muß man das sehen.

Nicht lebensgefährlich, aber ebenso strikt zu unterlassen ist es, den Rudergänger und seine Deckshand zu blenden. Die beiden sind darauf angewiesen, auch in der Dunkelheit die heranrollenden Schaumkronen zu erkennen. Ein hell erleuchteter Niedergang, eine unachtsam geschwenkte Taschenlampe, zu helles Licht am Kartentisch können für Minuten die Nachtsichtfähigkeit stören.

Oft sind die Sturmnächte total schwarz. Dann muß der Rudergänger ausschließlich nach den Instrumenten steuern, was bei Brechern nur vor dem Wind geht. Kompaß und Windrichtungsanzeiger sind seine Hauptorientierungshilfen. Mit dem Handscheinwerfer in die See zu leuchten, bringt nichts. Der Lichtkegel ist viel zu schmal, um einzelne Wellen erkennen zu können. Im letzten Augenblick hört man einen heranrollenden Brecher. Rechtzeitig, um mit einem Heckschwenker das Schiff noch schnell ausrichten zu können.

Sollte nachts jemand nach vorn müssen, überlegt man das erst zweimal. Es ist gefährlich. Zu leicht wird man von einer überraschenden See erwischt und hängt dann wie eine zu wässernde Klobürste an seiner Sorgleine.

Wer nach vorn muß, steckt zusätzlich zu seiner Rettungsausrüstung eine Taschenlampe ein, nicht nur für die Arbeit. Sollte er über Bord gehen, kann er damit vom Wellenberg aus das Schiff anleuchten und sich bemerkbar machen.

Natürlich würde man gern für die Arbeit auf dem Vorschiff die Decksbeleuchtung einschalten, dann könnte aber der Rudergänger keine Seen mehr erkennen und notfalls warnen. Hier ist es schwer, eine Empfehlung zu geben.

15 Sturmtaktik

Wie fährt man eine Segelyacht im Sturm? Welches ist die geschickteste Methode, Mensch und Material unnötige Risiken und Strapazen zu ersparen?

Um es vorweg zu sagen, ein Patentrezept gibt es nicht. Zu sehr unterscheiden sich die Situationen im Sturm und die Verhaltensweisen der Yachten, ganz abgesehen von der Vielfalt der Meinungen und Erfahrungen vieler, durchaus kompetenter Segler.

In diesem Kapitel wird der Versuch unternommen, aus den verschiedenen vorliegenden Erfahrungen eine kleine Sturmfahrschule herauszufiltern. Sie enthält in erster Linie Verfahren und Methoden, die sich mit modernen Fahrtenyachten gut segeln lassen und die auch in Fachkreisen breite Anerkennung gefunden haben. Interessanterweise lassen sich diese Empfehlungen auch problemlos mit der bisher dargestellten Wellenphysik erklären, was ihnen den zusätzlichen Vorzug verleiht, logisch zu sein.

Einfaches Wellenaussegeln

Bei Windstärke acht, der untersten Sturmstärke auf der Beaufortskala, ist es auf hoher See noch ausgesprochen angenehm. Die Wellenberge können zwar schon fünf bis acht Meter hoch sein, sie liegen aber so weit auseinander, daß sich eine ausgeglichene Berg- und Talfahrt ergibt. Bre-

140

cher sind nicht zu befürchten. Es ist die typische Situation, die ein erfahrener Rudergänger durch angemessenes Parieren mit dem Kurs meistert, dem sogenannten Aussegeln der Wellen. Auf den flacheren Randmeeren, wo wir diese langgestreckte majestätische See nicht haben, kommt die Aussegelmethode auch in Betracht. Natürlich mit dem Unterschied, daß dort der Zyklus der Ruderbewegungen, dem Wellenrhythmus angepaßt, kürzer und heftiger ausfallen wird.

Im wesentlichen geht es darum, die Fahrt unter Kontrolle zu halten. Sie wird bei hohen Wellen nicht mehr wie gewohnt durch den Wind allein bestimmt, sondern zusätzlich und sogar zum weitaus größeren Teil durch das Bergauf- oder Bergabfahren im Wellengebirge. Eine moderne Yacht gerät bei Schußfahrt an einem ordentlichen Hang ins Surfen und erreicht dabei astronomische Geschwindigkeiten, egal woher der Wind kommt. Und bergauf kann sie verhungern.

Die Fahrt muß so gehalten werden, daß das Schiff stets gut manövrierfähig bleibt. Zu schnell gefahren, würde die Yacht sehr hart im Ruder werden. Trotz aller Kraftanstrengung ließe sich das Ruder kaum legen, die Yacht würde ihren eigenen Weg und nicht den des Rudergängers fahren. Zu langsam gefahren, verlöre sie schnell an Ruderwirkung, sie folgte einfach dem Ruder nicht. Bei den starken Giermomenten einer schräg aufkommenden See würde die Yacht sicherlich ausbrechen.

Vier bis neun Knoten wären für eine normale Fahrtenyacht etwa das tolerable Spektrum. Bei bestimmten Manövern, die bei noch stärkerer See nötig werden, muß die Fahrt genauer kontrolliert werden. Zum Beispiel, wenn man den richtigen Schwung haben muß, um einen Brecher zu durchschießen, was später noch beschrieben wird.

Die Fahrt kontrolliert man, indem man vom Sollkurs leicht abweicht, und zwar zum Berg hin, um langsamer zu werden, und zum Tal hin, um zu beschleunigen. Normalerweise muß man bergab bremsen, also etwas zum Hang hinsteuern, und bergan Gas geben, also etwas vom Hang abfallen. 20 bis 30 Grad reichen dazu in der Regel aus, aber das sieht man direkt am Fahrtmesser oder am Ruderdruck.

Bei einem Amwindkurs von angenommen 60 Grad zum Wind sähe das so aus: Im Wellental läuft die Yacht auf Sollkurs mit etwa 6 Knoten (Posi-

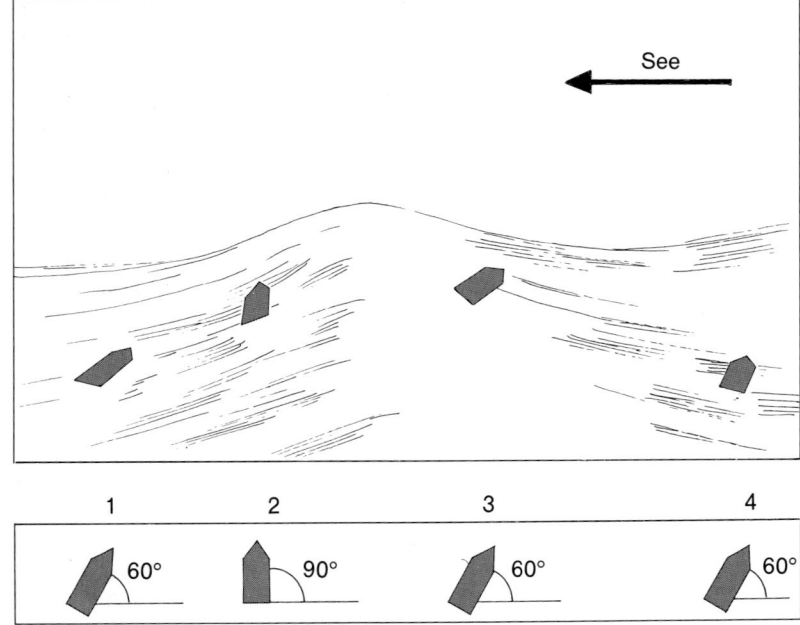

Abb. 15/1: Amwind gegen schwere See: bergauf abfallen!

tion 1 in Abb. 15/1). Der nächste Hang schiebt sich von schräg vorn
heran, die Fahrt geht zurück, weshalb der Rudergänger leicht abfällt, die
Fahrt bleibt bei 5 Knoten (Position 2). Die Yacht steigt nun scheinbar
seitwärts den Hang hoch – tatsächlich schiebt sich die Welle unter ihr
durch. Am Rückhang (Position 3) luvt der Rudergänger wieder an, soweit
es die Segelstellung zuläßt. Die Yacht nimmt nun bergab rasch an Fahrt
zu, was der Rudergänger nutzt, um Höhe zu machen. Wenn sie zu
schnell wird, muß er etwas zum Berg hin abfallen; das bremst mehr, als
in den Wind zu gehen, wo man in Schußfahrt den Hang hinuntersurft.
Spätestens im Wellental (Position 4) liegt wieder der normale Amwindkurs an. Kurzfassung: Beim Amwindsegeln wird bergauf kurz abgefallen.

Bei Halbwindkursen läuft die See von der Seite an und bildet mit dem Kurs weder Bergauf- noch Bergabpassagen (Abbildung 15/2). Deshalb bedarf es im Prinzip keiner besonderen Fahrtkontrolle durch Kursvariation. Natürlich bleibt die Möglichkeit dazu vorbehalten, wenn unregelmäßige Wellen es nötig machen. Die wahre See entspricht keineswegs dem Waschbrettmodell aus dem Unterricht.

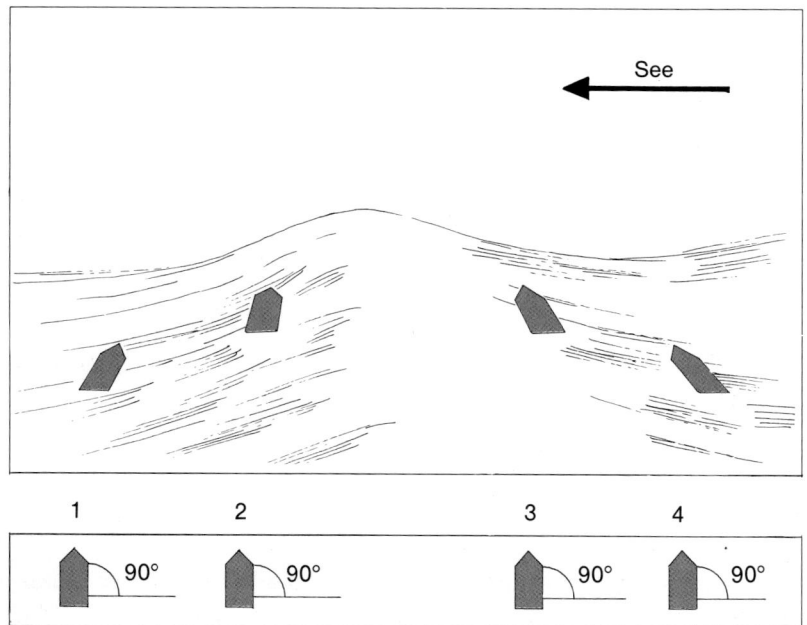

Abb. 15/2: Halbwind in schwerer See: immer geradeaus!

Bei Kursen mit raumem Wind gibt es wieder Bergauf- und Bergabpassagen. Im Wellental liegt der Sollkurs an (Position 1 in Abb. 15/3). Die nächste See kommt von schräg achtern auf. Sie hebt das Heck und beschleunigt die Fahrt, die nun beliebig durch Anluven gebremst werden

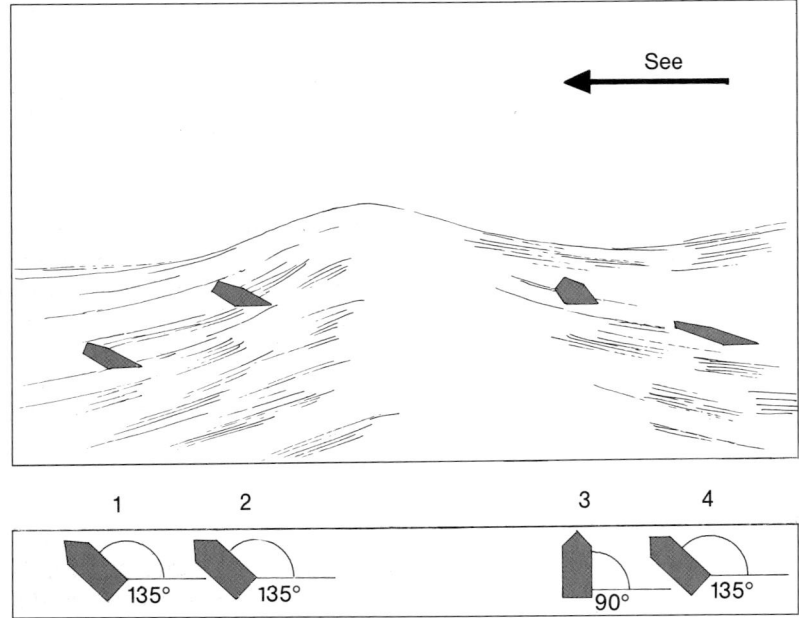

Abb. 15/3: Raumschots in schwerer See: bergauf anluven!

könnte (Position 2), sofern man das will. Bei traditionellen Unterwasser-schiffen könnte das nötig sein, weil der Ruderdruck zu hart würde. Eine moderne Yacht werden die meisten Rudergänger auf dem Sollkurs schießen lassen. Am Rückhang (Position 3), wenn der Kamm bereits unter der Yacht durch ist, muß sie bergauf laufen. Dazu kann sie ein wenig Hilfe brauchen: Man läßt den Bug etwas vom Hang weggleiten, luvt also an. Klugerweise hat man zu diesem Zweck die Segel grundsätzlich etwas dichter eingestellt, als es für den Sollkurs nötig wäre. Bei raumen Kursen ist die Segelstellung ohnehin nicht so kritisch.

Bei Position 4 im Wellental liegt der Sollkurs wieder an. Kurzfassung: Beim Segeln auf raumen Kursen wird bergauf kurz angeluvt.

Die Perioden von Welle zu Welle sind sehr kurz. In groben Werten 15 Sekunden bei Kursen vor der See und 10 Sekunden mit seitlicher See. Auch wenn nicht alle Wellen gleich hoch sind und sich auch einzelne Taubwellen darunter befinden, ist gerade genug Zeit, daß der Rudergänger mit kräftigen Ruderlagen die Bergaufkurse korrigieren kann. Keiner soll glauben, daß man mit den Winschen die Schoten nachführen kann. Beim Amwindsegeln läßt man die Segel einfach dicht, auch wenn zwischendurch abgefallen wird, und bei raumen Kursen fährt man sie von vornherein gleich dichter als für den Sollkurs erforderlich.

Killen sollte möglichst vermieden werden. Bei Sturm killt sich ein Segel schnell kaputt.

Wieviel Tuch?

Natürlich ist die richtige Segelfläche ganz wesentlich. Bei unserer modernen Fahrtenyacht wäre für Halb- und Amwindkurse (hier fast das gleiche) das dreifach gereffte Groß mit Sturmfock angeraten. Die Segelfläche stimmt, wenn der Leefreibord nicht ganz eintaucht im Mittel. Bei besonders leichtgewichtigen Yachten könnte das der Fall sein, dann würde ich das Großsegel ganz wegnehmen, was freilich 10 bis 20 Grad an Höhe kosten würde. In der Hitze des Gefechts wird oft übersehen, daß die Sturmfock dann etwas gefiert werden muß. Denn auch bei der derben Sturmfock gilt die Regel, nach der die Vorliekebene parallel zum scheinbaren Wind liegen muß. Und der ist nach dem Abfallen ohne Großsegel eben 10 bis 20 Grad achterlicher.

Bei raumen Kursen oder vor dem Wind könnte sogar noch eine Fock III (also die kleinste Arbeitsfock) stehen, solange der Ruderdruck nicht zu hoch würde.

Bei Vorwindkursen müssen die Segel patenthalsensicher verzurrt sein. Der Großbaum muß nach vorn und nach unten steif beigefangen sein. Der herkömmliche Bullenstander zieht zu stark nach vorn und zu wenig nach unten. Deshalb muß mit dem Baumniederholer nachgeholfen werden. Oder man benutzt gleich den Baumniederholer für beides und schlägt ihn mit dem unteren Ende auf der Höhe der Püttings an.

Das Vorsegel muß in Schmetterlingsstellung ausgebaumt werden. Dazu wird der Spibaum mit Toppnant, Niederholer und eingepickter Luvschot ausgebracht, während man noch raumen Kurs steuert und das Vorsegel auf der Leeseite steht. So vorbereitet, fällt die Yacht ab auf Vorwindkurs. Die Luvschot wird geholt, während die Leeschot langsam über die Winsch gefiert wird, um das Vorsegel kontrolliert nach Luv zu bringen. Wer das Ausbaumen nicht schon immer so gemacht hat, wird sich wundern, wie einfach das geht. Auch wenn es ordentlich bläst.

Die meisten Sturmfocken kann man verschieden hoch fahren. Vielfach wird der Fehler gemacht, sie direkt über dem Deck zu setzen. Offensichtlich soll das Schiff wegen des geringeren Hebelarms nicht so stark krängen. Besser fährt man die Sturmfock am langen Stropp gut halb hoch. Sie kriegt da oben weniger Seeschläge ab, und zweitens steht sie so hoch weniger im verfälschten Wind, wenn die Yacht sich im Wellental befindet. Die stärkere Krängung wird dafür gern in Kauf genommen, zumal als kleine Zugabe eine höhere Rollstabilität anfällt.

Für ein Trysegel, sofern man ein solches Relikt an Bord hat, gilt übrigens das gleiche.

Welchen Kurs zum Wind?

Beim Wellenaussegeln erkennt man schnell, daß man gut mit dem Sturm klarkommt. Es funktioniert tadellos, solange man keinen größeren Brechern begegnet, für die es jedoch eigene Verfahren gibt. Man merkt auch, daß die verschiedenen Kurse zum Wind der Yacht unterschiedlich stark zusetzen. Versucht man, so gut es geht, am Wind zu bleiben, bekommt man den Seegang in zeitlich konzentrierter Form ab, während sich die Welle scheinbar streckt, wenn man abfällt und schließlich vor den Wind beziehungsweise vor die See geht. Bei typischen Seegangskonditionen für Windstärke acht erscheinen die Wellen, direkt vor der See mit 8 Knoten Fahrt laufend, etwa 200 statt 140 Meter lang. Das bedeutet: Alles findet in etwas gestreckterer Form statt, und der Rudergänger hat mehr Zeit, auf die einzelnen Phasen der Welle zu reagieren. Ferner sind die Hänge der Wellen weniger steil, und die Kursabweichungen zur Fahrtkontrolle können schmaler gefahren werden, oder sie sind vielleicht gar nicht mehr nötig.

Der Seeraum wird in erster Linie diktieren, ob man es sich leisten kann, Höhe aufzugeben. Wenn ja, würde man die angenehmeren Vorwindkurse sicherlich vorziehen. Sie ermöglichen obendrein auch erheblich höhere Durchschnittsgeschwindigkeiten, die je nach Reise- oder Fluchtplan höchst zweckdienlich sein können. Etmale von 200 Seemeilen sind auf raumen Sturmkursen keine Seltenheit.

Ist man mit Leeraum nicht so reichlich gesegnet, muß man wohl oder übel ran an den Wind. Man wird dann leider feststellen, daß man mit dem Wellenaussegeln weniger Höhe erreicht als gewohnt. Der unter dieser Besegelung erwartete Amwindkurs wird um den halben Winkel schlechter, den man zum Aussegeln der Wellen abfallen muß (Kursvarianz, Abbildung 15/4).

Wird es knapp mit der Höhe, sollte man den Motor mitschieben lassen. Er wirkt sich insbesondere bei den Bergstrecken aus, wo es dann nicht mehr erforderlich sein wird, zum Fahrthalten abzufallen.

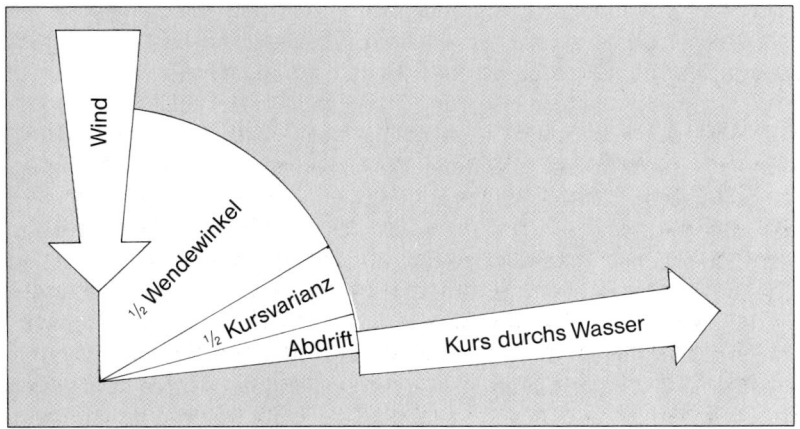

Abb. 15/4: Der Amwindwinkel einer Wellen aussegelnden Yacht

Kampf gegen Brecher

Einzelne Brecher treten auf offener See ab Windstärke neun auf oder bei acht auf gestörten Meeresflächen, wie zum Beispiel in Landnähe, vor Kaps oder in Meeresengen. Die Wellen sind 4 bis 10 Meter hoch bei Wellenlängen von 70 bis 200 Metern. Etwa 5 Prozent der Seen brechen, so daß eine Yacht im Mittel alle 2 bis 5 Minuten in einen Brecher geraten würde. Auf den Randmeeren gibt es eine entsprechende Situation schon bei erheblich kleineren Wellen und natürlich auch weniger heftigen Brechern.

In solcher Situation segelt die Yacht in der beschriebenen Weise, immer schön Fahrt im Schiff haltend, die Wellen aus. Diese sind jedoch nun etwas steiler und höher, und man muß ständig luvwärts die See im Auge – nachts im Ohr – haben, um rechtzeitig die herannahenden Brecher zu erkennen. Und dann?

Ausweichen

Natürlich versucht man ihnen auszuweichen, was aber gar nicht so einfach ist. Es erfordert etwas Übung, schon auf Distanz zu erkennen, ob ein Brecher genau auf die Yacht zukommt beziehungsweise ob er vorlich oder achterlich, Steuerbord oder Backbord vorbeirauschen wird. Es gibt eine heiße Richtung, die Hauptangriffspeilung, die der Rudergänger oder ein helfender Ausguck im Auge haben muß – just in dem Augenblick, wenn die Yacht gerade über einen Wellenkamm gleitet und Weitblick erlaubt (Position 1 in Abb. 15/5 und 15/6).

Bei Halbwind- oder Amwindkursen, also ziemlich parallel zu den Wellen, liegt die Hauptangriffspeilung etwa 20 bis 25 Grad vorlicher als Luv. (Nach dem dritten Manöver weiß man es genau.) Ist der Brecher schon in der nächsten Kammreihe, sind noch 7 bis 10 Sekunden zu reagieren. Keine Zeit, hin und her zu überlegen. Hart Ruder weg vom Brecher bis fast vor den Wind (Position 2)! Die Yacht gelangt so in eine Parkposition auf dem Wellenrückhang, Bug bergauf gerichtet mit langsamer Fahrt. Keine Veränderung an den Segeln. Wir verharren so ein paar Sekunden

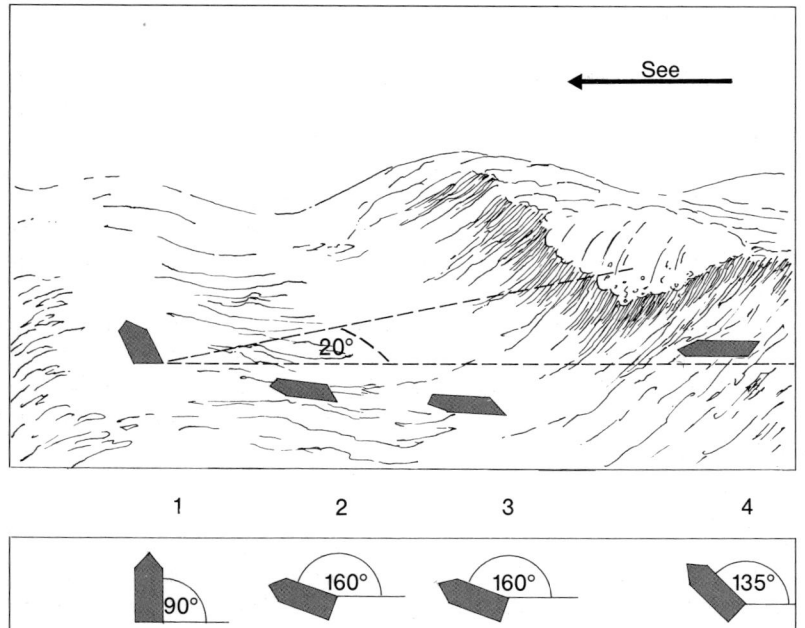

Abb. 15/5: Ausweichen aus Halbwindkurs

und lassen den Brecher schräg von achtern seitlich passieren. Wenn er querab ist – wir sind dann schon wieder auf dem Vorderhang –, luven wir sachte an und kreuzen hinter ihm durch (Position 4). Man kriegt im Laufe der Zeit ein Augenmaß dafür und läßt ruhig noch ein paar Spritzer auf den Bug klatschen. Das bildet Vertrauen.

Ich empfehle nicht, gegen die See auszuweichen. Um Fahrt im Schiff zu behalten, könnte man nur etwa 60 Grad zum Wind anluven, was die Yacht nur sehr wenig vom Kollisionskurs wegbrächte.

Bei raumen Kursen ist die Angriffspeilung fast die Luvrichtung, nur wenige Grad vorlich davon. Es steht etwas mehr Zeit zur Verfügung, und es gibt zwei Ausweichoptionen: erstens anzuluven und mit zunehmender

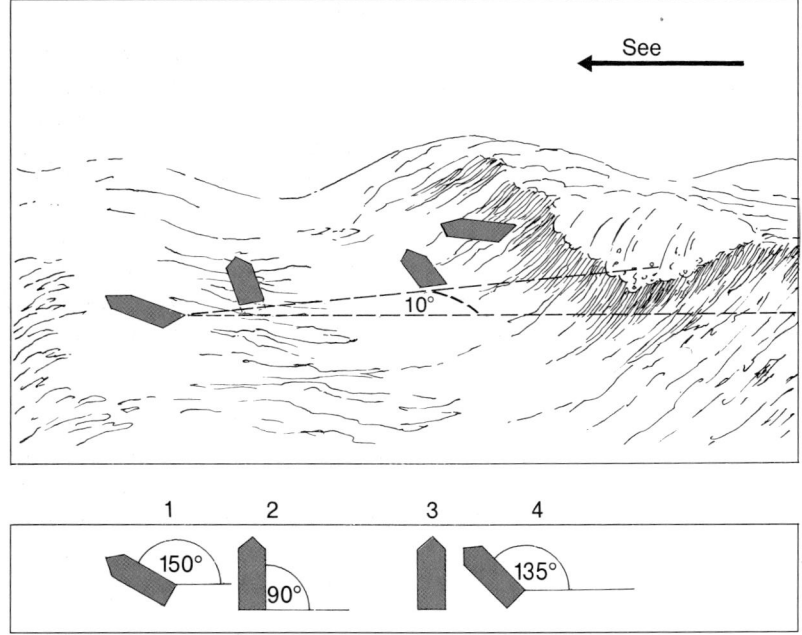

Abb. 15/6: Ausweichen aus raumem Kurs

Fahrt schräg talwärts den Rückhang entlang vor dem Brecher hindurch-
zukreuzen (Abb. 15/6) oder, zweitens, bis fast vor den Wind abzufallen
auf die Parkposition wie oben beschrieben.
Aus dem Vorwindkurs kann man nur durch Anluven ausweichen, will
man der Yacht keine Patenthalse zumuten. Das kann einen in die Zwick-
mühle bringen, wenn der Brecher ganz leicht Luv versetzt von achtern
anrollt. Dann gilt es: davor durch oder verharren und hoffen. Unangenehm.

Und wenn das Ausweichen nicht gelingt?

In jedem Falle muß man während der Ausweichmanöver äußerst auf der Hut sein, daß einen der Brecher nicht doch noch erwischt. Passiert's, dann gilt der Grundsatz: Nie von der Seite, bitte nur von vorn oder von achtern, und zwar vierkant. Im richtigen Augenblick wird vor dem herannahenden Ungetüm hart Ruder gelegt, um ihm Heck oder Bug, was immer schneller geht, entgegenzurichten (Position 1 in Abb. 15/7).

Vorsicht, nicht dabei übersteuern! Das passiert anfänglich leicht, weil der Blick auf den Brecher fixiert ist und die Orientierung an der Gesamtperspektive fehlt. Deshalb muß der Rudergänger sich zwingen, die See in einem breiten Sichtwinkel von Backbord bis Steuerbord im Auge zu halten, auch wenn es aufregend wird, und gerade dann.

Um überhaupt den Haken schlagen zu können, muß die Fahrt stimmen. Mit neun Knoten kriegt man keine Yacht um die Ecke. Auch nicht mit zwei. Deshalb achtet der erfahrene Rudergänger auch während eines Ausweichmanövers auf die Fahrt im Schiff, und ganz besonders, wenn die Sache zweifelhaft auszusehen beginnt. Die Manövrierfähigkeit ist lebenswichtig.

Mit dem Achtersteven den Brecher nehmen

Mit dem Heck zur See geht das Manöver einfacher, weil man dabei auf dem Vorderhang vor dem Brecher mitlaufend hohe Fahrt macht. Es sollen auch schon Yachten dem Brecher davongesurft sein, aber darauf würde ich nicht setzen. Meistens holt der Brecher einen ein (Position 2 in Abb. 15/7), dies aber mit erstaunlich geringer Geschwindigkeit. Sie ist ja die Differenz zwischen Wellen- und Yachtgeschwindigkeit. Und so endet das Ungetüm oft in einem ziemlich nassen, aber sonst harmlosen Gegurgel (Position 3), das friedlich in den Cockpitlenzern versiegt.

Wichtig ist eben die hohe Fahrt der Yacht, die den Aufprall der Wassermassen lindert. Man kann den Effekt noch verstärken, wenn man die Yacht so frühzeitig auf die Rutschpartie setzt, daß sie ordentlich Schwung holen kann.

151

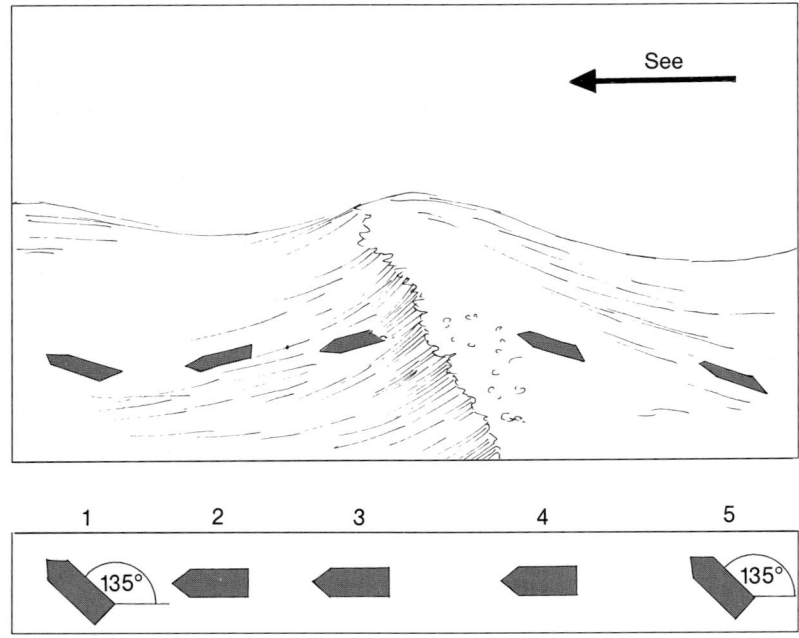

Abb. 15/7: Mit dem Heck den Brecher nehmen

Bug voraus den Brecher nehmen

Die Frontalattacke ist etwas schwieriger zu fahren, aber sie hat Vorteile gegenüber ihrer achterlichen Alternative. Man verliert nämlich so gut wie keine Höhe und kriegt erstaunlich wenig Wasser ins Cockpit. Das Manöver verlangt allerdings eine recht agile Yacht, die flink dem Ruder folgt. Moderne Fahrtenyachten schaffen das meistens ohne Problem, wohingegen die normalen Langkieler nicht schnell genug anluven können.

Für das Manöver ist es entscheidend, den Aufschießpunkt gut zu wählen und die richtige Fahrt im Schiff zu haben, wenn es soweit ist. Dazu kann es nötig sein, für einen Augenblick auf halbem Wind Schwung zu holen (Position 2 in Abb. 15/8). Man muß mit dem Aufschießer bis unmittelbar vor dem Brecher warten, damit der Schwung auch ganz hindurchreicht. Beginnt man zu früh, verhungert man auf dem Weg bergauf. Wollte man auf Nummer Sicher gehen und besonders weit abfallen, ginge die Fahrt in der viel zu langen Anluvkurve wieder verloren. Neulinge mögen es mit 6 bis 7 Knoten versuchen und mit etwa 30 bis 40 Meter Abstand. Die Kurve wird nicht gerissen, aber mit zügig gelegtem Ruder gefahren, bis die Segel anfangen zu knattern. Sobald der Bug in den Brecher ein-

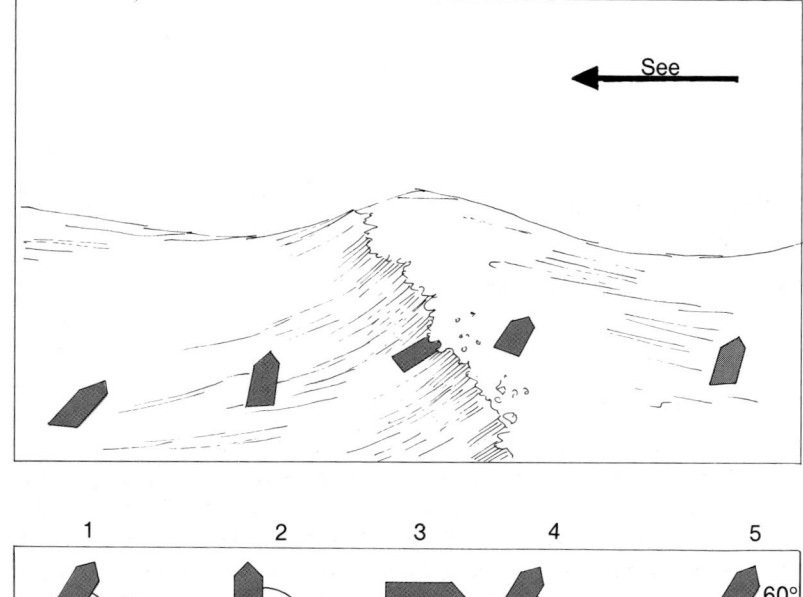

Abb. 15/8: Das Durchschießmanöver

taucht (Position 3), wird schon gegengesteuert. Die Yacht soll nicht bug-
über durch den Brecher kippen, sondern gleich wieder schräg hangab-
wärts zum normalen Amwindkurs abfallen (Position 4).

Der Seeschlag des Brechers ist ganz schön heftig. Er kommt aber fast
von vorn, so daß er der Yacht wenig ausmacht. Auch das Giermoment ist
gering. In den meisten Fällen laufen die Wassermassen beidseitig vom
Deck ab und und gelangen nur noch als fliegende Gischt ins Cockpit.

Die Ruderwirkung ist während des Durchstoßens erstaunlich gut. Das
liegt zweifellos an dem im Brecher stark gegenlaufenden Wellenstrom,
der momentan die Fahrt der Yacht durchs Wasser verstärkt.

Im Augenblick des Durchstoßens muß die Yacht gefühlvoll gesteuert
werden. Es gibt vor lauter Gischt und Getöse zwar kaum eine vernünftige Blickreferenz, aber die Sturmfock ist ein guter Indikator, wie weit bereits angeluvt ist. Keinesfalls darf man überschießen. Denn schlägt die
Sturmfock back, besteht die Gefahr der unfreiwilligen Wende. Und die
endet, wenn's schlimm kommt, seitwärts abstürzend in dem Getöse des
Brechers.

Das Abfallen auf dem Kamm, wenn das Wasser gerade über das Vorschiff schäumt, muß zügig erfolgen. Geschieht das nicht entschieden genug, neigt die Yacht dazu, mit dem Bug über den Kamm hinauszu-
schießen und sehr hart auf den sich nach unten öffnenden Rückhang zu
schlagen. Besonders die modernen Yachten mit U-Spant mögen solche
Kinnhaken gar nicht leiden.

Richtig gefahren, hat das Manöver eine fast tänzerische Harmonie. Es ist
ein Aufschwingen und Abgleiten über den Brecher hinweg. Nach einer
Weile bekommt der Rudergänger Gefühl für die Seen, und das Auf- und
Abschwingen geht ihm im Rhythmus locker von der Hand. Die Yacht
durchstößt mit faszinierender Leichtigkeit den Wassersturz, so daß man
Gefahr läuft, den Respekt vor den Brechern zu verlieren. Man gewinnt
ihn jedoch schnell wieder, sobald man sich einmal versteuert hat!

Bei sehr hohen Wellen kann es schwierig werden, genügend Schwung
zu holen. In diesem Falle oder auch wenn ein Neuling das Durchschießmanöver probiert, würde ich den Motor mitschieben lassen. Er hilft bei
der Bergfahrt, nicht so weit abfallen zu müssen, und gibt der Yacht, wenn

die Segel nicht mehr ziehen, vielleicht gerade den entscheidenden Tick durch den Brecher hindurch. Obendrein ist es sehr beruhigend zu wissen, daß man sich mit dem Gashebel mal ganz schnell ein bißchen Ruderdruck verschaffen kann.

Aktive und passive Sturmtaktiken

Das Aussegeln der Seen, bei dem man den einzelnen Brechern so weit wie möglich ausweicht oder sie per Hakenschlag mit Heck oder Bug nimmt, nennt man aktive Sturmtaktik. Der Rudergänger hat die Initiative und pariert die einzelnen Attacken.

Bei den passiven Sturmtaktiken dagegen wird die Yacht auf verschiedene Weise in der See stabilisiert, um den Seegang „en bloc" und nicht Welle für Welle abzuwettern. Sie sind deshalb für besonders schwere Seegangsformen vorgesehen, wo das Ausmanövrieren einzelner Brecher nicht mehr gelingt, oder auch für die Nacht, wenn die Sichtverhältnisse dafür nicht ausreichen. Ihr Preis: Die Kurspalette von Halbwind bis Halbwind der aktiven Verfahren schmilzt zusammen auf ein sehr schmales Band vor dem Wind.

Deshalb versucht man auch, zunächst mit aktiver Sturmtaktik klarzukommen. Die Durchschießmanöver werden schwierig, sobald die Wellen so hoch geworden sind, daß einem der Schwung beim Durchschießen knapp wird. Dann bleibt immer noch die Methode mit dem Heck zur See. Sie ist sehr anpassungsfähig. Je häufiger und stärker die Brecher werden, desto weniger wird der Rudergänger zwischen den Manövern auf den alten Kurs zurückluven. Schließlich wird er gleich vor dem Wind bleiben, sofern genügend Seeraum zur Verfügung steht. Mit dem Ablaufen vor dem Wind beginnen die passiven Taktiken.

Ablaufen vor dem Wind

Der Rudergänger orientiert sich an dem Bild der beidseitig von achtern nach vorn laufenden Seen und hält die Yacht mit entschlossenen Ruderausschlägen genau auf der Symmetrieachse. Nur wenn die stimmt, die

Yacht also genau vor der See läuft, ist sie gegen überraschende Brecher von achtern gewappnet und schießt auch nicht quer, wenn das Vorschiff mal ordentlich Wasser schaufelt. Die wellenverursachten Giermomente werden ständig auf ein Minimum reduziert, so daß auch die Augenblicke verringerter Ruderwirkung gefahrlos durchfahren werden. Natürlich besteht jetzt nicht mehr die Möglichkeit, durch Kursabweichungen gegenüber dem Wellenhang die Fahrt zu kontrollieren. Das muß nun pauschal durch die Besegelung und – wenn nötig – durch das Ausbringen von Bremsschleppen gemacht werden.

Ziel ist es, Welle auf wie Welle ab die Fahrt im kontrollierbaren Rahmen zu halten. Das heißt, während die Yacht sich an einem Rückhang in Bergauffahrt befindet, darf die Fahrt nicht unter vier Knoten fallen und bei Schußfahrt auf dem Vorderhang nicht über die Steuergrenze hinausschießen. Die Steuergrenze hängt einerseits vom Yachttyp, andererseits – und das nicht unwesentlich – auch von der Kunst des Rudergängers ab. Vermag er nämlich die Schußfahrt gleich auf dem Kamm sauber anzusetzen, kann die Yacht wie ein ungesteuerter Torpedo losrauschen, und das mit einem Speed, bei dem das Ruder stocksteif steht. Sie hält den eingeschlagenen Kurs von selbst. Kommt der Rudergänger jedoch nicht ohne Nachsteuern aus, muß die Fahrt begrenzt werden. Aber bitte nicht zu stark! Hohe Geschwindigkeiten vor der See vergrößern die vom Schiff aus empfundene Wellenlänge und reduzieren so die effektive Steilheit der Wellen. Und beim Auftreffen der Brecher mildern sie den Seeschlag. 10 bis 14 Knoten Schußfahrt sollten bei einer Zwölf-Meter-Yacht ruhig zugelassen werden, um einen Richtwert anzugeben.

Nur noch Sturmsegel?

Über die richtige Besegelung gibt es prinzipiell zwei unterschiedliche Auffassungen. Die eine Schule besagt, möglichst früh schon Groß und Besan wegzunehmen und allein vor dem Vorsegel zu laufen. Das habe den Vorteil, daß man einen größeren Sektor patenthalsenfrei steuern kann und daß der vorn ansetzende Zug auch zur Kursstabilität beiträgt. Die andere Schule verficht, möglichst lange die Segelsymmetrie zu bewahren, also das gereffte Groß dem ausgebaumten Vorsegel gegenüber stehen zu lassen. Beide Meinungen haben natürlich ihre Berechtigung, sonst wären sie nicht so weit verbreitet. Ihre Begründung liegt in den unterschiedlichen Eigenschaften oder Verhaltensweisen der Yachten vor dem Wind. Wer seine Yacht noch nicht ausreichend kennt, muß wohl beide Methoden ausprobieren und sehen, mit welcher die Yacht stabiler und sicherer läuft.

Steht das Vorsegel allein, ist es auf alle Fälle auch ausgebaumt zu fahren. Patenthalsen, die nur allzuleicht passieren, setzen bei Sturm auch einem Vorsegel mächtig zu. Man muß den scharfen Knall einmal gehört haben, wenn bei zehn Windstärken eine Sturmfock backschlägt. Wenn die Sturmfock über die Baumnock dwarsgestellt und brettsteif getrimmt wird, kann die Yacht gefahrlos nach beiden Seiten um 40, 50 Grad gieren.

Das geborgene Großsegel bei Sturm aufzutuchen, und sei es nur das kleine, nach dem dritten Reff verbliebene Stückchen, kostet jedesmal einen harten Kampf. Kampf zunächst gegen den inneren Schweinehund und dann gegen das Großsegel. Ruck-zuck-Provisorien sind hier völlig fehl am Platze, denn die gehen bald wieder auf, und die Arbeit beginnt von neuem. Man muß dann wieder nach vorn, wahrscheinlich wenn der Sturm weiter zugenommen hat.

Das Tuch muß ordentlich, mit möglichst glatter Angriffsfläche und mit tausend Zeisingen festgezurrt werden. Ich würde nicht, wie manchmal vorgeschlagen, den Baum an Deck absenken und festlaschen. Allein beim Absenken kann es schon Kleinholz geben. Besser hängt er in der Dirk, seitwärts mit zwei Stropps beigefangen. Auf diese Weise bleibt auch die Verbindung Großschot – Dirk erhalten, die eine Doppelung des Achterstags darstellt. Man kann ja nie wissen.

Der nächste Reffschritt wäre das Ablaufen vor Topp und Takel. Es liegen wenig Erfahrungen mit modernen Fahrtenyachten vor, bei denen sich diese Methode als nötig und vorteilhaft erwiesen hatte. Wir kommen hier in den Bereich der extremen Stürme, die glücklicherweise sehr selten sind. Ich würde wahrscheinlich nicht das Risiko eingehen, jemanden bei diesen wilden Umständen auf das Vorschiff zu schicken, um die Sturmfock zu bergen. Einfacher wäre es, den gleichen Effekt mit einer kleinen Bremsschleppe zu erreichen. Die stehengebliebene Sturmfock hätte obendrein noch folgenden Vorteil: Sollte bergauf die Fahrt zu langsam werden, könnte man durch Anluven auf raumen Kurs unter Sturmfock noch mal Gas geben, vor Topp und Takel ginge das nicht.

Bremsschleppen

Achteraus geschleppte Trossen gehören mehr der Tradition als der Gegenwart an. Während moderne Yachten spielend 10, 15 Knoten laufen können, gibt es Oldtimer, die schon bei 8 Knoten nur noch über Pinnentaljen steuerbar sind. Daß die beim Ablaufen sofort alle ihre Festmacher und die große Schlepptrosse zusammengeknotet und hinterhergeschleppt haben, ist zu verstehen.

Wie macht man das übrigens? Bitte nicht einfach das Ende auf die Klampe packen und dann raus mit dem ganzen Haufen. Dann tut das nämlich einen fürchterlichen Ruck, und die Klampe samt dem ganzen Schnürwerk ist weg. Besser fiert man die Schleppe samt den Knoten über eine der Genuawinschen, über die man sie auch wieder einholen kann. Damit sie auch mittschiffs übers Heck geht, wird sie zum Schluß seitlich beigefangen.

Bremsschleppen haben eine sehr nützliche Nebenwirkung. Sie stabilisieren das Heck gegen die See und entlasten den Rudergänger in gewissem Grade. Die Yacht muß zwar immer noch gesteuert werden, liegt aber doch erheblich stabiler vor den heranrollenden Seen. Als Steuerhilfe kann die Schleppe natürlich erheblich kürzer sein, sollte aber doch die halbe Wellenlänge messen, damit sie in den gegenläufigen Oberflächenstrom der Welle reicht.

Auf kleineren Yachten wurde das Großsegel samt Baum erfolgreich als Bremsschleppe eingesetzt. Es wurde an einem relativ kurzen Stropp (etwa zwei Schiffslängen) mit dem Segelkopf angeschlagen nachgeschleppt. Der erstaunliche Nebeneffekt war eine Beruhigung der über das Schleppsegel heranrollenden Seen. Mittlere Brecher sollen über dem Segel kollabiert sein.

Weniger sinnvoll ist es, die Schleppe mit Ballast, zum Beispiel einem angeschäkelten Anker, auf Tiefe zu bringen. Der schräg nach unten gerichtete Zug würde dazu führen, daß das Heck vor den achterlichen Seen weniger leicht aufsteigen und man pausenlos Wasser im Cockpit haben würde.

Keinesfalls gehört der Treibanker zu den geeigneten Bremsschleppen. Er würde die Yacht fast abstoppen, so daß die Brecher mit unverminderter Stärke über das Heck herfallen würden. Der Einsatz des Treibankers dient dem Höhehalten, einem Verfahren, das weiter unten erläutert wird. Nie wird ein Treibanker im Sturm übers Heck ausgebracht.

Beidrehen

Man erspare mir hier den Gelehrtenstreit, ob es nun Beidrehen oder Beiliegen heißt. Wichtiger wäre es, das Funktionieren kurz zu wiederholen: Die Yacht liegt bei festgelaschtem Luvruder und backstehender Fock unter halbgefiertem Groß fast quer zum Wind stabil. Wollte eine Welle den Bug nach Lee drücken, würde die Yacht etwas abfallen, die backstehende Fock weniger bremsen, das Groß etwas mehr schieben, die Yacht also Fahrt aufnehmen. Dadurch würde das Luv stehende Ruder effektiv werden, die Yacht folglich anluven, und der Ausgangszustand wäre wiederhergestellt.

Dieser Funktionsablauf ist wichtig zu wissen, damit man die Variationsmöglichkeiten und Grenzen des Verfahrens versteht. Es sind die verschiedensten Segelstellungen möglich, solange sie bewirken, daß die abfallende Yacht von selbst wieder anluvt, und umgekehrt. Sturmfock allein, Trysegel allein, Sturmfock und gereffter Besan und sogar ganz ohne Segel unter Motor.

Die letzte Variante, weil kurios, sei kurz erläutert: Die Yacht liegt mit etwa 45 Grad am Wind mit hart Luv-Ruder, die Maschine arbeitet etwa mit kleiner Fahrt voraus, so daß das Ruder genügend Wirkung hat, den Luvwinkel gerade eben zu halten, nicht aber weiter anzuluven. Die Leistung muß je nach Windstärke genau tariert werden. Will eine Welle den Bug nach Lee werfen, würde die Fahrt wegen des abnehmenden Windwiderstands zunehmen und ebenso die Ruderwirkung, so daß das Schiff wieder anluvt. Luvt es zu weit an, würde der Windwiderstand größer, die Fahrt und die Ruderwirkung gingen zurück, und der Wind würde den Bug wieder nach Lee drücken.

Je nach Methode des Beiliegens wirken die stabilisierenden Momente unterschiedlich stark gegenüber den Wellen, die den Bug nach Lee werfen wollen. In besonders schwerem Seegang kann es leicht passieren, daß das Vorschiff derart heftig nach Lee geschleudert wird, daß die Yacht hilflos hinterherdreht, also unfreiwillig halst. Man muß also seine Yacht ausprobieren und herausfinden, wie stabil sie gegenüber der bestehenden See beigedreht liegt. Auf alle Fälle muß sie patenthalsensicher verzurrt werden, wobei solche Patenthalsen manchmal ganz witzig wieder von selbst in der Ausgangslage enden.

Wesentlichstes Attribut des Beiliegens im Sturm ist der Bügeleiseneffekt einer quertreibenden Yacht. Das krisselige Kielwasser, das die Yacht seitlich zurückläßt, besänftigt ähnlich dem geschleppten Segel die See und läßt Brecher an der Stelle in sich zusammenstürzen. Am besten funktioniert das bei großen Langkielern, die eine stattliche Bügelfläche produzieren.

Nur muß der Driftkurs im beigedrehten Zustand auch weit genug dwars (quer zum Schiff) führen, damit die Krisselzone auch die Luvrichtung der Yacht abdeckt, nämlich da, wo auch die Wellen gebügelt werden sollen. Die meisten modernen Kurzkieler driften leider nicht direkt nach Lee, so sehr man auch mit Segelstellung und Ruderlagen probiert. Sie machen immer Lee voraus, mehr voraus als dwars, weshalb für sie das Beiliegen als Abwettermethode nicht sehr sinnvoll ist. Wer es dennoch versucht und zu lange dabei herumprobiert, läuft Gefahr, von einem Brecher seitlich überrollt zu werden oder seitlich einen Vorderhang abzustürzen. Denn quer zur See im beigedrehten Zustand liegt man natürlich ohne die wellenbügelnde Krisselspur ziemlich ungeschickt.

Von Yachten traditioneller Bauart wurden dagegen beste Beiliegeeigenschaften berichtet. Auf eine Deckwache konnte weitgehend verzichtet werden, der Aufenthalt unter Deck sei erträglich gewesen. Die Yachten drifteten mit zwei bis drei Knoten etwa 150 Grad zum Wind, so daß die

Driftschleppe noch hinreichend lange luvwärts der Yacht lag und sie vor den heranrollenden Brechern schützte.

Der Verlust an Luvraum mit etwa 60 Seemeilen pro Tag ist dreimal so gering wie beim Ablaufen. Für Yachten, die auf Grund ihrer Bauart gut beiliegen und dwars driften, ist dieses Verfahren deshalb eine ausgezeichnete Taktik, im Sturm Höhe zu halten, wenn es gegenan nicht oder nicht mehr geht.

Liegen vor Treibanker

Viele Skipper haben noch nie einen Treibanker gesehen. Ein trichterförmiges Etwas aus derbem Tuch, mit Ringen in Form gehalten, ähnlich einem Windsack auf den kleineren Sportflugplätzen. An zwei über Kreuz geführten Hahnepoten ist die meist über 50 Meter lange Trosse angeschlagen, am hinteren Ende eine etwas schwächere Bergeleine.

Auf Bildern, nie in der Natur, habe ich auch eine Art Drahtseilbahn gesehen, mit der man Ölbeutel zum Treibanker und zurück fahren lassen kann. Wenn man weiß, wie sich nachgeschlepptes Zeug, egal was, vertörnt, vergißt man solche Spielereien schnell.

Die Haltekraft des Treibankers steigt im Quadrat der Driftgeschwindigkeit. Wird er in voller Fahrt ausgebracht, reißt er jede Klampe ab. Deshalb sucht man eine Gelegenheit anzuluven, fast aufzuschießen, und wirft den Treibanker im Augenblick der geringsten Fahrt über Bord. Die durch die vordere Lippklampe geführte Trosse liegt kurz gesteckt auf einer Winsch und wird dann langsam gefiert. Nur so wird das harte Einrucken verhindert.

Ich würde etwa eine viertel Wellenlänge an Trosse stecken, obwohl vielfach die halbe Länge empfohlen wird. Der Grund ist einfach: Sollte der Treibanker an der Oberfläche bleiben, was keineswegs ausgeschlossen ist, würde er bei halber Wellenlänge der Oberflächenströmung genau im Gegentakt ausgesetzt sein. Er würde also anrucken und nachgeben, anrucken und nachgeben. Und das kann der Sinn nicht sein. Vielmehr soll er kontinuierlich Haltekraft auf die Trosse bringen, damit das Schiff nicht unnötig hin und her gerissen wird.

Ist der Treibanker ausgebracht, soll das Boot Bug voraus gegen die See stabil liegen, was jedoch in den seltensten Fällen gleich gelingt. Meistens schwojt es heftig hin und her und scheint manchmal seinen eigenen Treibanker überholen zu wollen.

Dabei knallt das Ruder, wenn es nicht sofort festgestellt worden ist, von einem Anschlag gegen den anderen. Solche Schaukelei muß schnell abgestellt werden, damit die Yacht nicht noch seitwärts erwischt wird, wenn sie gerade so weit ausschwingt. Dazu geht man an die Winsch, auf der die Trosse liegt, und fiert immer im Augenblick, wo die Yacht wieder vorausschwingen will. Ganz langsam, stückweise, denn es muß dabei die Trossenlänge entdeckt werden, bei der das Schwojen minimal bleibt. Sie ist bei jedem Seegang und bei jedem Yachttyp anders.

Klappt das nicht mit dem Trossestecken, muß ein weiterer Trick versucht werden. Mit einem gut gesteckten Stopperstek wird direkt außerhalb der Lippklampe eine Hilfsleine an die Trosse geschlagen und außen entlang zur Genuawinsch geführt und belegt. Jetzt wird die Trosse um zwei, drei Meter gefiert, und das Schiff liegt schräg voraus vor einer Hahnepot. Diese Schrägvorauslage wirkt bei vielen Yachttypen als guter Schwojdämpfer. Die Schräglage kann nachgetrimmt werden, bis die Wirkung am besten ist.

Liegt nun die Yacht, wie sie soll, macht sie je nach Größe des Treibankers um die zwei Knoten Fahrt achteraus. Das Ruder muß deshalb gut mittschiffs festgesetzt sein. Gegenüber den Wellen scheint sie Fahrt voraus zu machen. Aber das täuscht.

Fast ohne Eigenfahrt kriegt die Yacht jetzt die Seen mit ihrer absoluten Wellengeschwindigkeit zu spüren. Entsprechend hart sind die Seeschläge. Sie gehen aber gegen die Stirnflächen des Rumpfes, die von der Form und Festigkeit her dafür ausgelegt sind. Sie halten bestimmt, auch wenn es fürchterlich knallt und donnert.

Was sind nun die Vorzüge des Treibankereinsatzes, unter welchen Umständen würde man ihn wählen? Es muß sich zunächst um eine größere Yacht handeln, die so ein sperriges Gerät mit sich führt. Zweitens muß es eine sein, die nicht zum Beiliegen geeignet ist, was schonender wäre, und drittens, die nicht sicherer unter

Maschine die erforderliche Höhe hält – ein Verfahren, das auch noch erläutert wird.

Treiben lassen

Ein von den Einhandseglern überliefertes Verfahren, das ich auch nur diesen empfehlen möchte oder solchen bedauernswerten Skippern, die wegen allgemeiner Seekrankheit unfreiwilligerweise Einhandsegler geworden sind.

Das Verfahren nutzt die Tatsache, daß sich jeder längliche Schwimmkörper quer zu den Wellen legt, und so auch eine steuerlose, sich selbst überlassene Yacht. Keine Segel, kein Antrieb, kein Ruder. Niemand an Deck. Alles sturmfest verzurrt und die Luken dicht.

Quertreibend ist die Driftgeschwindigkeit äußerst gering, mangels Segel noch kleiner als im beigedrehten Zustand. Deshalb fehlt aber auch das seitlich gerichtete Kielwasser, das Krisselwasser, das die heranrollenden Wellen dämpft. Die treibende Yacht ist schutzlos den Seen ausgeliefert.

Das Verfahren setzt ausschließlich auf die Festigkeit und das Durchstehvermögen von Mensch und Material. Nicht umsonst gleichen vielfach die Zweckkonstruktionen von Einhandseglern militärischen Schutz- und Trutzfahrzeugen. Und nicht zufällig stammen viele Berichte von Abstürzen von der Welle und von Kenterungen von den wenigen Einhandseglern.

Mit Öl die Wellen glätten

Den Einsatz von Öl könnte man mit dem Quertreiben in Zusammenhang bringen, denn in dieser Situation ist Öl so ziemlich die einzige verbleibende Maßnahme, das Inferno zu lindern.

Nicht gerade ausgelassene Margarine, aber sonst jede Form möglichst flüssigen Öls, das sich unter Deck befindet, kann genommen werden. Es wird in kleinen Mengen in die Toilette gegossen und außenbords gepumpt. Bei der äußerst geringen Drift müßte sich der entstehende Ölteppich sehr lange luvwärts halten und deshalb bei geringem Verbrauch lange wirken.

Beigedreht besteht für den Öleinsatz das gleiche Problem wie für das Krisselwasser. Der Ölteppich muß weit genug luvgerichtet sein. Wenn also das Driftwasser zu weit achterlich liegt, gilt das für das Öl genauso. Der Einsatz wäre unsinnig. Liegt das Krisselwasser vorlich genug, werden die Wellen schon dadurch geglättet, Öl wäre nicht nötig.

Vor Treibanker liegend, ist der Öleinsatz dagegen sinnvoll, driftet die Yacht doch genau nach Lee ab. Sie würde eine Ölfläche genau in der richtigen Richtung hinterlassen.

Weit verbreitet ist die Auffassung, daß ausgebrachtes Öl mit der nächsten See an Deck gelangt und eine unbetretbare Schmiere hinterließe. Praktische Erfahrungen liegen dazu nicht vor. Aber eigentlich dürfte das auch kaum passieren, denn die heranrollenden Wellen transportieren kein Wasser aus Luv heran, wo der Ölteppich liegt, auch wenn es so aussieht. Nur Brecher würden Wasser aus Luv heranschleudern. Aber die soll es bei Öl ja nicht geben.

Unter Maschine abwettern

Motoren bei Wind gilt unter Seglern als unsportlich, weshalb es auch nicht gerade sympathieheischend ist, solch ein Verfahren zum Standard zu erheben. Ich tue es trotzdem, weil es der Sicherheit dient. In zwei Fällen besonders: erstens, wenn ernsthaft um Höhe gekämpft werden muß, und zweitens, wenn jemand in einen Sturm gerät, der sich das Abwettern unter Segeln mangels Erfahrung oder mangels Crew nicht zutraut. Respekt dem, der sich das eingesteht und danach handelt!

Voraussetzung ist natürlich eine ordentlich schiebende Maschine. Das beginnt bei einer modernen Zwölf-Meter-Yacht mit 50 PS und entsprechendem Propeller. Die normale Dimensionierung als Hilfsmotor für die Flaute reicht bestenfalls, um bei den Verfahren unter Segeln die Ruderwirkung ein wenig zu unterstützen und ein bißchen besser die Höhe halten zu können.

Einen Sturm unter Maschine abzuwettern, also ganz ohne Segel, ist auf fast allen Kursen möglich, natürlich aber in unterschiedlicher Weise. Auf Halbwind- und raumen Kursen muß ähnlich wie unter Segeln vor heranrollenden Brechern kurz abgefallen werden, so daß der Seeschlag mehr achterlich kommt. Genau von achtern braucht es nicht zu sein, weil die Gefahr des Querschlagens erheblich geringer ist. Das Ruder erhält seine Wirkung vom Schraubenstrahl, und der ist ungebrochen, auch wenn das Oberflächenwasser von achtern strömt. Das Abfallen dient zugleich, vielleicht sogar in erster Linie dazu, die Relativgeschwindigkeit des nahenden Brechers zu mindern, so daß das Heck leichter mit ihm aufschwimmt und nicht überrollt wird. Die Geschwindigkeitskontrolle läßt sich leicht über den Gashebel managen, wobei zu rasante Passagen zusätzlich durch Einschwenken zum Wellenberg abgebremst werden können.

Bei Vorwindkursen würde sich ein zusätzlicher Sicherheitseffekt durch die Unterstützung der Ruderwirkung bei Bergauffahrt auf dem Rückhang der Wellen ergeben. Als Vortrieb würde der Widerstand von Topp und Takel schon reichen.

In den meisten Fällen wird man aber unter Maschine versuchen, Höhe zu halten, also am Wind zu bleiben. Der bequemste Amwindkurs liegt zwischen 50 und 60 Grad. Mit ihm kann man sachte, aber sicher Höhe machen, und er ist ohne wilde Manöver zu steuern. Höher am Wind würde man bergauf verhungern und bergab sich mit zuviel Schußfahrt ins Wellental einbohren. Weniger hoch am Wind würde unnötig Höhe kosten, und das Anluven gegen einzelne Brecher wäre schwieriger.

Im einzelnen: Ausgehend von 50 bis 60 Grad am Wind als Mittelkurs, dampft man mit etwas mehr Leistung als Marschfahrt die Welle hinauf, so daß die Fahrt nie unter vier Knoten fällt. Die sind nämlich Minimum, um gegen einen Brecher kurz anzuluven. Brecher werden nicht mit mehr als 30 Grad (zum Wind) genommen. Sonst hilft die ganze Motorleistung nichts, und der Bug fliegt nach Lee ins Gurgelwasser. Auf dem Kamm wird wieder der alte Kurs eingenommen und mit Gas zurück schräg den Hang hinuntergesteuert. Überschießt man den Kamm zu hoch am Wind oder gar gegen den Wind, kommt es zu den unangenehmen Kinnhaken, die das Vorschiff abkriegt, wenn es über den Kamm hinweg ins Leere kippt und dann hart auf den tiefer liegenden Rückhang schlägt. Bergab muß dann die Fahrt so begrenzt werden (mit Kurs oder Gas), daß der Bug im Wellental nicht zu unterschneiden droht.

Der unbestreitbare Vorzug dieser Methode, die Segel wegzunehmen und sich nur mit der Maschine dem Sturm zu stellen, sind die Einfachheit der Manöver und die geringen Risiken für eine weniger erfahrene Crew. Unter Maschine verzeiht die Yacht so manchen Steuerfehler und gewährt die Chance, mit Gas zu korrigieren, wenn der erste Ansatz zum Manöver nicht gleich saß. Natürlich fehlt die Stützfunktion der Segel, so daß die Yacht erheblich stärker in der See rollen wird.

Das Amwindsteuern unter Maschine ist hervorragend geeignet, Höhe zu erkämpfen, besser noch als das Durchschießverfahren unter Segeln. Nur eine Methode bringt noch mehr Höhe, und das ist die Vereinigung beider Verfahren: Amwindsteuern unter Maschine mit stehender Sturmfock. Das Sturmsegel gibt bei 50 bis 60 Grad am Wind noch zusätzlichen Vortrieb und bedarf keiner besonderen Bedienung. Immer wenn die Höhe wirklich kritisch ist, würde ich dieses Verfahren allen anderen vorziehen. Und es taugt bis zu einer erstaunlich hohen See.

Die Kreuz- und Quersee

Das Seegangsmodell, vor dem die Sturmtaktiken erläutert wurden, war aus didaktischen Gründen ein wenig künstlich. Die regelmäßige Folge von Vorderhang, Kamm, Rückhang und Tal mit Standardhöhe und -abstand ist in der Wirklichkeit leider nur selten anzutreffen. Wohl sind die Grundstrukturen eines geordneten Wellensystems meist erkennbar, aber einzelne Berge tanzen fast immer aus der Reihe. Sie kommen seitwärts versetzt, mal besonders hoch, dann auch wieder gar nicht. Dann kommt an Stelle eines Berges ein Geröllfeld, dann ein unerklärliches Beben, aus dem plötzlich ein Riesenberg aufsteigt. Haushoch mit furchterregendem Kamm. Aber nicht er, sondern sein kleinerer Nachbar bricht, mit nicht weniger Getöse.

Fast jeder Seegang ist von einer Kreuzsee überlagert, mehr oder minder stark ausgeprägt. Brechungen, Beugungen, Windshears, schließlich jede Art von Interferenzen gehören zur Wirklichkeit des Seegangs.

Eine Analyse hilft dem Rudergänger nicht viel. Er muß klarkommen mit dem, was er sieht und erlebt, mag es ihm auch als Verwirrspiel erscheinen. Seine Wahrnehmungen muß er ordnen. Er muß lernen, sich auf den gefährlichen Sektor zu konzentrieren. Dieser umfaßt die Hauptangriffsrichtung ein bis zwei Wellenlängen weit und rechts und links ein bißchen was dazu. Denn auch von den Flanken kommen einzelne Nebenangriffe. Diesen Sektor gilt es unter Kontrolle zu haben, das heißt, die Wellen dort zu studieren und irgendeine Form der Systematik zu entdecken. Fühlt man sich in diesem Areal erst zu Hause, fällt es leichter, Gefahren zu erkennen und, umgekehrt, sich auch nicht von jedem Wellenberg verrückt machen zu lassen.

Der Blick darf aber nicht fixiert sein auf dieses Glacis. Nur wenn der Rudergänger zugleich die große Perspektive wahrnimmt, mit den Wolken und der Kimm im Auge, kann er die Manöver sicher steuern.

16 Vorausplanung

Es wäre naiv, bei aufkommendem Sturm lediglich den ursprünglichen Reisekurs halten zu wollen, und wenn das nicht mehr geht, dann eben zwangsläufig davon abzuweichen. Mit dieser Blauäugigkeit würde man sich sehr leicht in eine verteufelte Situation manövrieren, die im nachhinein gesehen leicht hätte vermieden werden können. Vorausplanung heißt das Zauberwort. Ähnlich wie beim Schachspiel sind die nächsten drei Züge schon einmal zu konstruieren, und es ist zu überlegen, was passiert, wenn der Gegner anders zieht als gedacht, sich der Sturm also anders entwickelt als erwartet.

Mit einer fundierten Wetteranalyse ausgestattet (hoffentlich), vertieft sich der Skipper brütend in die Seekarte. Er kennt die Yacht und weiß, welche Taktiken ihm bei der zu erwartenden Sturmlage zur Verfügung stehen, welche Kursfreiheiten bleiben und, wenn es sich um passive Taktiken handelt, was sie an Leeversatz kosten. Zur Orientierung für den Leser sind hier die Werte einer typischen modernen Fahrtenyacht zusammengefaßt:

Sturmtaktik	Kurs d.W. zum Wind	Leeversatz pro Stunde	Luvgewinn pro Stunde
Amwindsegeln mit Durchschießern	80° – 90°		0 – 1 sm
Ablaufen vor der See	150° – 180°	6 – 9 sm	
Ablaufen mit Bremsschleppen	180°	4 – 7 sm	
Beiliegen	150°	2 – 3 sm	
Liegen vor Treibanker	180°	1 – 2 sm	
Treiben	180°	1 – 2 sm	
Abreiten unter Maschine	60° – 180°	6 – 9 sm	1 – 2 sm

Sturmnavigation

Befindet sich die Yacht draußen auf dem freien Ozean mit unbeschränktem Seeraum nach allen Seiten, steht lediglich die Streckenführung gegenüber dem vorüberziehenden Sturm auf der Tagesordnung. Ziel ist die Minimierung der Strapazen, deren Dauer und Intensität.

Nach den vorhandenen Wetterinformationen, den eigenen Beobachtungen (Druck und Wind) und dem Schulwissen über die Gestalt und das Zugverhalten typischer Stürme (Kapitel 4 bis 7) müßte der Skipper in der Lage sein, das Sturmgebilde zum augenblicklichen Zeitpunkt grob auf die Karte zu skizzieren. Der Trick ist, auf ein aufgelegtes Transparentpapier zu zeichnen, wenn's nicht zu stark schaukelt. Dann wird die Sturmskizze entsprechend dem erwarteten Zugverhalten in Intervallen verschoben, so daß man Windrichtung und -stärke an jedem beliebigen Ort zu den verschiedenen Intervallen ablesen kann.

Vor dieser Staffeldarstellung kann die Strecke geplant werden. Intervall für Intervall kann der Kurs geprüft werden, wie gut er segelbar ist, und variiert werden, wenn es nötig ist. Es wird leicht erkennbar, ob man sich auch ausreichend vom Zentrum fernhält und ob man sich nicht die Flexibilität verbaut, auf Bahnänderungen reagieren zu können.

Zugegeben, das Verfahren ist ein wenig theoretisch und setzt eine trockene Navigationsecke voraus sowie einen in sich ruhenden Skipper oder Navigator. Fehlt es an diesen Voraussetzungen, fällt man eben auf vereinfachte Daumenmethoden zurück, zum Beispiel, die effektiven Fluchtkurse vektoriell zu bestimmen, wie es im Kapitel 7 schon erläutert wurde.

Auch an die einfachste Faustregel sei erinnert, die sich aus der Zyklonenstruktur ergibt:

Alle Fluchtkurse aus der Sturmzone liegen auf Backbordbug, mit einer Ausnahme: Wenn es quer zur Zugrichtung bläst, dann ist der Fluchtkurs vor dem Wind. (Backbordbug auf der Nordhemisphäre, auf der Südhemisphäre sinngemäß Steuerbordbug.)

Leeraumplanung

In Küstennähe ist die Leeraumplanung vorrangig. Sie setzt den Rahmen, innerhalb dessen die Sturmnavigation disponiert werden kann. Der Leeraum, also der hindernisfreie Seeraum nach Lee, ist die Lebensversicherung im Sturm. Denn während auf hoher See Wind und Wellen einer vernünftig geführten Yacht kaum etwas anhaben können, lauern unter Land Gefahren aller Art: Manövrierenge, Grundseen, Untiefen und ganz zu schweigen von der Legerwallsituation mit der Gefahr der Strandung.

Nicht der Küstenverlauf bildet die Grenze des Leeraums, es sind die Gefahrenräume, die der Küste vorgelagert sind. Mit dem Schulwissen über den Seegang (Kapitel 8) kann der Skipper die Gefahrenräume auf der Seekarte erkennen, die sich an Barren, vor Kaps, unter Steilküsten, an Inseln und in Meeresengen bilden.

Die Sicherheit gebietet, daß immer genügend Leeraum vorhanden ist, um sich, falls der Sturm so schlimm wird, mit der höhensparsamsten Methode so lange vor die See legen zu können, bis der Sturm aller Voraussicht nach wieder nachläßt.

Wie viele Meilen groß die Leereserve sein muß, läßt sich berechnen: voraussichtliche Dauer des Sturmes in Stunden multipliziert mit dem Leeversatz pro Stunde plus 20 Prozent Sicherheitszuschlag.

Angenommen, es wäre in 12 Stunden mit dem Nachlassen des Sturmes zu rechnen, und die Yacht könnte mit 3 sm Versatz beiliegen, dann müßte der Leeraum mindestens 43 Seemeilen groß sein.

$$12 \cdot 3 \text{ sm} = 36 \text{ sm}$$
$$\underline{+\ 20\ \%}$$
$$= 43 \text{ sm}$$

Eine entsprechend breite Sperrzone würde ich vor den Leeküsten einschließlich der bereits erwähnten Gefahrenzonen in die Karte zeichnen. Ebenso den maximalen Luvkurs, den ich von meinem Standort aus steuern könnte. Zwischen beiden ergibt sich der verfügbare Manövrier-

raum, in dem ich die Kurse legen kann, wie ich will – für die Sturmnavigation, für das Reiseziel oder für die Berücksichtigung zeitweiser Umstände, was gleich noch erläutert wird.
Natürlich kann es sich ergeben, daß der Standort schon in der Sperrzone liegt. Abgesehen von der höchst unangenehmen Tatsache selbst, ist die Erkenntnis ein wertvoller Gewinn der Planungsarbeit. Man weiß nun, was zu tun ist, nämlich Höhe zu machen, koste es, was es wolle. Und man weiß, wann es damit genug ist.

Berücksichtigung von Zeitumständen

Gibt es reichlich Manövrierraum, kann man sich den Luxus leisten, seinen Kurs auch auf Segelumstände abzustimmen, die nicht grundsätzlich, sondern nur während bestimmter Perioden bestehen. Solange solche Umstände den Kampf gegen den Sturm erschweren, wählt man eine leichtere Gangart unter Aufgabe von Höhe, die später oder vorher am Wind wieder zurückgekämpft wird. Das naheliegendste Beispiel sind Tag und Nacht. Weil nachts mangels Sicht die aktiven Sturmtaktiken ungleich schwieriger sind, sieht man, solange es dunkel ist, eine Ablaufphase vor. Zum Ausgleich muß tagsüber der optimale Amwindkurs eingeplant werden. Ähnliches Vorgehen bietet sich bei Tidenstrom an. Während der Strom mit dem Wind läuft, wird Höhe gemacht. Nach dem Kentern des Stroms kann man von dem Kapital zehren und ablaufen. Auch der Wachwechsel ließe sich auf diese Weise berücksichtigen, falls eine Wache Spezialist für Amwindsegeln bei schwerer See ist und die andere Wache ihre Stärke da nicht hat.
Es empfiehlt sich, solche Zickzack-Strategien mit den bekannten Erfahrungswerten auf der Karte vorauszukoppeln, schon um nicht dem Trugschluß zu verfallen, sechs Stunden Knüppeln würden den Höhenverlust von sechs Stunden Ablaufen aufwiegen. Kurse und Distanzen sind für jede Teilstrecke einzuzeichnen. Nur so läßt sich sicherstellen, daß man von der Sperrzone klarbleibt.
Lästerer mögen solch detailliertes Vorgehen kleinkariert finden und lieber

171

nach dem Motto verfahren: je mehr Höhe, desto besser und Schluß. Sie würden jede Gelegenheit nutzen, Höhe zu erkämpfen, und sich einen stattlichen Vorrat an Leeraum erhamstern. An Sicherheit, so glauben sie. Was zahlen sie aber dafür an unnötigem Gegenangebolze, an zermürbten Gemütern und vielleicht auch dem einen oder anderen Bruch! Es kostet Sicherheit. Ich hoffe, daß jene Lästerer die Bedeutung der kleinen Mühe, etwas zu denken und zu rechnen, erkennen. Sie gilt für die ganze Vorausplanung, jene Strategie, einen Sturm abzuwettern.

17 Anlaufen eines Schutzhafens

„An Land gibt's nur Ärger." Die alte Seemannsweisheit sollte jeder im Hinterkopf haben, der bei Sturm den freien Seeraum aufgeben will, um sich einem Schutzhafen zu nähern.

Man möge sich nicht von dem wohlklingenden Wort „Schutzhafen" verleiten lassen. Wer die See kennt, überlegt es sich dreimal, bevor er sich auf die Tücken einer Sturmfahrt unter Land einläßt. Der Weg zum sogenannten Schutzhafen verspricht noch einiges an Strapazen und ernstzunehmenden Gefahren.

Das unmittelbare Problem ist die Tatsache, daß es unter Land eng wird. Dort gibt es nicht den freien Manövrierraum nach allen Seiten. Küstenverlauf und Ansteuerung zwingen einen, bestimmte Kurse einzuhalten. Und man ist gut beraten, vorher zu prüfen, ob sich die einzelnen Streckenabschnitte bei dem bestehenden Sturm und auch den zu erwartenden Windänderungen überhaupt segeln lassen.

Halbwindstrecken

Unter Land bei Sturm von See muß der Halbwindkurs als das Maximum an Höhe angesehen werden. Es wäre Wunschdenken, glaubte man, im Notfalle mehr herausknüppeln zu können. Im Gegenteil, man muß damit rechnen, daß Wind und Seegang noch mehr zunehmen und man schließlich noch weiter in Lee endet. Auch kann weiter unter Land der Wind schralen und einen zum Abfallen zwingen. Er ändert sich meistens unter Land und schmiegt sich der Küstenlinie etwas an. Aber es ist kein Verlaß darauf.

Wenn nach Lee keine Ausweichmöglichkeit besteht, würde ich mich nicht auf einen Halbwindkurs einlassen. Es sei denn, ich kann anfangs einiges an Reservehöhe heraussegeln, vielleicht sogar mit Motorunterstützung. Dann läßt sich die Entscheidung, die Ansteuerung zu wagen, noch hinauszögern. Ist aber die Reservehöhe verbraucht, muß kompromißlos umgekehrt werden, was bei halbem Wind kein Problem sein sollte.

Apropos Halbwind. Bei der Kursplanung geht es natürlich um wahre Halbwindkurse, also um absolute Windrichtungen und nicht um das, was auf dem Mast der Verklicker anzeigt. Steht der auf Halbwind, bedeutet das in Wahrheit raumen Kurs. Und bei raumem Kurs gibt es unter Sturmbedingungen kein Zurück.

Aufkreuzen unter Land

Unterhalb einer Luvküste, also wo der Sturm ablandig bläst, kann man sich durchaus eine Aufkreuzstrecke vornehmen. Der wesentliche Unterschied zu den Umständen auf hoher See ist die fehlende Welle. Mangels Anlaufstrecke bildet sich in Küstenlee nur eine kleine Kabbelsee, die zwar viel Gischt über das Deck wirft, aber sonst harmlos ist. Brechermanöver entfallen.

Dagegen kann der Wind härter sein als draußen. Düseneffekte und Fallböen beuteln den Segler zusätzlich. Wo sie einsetzen, bläst es mit ein bis zwei Windstärken mehr als der Sturm ohnehin.

Man muß nur sauber segeln, die richtige Segelfläche gewählt haben und ein wenig Geduld aufbringen. Man kommt dann schon gegenan. Ein Tip aus der Segelphysik: Bei Sturmbesegelung übersteigt mit dem Anluven an den Wind der Stirnwiderstand schnell die Vortriebskraft. Deshalb findet man den optimalen Amwindkurs deutlich im Bereich der leicht geschrickten Schoten. Je nach Yachttyp etwa bei 60 bis 50 Grad am scheinbaren Wind. Man möge sich nicht verleiten lassen, höher heranzugehen. Sobald die Fahrt auch nur ein bißchen zurückgeht, verschwindet die ganze schöne Höhe in einer Riesenabdrift. Nicht vergessen, den Motor zur Hilfe zu nehmen, wenn es sich nicht gerade um eine Regatta handelt oder der Krängungswinkel außerhalb der Motortoleranz liegt.

Man kann auch versuchen, ob man nur unter Maschine direkt gegenan besser vorankommt. Je nach Leistung und Schraubenauslegung kann das gehen. Meistens steht man aber nur auf der Stelle.

Kein Plan ohne Alternativen. Der Aufkreuzkurs läßt immer den Rückzug offen. Aber wer will schon auf alles verzichten, was er sich in so harter Arbeit erkämpft hat? Zwei bessere Alternativen bieten sich an, sollte das Aufkreuzen nicht gelingen:

1. Ankern. Unter der Luvküste bei mäßiger Welle liegt man vor Anker gar nicht so schlecht, auch wenn es faucht und schaukelt. Man kann ein besonderes Ankergeschirr stecken, das dem starken Wind standhält. Irgendwann wird der Wind schon nachlassen, und dann ist es nur noch ein Katzensprung.

2. Abwettern. Unter der Luvküste bei wenig Welle geht das sicherlich schonender als draußen bei vollem Seegang. Nur kann es unter Land ein Navigationsproblem geben, wenn die Nacht hereinbricht. Ich habe es einmal erlebt, wie man beim Auf- und Niederstehen in einer total schwarzen Bucht mit der Navigation ganz schön ins Schleudern kommen kann. Dann hilft nur noch, fleißig zu loten.

Anlaufen einer Leeküste

Da steckt der Teufel drin. Die Jammerbucht an der Nordwestküste Jütlands hat ihren Namen von den vielen Strandungen der bedauernswerten Fischer, für die ihre Heimatküste fast immer eine gefährliche Leeküste war. Und die kannten sich aus!

Der Weg nach Lee ist eine Einbahnstraße. Alles muß stimmen, denn es gibt kein Zurück. Es beginnt gleich mit dem Navigationsproblem. Bei Sturm ist die Sicht schlecht, und Einzelheiten sind oft erst auf eine halbe Meile auszumachen. Wohl dem, der ein funktionierendes GPS-, Decca- oder Loran-Gerät hat. Radar zeigt bei Brandung alles mögliche, aber nicht die flache Küste dahinter an. Auf Sicht angewiesen, ist vor allem bei Tage der Landfall schwierig, wenn die Leuchtfeuer fehlen. Oft muß man viel zu dicht unter die Küste, um Landmarken eindeutig zu erkennen. Um gefährliche Legerwallsituationen zu vermeiden, ist der Anlaufkurs rechtzeitig abzubrechen und in sicherem Abstand vor der Küste auf und ab zu pendeln. Irgendwann muß die Sicht doch besser werden oder eine besonders dominierende Landmarke durch das Grau dringen. Nur mit einem eindeutigen Schiffsort würde ich die Ansteuerung wagen. Gerade wenn alle an Bord abgekämpft sind, neigt man zum Wunschdenken. Dann wird allzu schnell die Huk, der Turm oder die Ortschaft als die erhoffte gesehen – und schon ist's passiert.

Zum Anluven auf den Parallelkurs muß die angemessene Amwindbesegelung gesetzt werden. Wenn man die Yacht mit dem Motor im Wind halten kann, ist das kein Problem. Springt die Maschine nicht an, was bei der Schaukelei denkbar ist, muß mit einer Reihe von improvisierten Aufschießern das Groß langsam, aber sicher hochgezuckelt werden. Das kostet Höhe und bringt einen weiter in die gefährliche Legerwallsituation. Der Trick deshalb: rechtzeitig, noch auf dem Vorwindkurs, die Maschine starten, so daß man die Höhenreserve noch hat, falls der Motor streikt.

Hoffentlich ist die Hafenansteuerung einfach. Dann hat man es zunächst nur mit der abnehmenden Wassertiefe zu tun. Kurze, hackige Welle entsteht; aber nicht so schlimm, weil mitlaufend. Dann kommen aber die ersten Grundseen. Die Yacht fängt an zu surfen und will aus dem Ruder laufen. Man muß versuchen, die von achtern aufkommenden Seen genau vierkant zu nehmen. Dann rauschen sie unter einem durch.

In den Seegatten, den Durchlässen zwischen vorgelagerten Barren oder Inseln, setzt oft starker Tidenstrom. Läuft er gegenan, steht dort eine knüppelharte See. Läuft er mit, zieht es einen mit Affenbrass durch das Gatt hindurch, und man muß aufpassen, rechtzeitig hinter der Barre die Kurve zu kriegen.

Oft ist die Ansteuerung nicht so einfach, manchmal sogar richtig verteufelt. An den Küsten der Schelfmeere liegen oft Barren vor der Küste, deren Durchlässe in erstaunlicher Zuverlässigkeit versetzt vor den Hafeneinfahrten liegen. Das sind die typischen Slalom-Einfahrten an der deutschen und dänischen Nordseeküste.

Slalomansteuerungen sollte man bei auflandigem Sturm nicht riskieren.

Die komplizierte Navigation nach Seezeichen und mit Prickenzählen ist bei der zu erwartenden schlechten Sicht ein Vabanquespiel. Grundseen und heftige Ströme machen es schwer, das Boot zu bändigen. Oft ist das Fahrwasser zu schmal, um die Seen richtig vierkant zu nehmen. Es sind der Risiken einfach zu viel. Einmal aufgelaufen, und die Brandung staucht die Yacht so lange auf den Sand, bis sie in Stücke zerfällt.
Hat man keine Wahl, gilt es kühlen Kopf zu behalten. Es geht dann ums Ganze. Die Erfahrung hat gezeigt, daß, sobald es ernst wird, sich alle um alles kümmern, womit jeder einzelne überfordert ist. Deshalb ist eine konsequent einzuhaltende Aufgabenverteilung lebenswichtig. Als Wichtigstes würde ich die Navigation zwei besonders zuverlässigen Leuten übertragen, die sich um nichts anderes zu kümmern haben. Der Rudergänger dagegen sollte den Navigatoren blind vertrauen und sich nicht mit Prickenzählen von seiner Aufgabe ablenken. Er muß Kopf und Augen frei haben für das Fahrwasser und den Seegang. Der Skipper sollte sich um die nächsten zwanzig Minuten kümmern und als Feuerwehr einspringen, wenn Unvorhergesehenes passiert. Der Rest der Crew wird angehalten, sich mit Meinungen und Empfehlungen möglichst zurückzuhalten und sich am besten auf echte Notmeldungen zu beschränken. Alle an Bord spüren natürlich die Spannung, sind gereizt und haben die Angst im Nacken. Jeder will agieren, mitmachen am gemeinsamen Schicksal. Das ist verständlich, aber gefährlich. Führungschaos ist der sichere Weg zur Fehlentscheidung.

18 Hafenmanöver

Es ist noch nicht geschafft, auch wenn die Hafeneinfahrt in Sicht ist. Es sind noch Hürden zu überwinden, denn man vergesse nicht, auch im Hafen bläst der Sturm. Vielleicht nicht mehr ganz so stark, vielleicht aber sogar noch stärker, wenn Fallwinde und Düsen zur Geltung kommen. Auf alle Fälle wird's eng.

Hafenmanöver bei Sturm sind eine Kunst für sich. Mißlungene Manöver kommen teuer, denn Touchieren bedeutet bei Sturm Penetrieren. Kollisionen gehen durch und durch.

Vor dem Einlaufen

Die Vorkehrungen beginnen beim Segelbergen, wozu man sich noch vor dem Hafen eine geschützte Ecke sucht. Trotz aller Strapazen ist die Mühe nötig, die Segel sicher beizubändseln. Denn wenn beim Hafenmanöver eine harte Bö das Vorsegel an der Reling aufbläht, ist der Bug nicht mehr zu halten. Diesmal geht es nicht um die Einlaufoptik, es geht um die Sicherheit. Und das betrifft nicht nur die anständig beigezeisten Segel, sondern genauso auch die Leinen und Fender und was sonst alles zum Einlaufen gehört.

Der Anker muß klar zum Fallen sein, auch wenn ein Ankern nicht eingeplant ist. Er kann als Notbremse hilfreich sein, wenn ein Manöver mißlingt. Reichlich Leinen und, so vorhanden, auch die Wurfleine müssen bereitliegen. Neben den ausgebrachten Fendern müssen zwei „Panikfender" für Unvorhergesehenes lose parat liegen.

Bei den Wassertiefen aus der Karte sind zusätzlich zur Gezeit Wellenhöhe und Windtide zu beachten. Ich würde den Seegang mit der vollen Wellenhöhe einplanen, um nicht im Tal einer besonders großen Welle aufzutunken. Auch wenn theoretisch die halbe Wellenhöhe reichen würde. Die Höhe der Windtide richtet sich nach der Dauer des Sturms und nach der Tiefe der Bucht. Besonders in langen Förden oder Flußmündungen, die sich in Windrichtung erstrecken, können Wasserstandsveränderungen von über einem Meter auftreten. Nicht nur das Niedrigwasser bei ablandigem Sturm ist gefährlich, auch Hochwasser, das über die Stege oder Kaimauern tritt. An einer „Unterwassermauer" kann man schlecht festmachen.

Manche Hafenmeistereien sind über UKW anrufbar. Ich würde in jedem Falle nach dem Wasserstand und auch nach Festmachemöglichkeiten fragen. Auch würde ich mich erkundigen, ob Luvleinen oder andere Hindernisse zu beachten sind. Überraschungen dieser Art können das schönste Hafenmanöver vorzeitig beenden. Ist der Hafenmeister nicht über Radio erreichbar, bringt manchmal ein freundlicher Ruf auf Kanal 16 „an irgend jemand im Sowieso-Hafen" erstaunlichen Erfolg.

Manövrieren im Hafen

Die Einfahrt muß recht zügig genommen werden, damit man sich gegen starke Strömungen, längs wie auch quer verlaufend, durchsetzen kann. Fahrt ist auch nötig, um Brandungswellen zu nehmen. Wird man unmittelbar vor der Einfahrt aus dem Kurs geworfen, gibt das unweigerlich Bruch.

Ist man an den Molenköpfen vorbei und in ruhigem Wasser, Fahrt zurück, aber nur so weit, daß die Yacht gut steuerbar bleibt. Auf engem Raum steuerbar zu bleiben, das ist genau das Problem. Am liebsten würden wir anhalten und erst mal gucken, die Lage sondieren. Aber das geht eben nicht so einfach.

Der Bug will immer nach Lee ausbrechen. Der Lateralplan, vor allem der moderne Flossenkiel, braucht Fahrt für seine Führungswirkung. Aufgestoppt glitscht er seitwärts durchs Wasser. Die Ruderwirkung verpufft trotz Anströmung durch die Schraube im Leeren, wenn der Kiel kein Gegenlager bietet. Der Bug kommt einfach nicht rum. Statt dessen marschiert die Yacht seitlich wie ein Krebs nach Lee.

Gegen den Wind kann man dagegen stehen bleiben, wenn man mit angeströmtem Ruder das Schiff genau im Wind hält. Man muß aber gut aufpassen. Sobald der Bug ausbricht, fällt das Schiff stark ab, und es kostet seitlich einiges an Platz, um es mit einem ordentlichen Pusch voraus wieder einzufangen. Ist man zu zaghaft mit der Maschine, kriegt man den Bug nicht wieder ganz in den Wind, und das Schiff traversiert. Letzteres kann natürlich auch die Absicht sein. Denn mit dieser Methode kann man das Schiff wunderbar vorwärts, rückwärts und seitwärts, immer mit dem Bug im Wind, in jede Hafenecke bugsieren.

Vor dem Wind lassen sich nur solche Schiffe halten, die so gut wie keinen Schraubeneffekt haben. Man hält sich mit rückwärts ziehender Maschine im Wind. Sobald das Heck seitlich schwenken will, korrigiert man mit einem kleinen Pusch voraus, den man aber gleich wieder mit Rückwärtsziehen abfängt.

Mit starkem Schraubeneffekt würde das Heck unweigerlich in Richtung des Schraubeneffekts ausschwenken, egal wie man das Schiff angestellt hat (Position 1 in Abbildung 18/1). In der ausgeschwenkten Lage schiebt

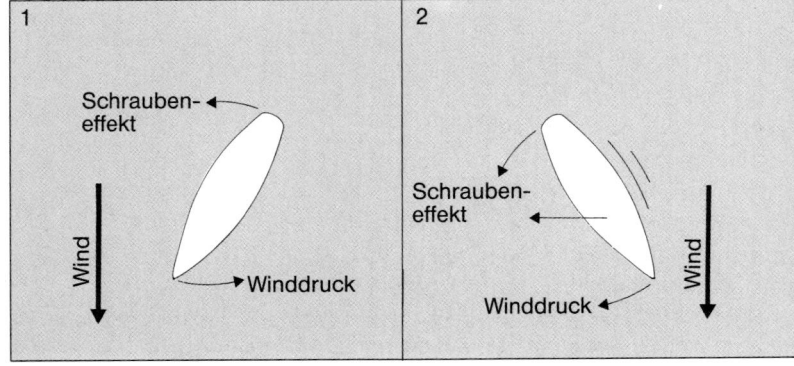

Abb. 18/1: Rückwärts halten im Wind gelingt nicht bei Schraubeneffekt

der Winddruck den Bug zur gleichen Seite (Position 2). Das Schiff traversiert deshalb seitlich weg. Auch mit ständigem Pusch voraus ist es nicht unter Kontrolle zu bekommen, weil es mit jedem Zurückziehen erneut ausbricht.

Eigentlich sind dies die beiden Grundmanöver, mit denen man die meisten Situationen bei Sturm im Hafen meistern kann: entweder genug Fahrt im Schiff oder Stehen gegen Wind. Im Wind stehend kann voraus, zurückfallend oder seitlich traversierend das Schiff in jede beliebige Position gebracht werden, ohne großräumig Fahrt aufnehmen zu müssen.

So wird zum Beispiel das Drehen auf der Stelle auch aus dem Stehen eingeleitet. Im Wind stehend, wird zum Platzmachen zunächst ganz zur Seite und nach Luv traversiert (Position 2 in Abbildung 18/2), um dann in die gewünschte Richtung abzufallen (Positionen 3 und 4). Achtung, nicht zu weit abfallen, bevor nicht genug Fahrt im Schiff ist!

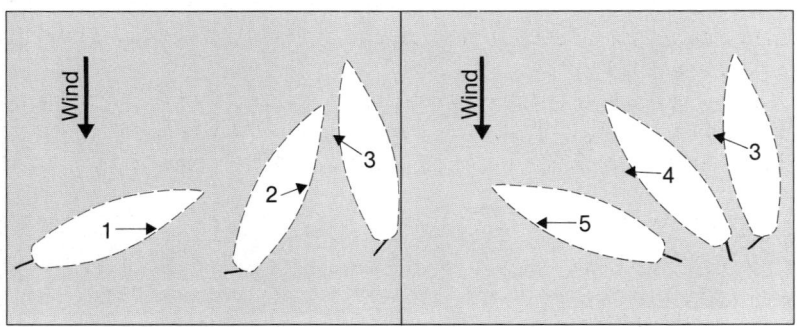

Abb. 18/2: Wenden auf engem Raum

Auf eine Ausnahme sei hingewiesen. Yachten mit sehr starkem rechtsgängigem Schraubeneffekt würde ich bei Backbordluv und mit linksgängigem bei Steuerbordluv rückwärts nach Luv ziehen, um das Drehen auf der Stelle einzuleiten. Der Grund ist einfach: Das Anluven in den Wind könnte schon mangels Raum nicht gelingen, und beim „Nachbacksen" würde der Bug immer wieder auf die alte Stelle abfallen.

Wer seinen Bug nicht rechtzeitig nach Luv kriegt, endet „lausig in Lee"

(Abbildung 18/3). So nennt man die höchst mißliche Lage quer zum Wind in irgendeiner Lee-Ecke, wo das Manöver nicht weitergeht und wo meist nur noch Fender helfen. Der Wind drückt einen hilflos irgendwo gegen, wo man sich gerade befindet. Durch kleine Voraus- oder Zurückkorrekturen kann man den Auftreffpunkt verbessern und vor allem dafür sorgen, daß man voll aufgestoppt landet, ohne an der Auffangyacht oder sonstwo längszuschürfen.

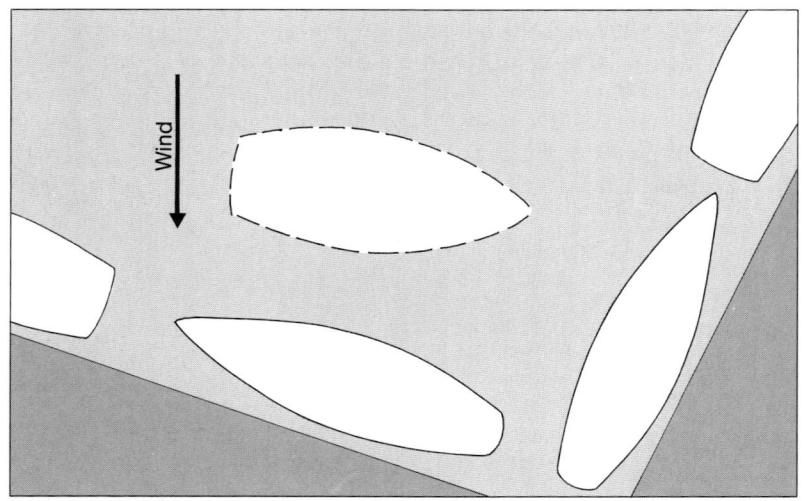

Abb. 18/3: Lausig in Lee

Anlegen bei auflandigem Starkwind

Man läuft mit möglichst flachem Winkel an und bedenkt, daß dies ein Kurs über Grund sein soll. Tatsächlich zeigt der Bug dabei ordentlich nach Luv, und zwar immer mehr, je langsamer die Fahrt wird (Position 1 in Abbildung 18/4). Es soll ein möglichst geradliniger Kurs über Grund zustande kommen. Ein Pusch mit der Maschine hilft, Luvraum zu erkämpfen. Achtung, daß das nach Lee versetzte Heck am Nachbarlieger

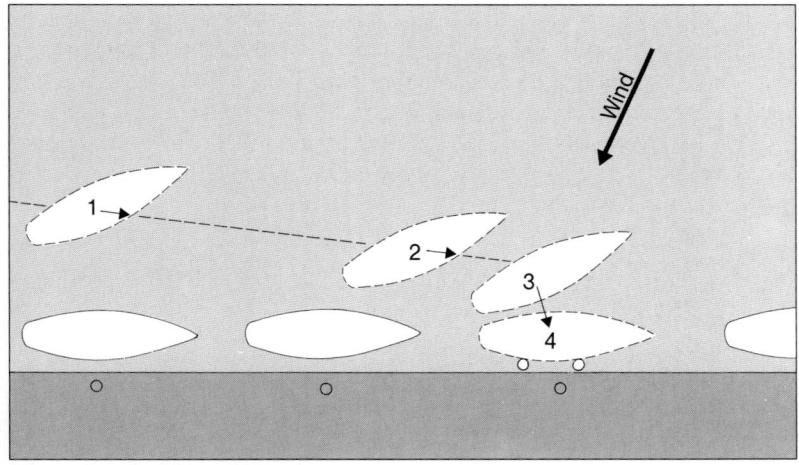

Abb. 18/4: Anlegen bei auflandigem Starkwind

vorbeikommt (Position 2). Auf Höhe des Liegeplatzes wird mit ordentlichem Pusch zurück die Fahrt aufgestoppt, falls nötig mit hart Ruder gegen den Schraubeneffekt (Position 3). Der Wind versetzt jetzt die Yacht quer in die Parklücke, und man muß nur mit der Maschine die Längsversetzung korrigieren. Damit Bug und Heck sich gleichzeitig der Kaimauer nähern, wird mit Hartruderlagen und kleinem Pusch voraus korrigiert. Den Rest besorgen die Fender.

Anlegen bei ablandigem Starkwind

Am bequemsten läuft man genau gegen die Windrichtung an und korrigiert dabei seine Position so, daß der Bug genau gegen Wind und zugleich auf das vordere Ende des Liegeplatzes zeigt (Position 1 in Abbildung 18/5). Gegen den Wind andampfend, hat man das Schiff mit Gas und Ruder wunderbar unter Kontrolle, und man nähert sich mit dem Bug der Kaimauer. Im Bugkorb zeigt ein Helfer mit ausgestreckten Fingern

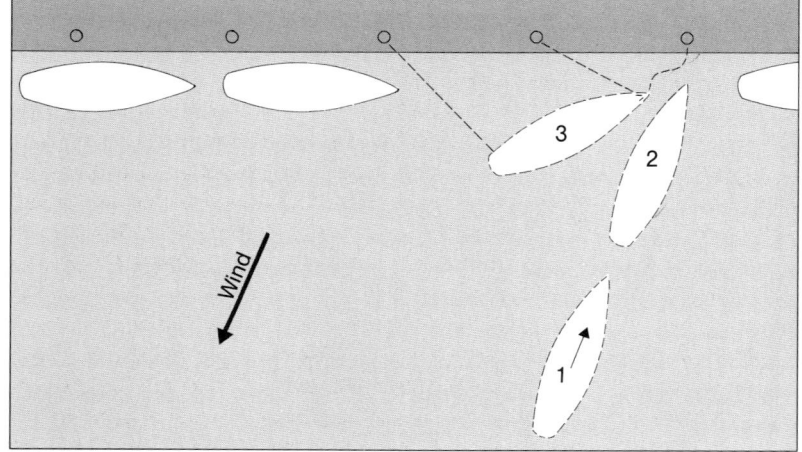

Abb. 18/5: Anlegen bei ablandigem Starkwind

den Abstand in Meter an. Jemand steigt an Land, und es werden Vorleine, Vorspring und auch eine nach vorn gereichte Achterleine an Land befestigt (Position 3). Jetzt versucht man mit Hartruderlage vorsichtig gegen den Winddruck anzudampfen, um das Heck an die Pier zu schwenken. Der Fingerzeiger muß dabei wieder helfen, daß man nicht versehentlich den Bug an die Kaimauer schiebt und sich Kratzer holt. Gleichzeitig kann das Heck mit der bereits ausgebrachten Achterleine geholt werden. An der Mauer angekommen, wird noch die Achterspring gesetzt, und das Schiff hängt in den Leinen wie in Abrahams Schoß. Oder lag man da?

Anlegen römisch-katholisch

Man wirft Anker in Rückwärtsfahrt auf den Liegeplatz zu, und zwar so, daß die Kette nicht über einer der Nachbarketten liegt. Der Rest ist die

Kunst, rückwärts zu fahren, was bei manchen Schiffen ein bißchen schwierig und bei starkem Seitenwind sogar sehr schwierig ist. Wer's trotzdem probiert, möge sich an folgende Tips erinnern:

Den Buganker luvwärts versetzt fallen zu lassen, ist nur angeraten, wenn die Ankerketten der Nachbarlieger ohnehin schon kreuz und quer zeigen. Liegen sie schön parallel, ist es besser, den Ankersalat zu vermeiden und brav den Anker zwischen die Fluchtlinien der Nachbarketten zu werfen. Man spart sich damit viel Ärger, wenn bei zunehmendem Sturm andere Yachten ankerauf gehen müssen und dabei fremde Anker mit herausreißen.

Beim Rückwärtsfahren will die Yacht aus dem Ruder laufen, weil der Wind den Bug nach Lee drückt und die Ruderwirkung schwach ist. Deshalb muß ziemlich schnell gefahren werden, was Skipper wie Zuschauer gleichermaßen ängstigt. Das Heck wird gegen den Wind angestellt, so daß über Grund der Kurs entsteht, den man auch eigentlich fahren wollte (Position 1 in Abbildung 18/6). Im richtigen Abstand fällt der Anker (Position 2), und die Fahrt bleibt. Nur Mut! Erst wenn man mit dem Heck die Höhe der Nachbarbuge erreicht hat (Position 3), sollte man zur Schonung der Nerven langsamer werden. Denn von der Stelle an findet man an den Nachbaryachten Halt, und man kann sich, seitwärts gut abgefendert, ungeachtet allen Schraubeneffekts vorsichtig in die Lücke sacken lassen (Position 4).

Wird man zu früh langsam, bricht die Yacht seitlich aus, und die Schraube kommt gefährlich in die Nähe der Nachbarketten. Dann hilft nur „Maschine stop" und „Hole Anker", hole, hole. Die Yacht muß mit dem Anker aus dem Gefahrenbereich der Ketten gezogen werden. Dann geht man ankerauf und versucht das Ganze noch einmal. Routiniers lassen den Anker liegen und manövrieren mit schleifender Kette, was allerdings die Sache noch etwas schwieriger macht. Es geht aber auch.

Mit der Kettenbremse kann man beim Rückwärtsfahren das Steuern unterstützen. Auf der Kette muß immer leichte Spannung gehalten werden. Mit etwa 30° bis 45° von der Senkrechten muß die Kette nach vorn zeigen. Dann hat sie eine kursstabilisierende Wirkung. Bei Anstellung der Yacht gegen den Seitenwind zeigt der Bug schräg nach Lee, die Kette

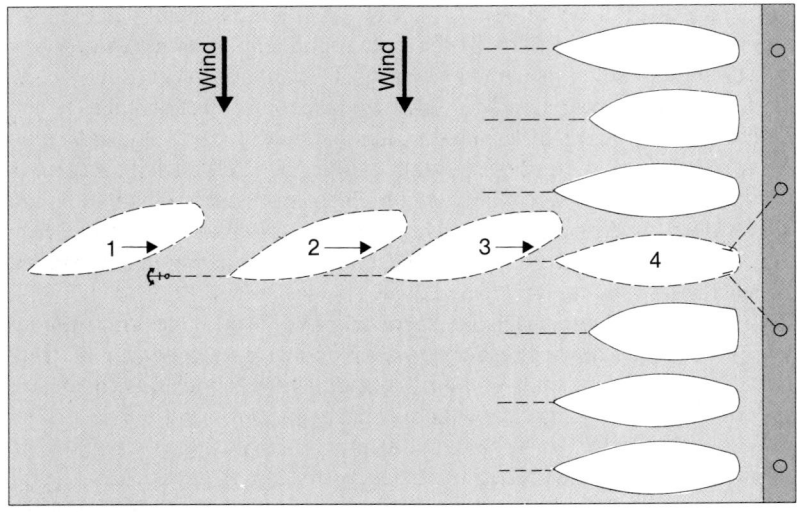

Abb. 18/6: Rückwärts anlegen bei Seitenwind

entsprechend nach Luv. Zieht man nun die Kettenbremse leicht an, schwenkt der Bug nach Luv. Löst man sie, schwenkt er nach Lee. Es gehört allerdings ein wenig Übung dazu, von vorn mitzusteuern. Denn ein Übersteuern ist schnell passiert, und das bringt Ärger mit dem Rudergänger.

Anlegen bei Mooringketten

Mooringketten sind quasi Ankerketten, die auf dem Hafengrund rechtwinklig zur Kaimauer liegen. Man legt rückwärts, also römisch-katholisch an, greift die an der Mauer aus dem Wasser ragende Mooringkette, hangelt sie Hand über Hand hoch und schlägt auf Höhe des Bugkorbes eine kurze Vorleine daran an.

Leicht gesagt. Bei starkem Seitenwind ist das gar nicht so einfach.

Schon das Rückwärtsfahren ist schwieriger, weil wir keine Steuerhilfe durch den Anker haben. Den Anker trotz vorhandener Mooringanlage zu benutzen, ist gefährlich, weil er unter eine der schweren Ketten des Grundgeschirrs geraten könnte. Man braucht dann einen Taucher, der übrigens in den so ausgestatteten Häfen meistens schon auf Kundschaft wartet. Eine gute Idee ist, den Anker abzuschäkeln und nur die Kette zu werfen. Die hat genug Reibung, um das Steuern zu unterstützen.

Gut steuernde moderne Yachten kriegt man mit genügend Fahrt in den Griff. Ältere Problemkinder, wie Langkieler, kann man nur mit einiger Übung überlisten: Man läuft den Liegeplatz voraus an (Position 1 in Abbildung 18/7) und wendet direkt davor mit dem Bug gegen Wind (Position 2), so daß leicht nach Luv versetzt das Heck in den Liegeplatz zeigt (Position 3). Wenn der Wind den Bug ausreichend nach Lee gedrückt hat, zieht man die Yacht rückwärts in die Lücke (Position 4).

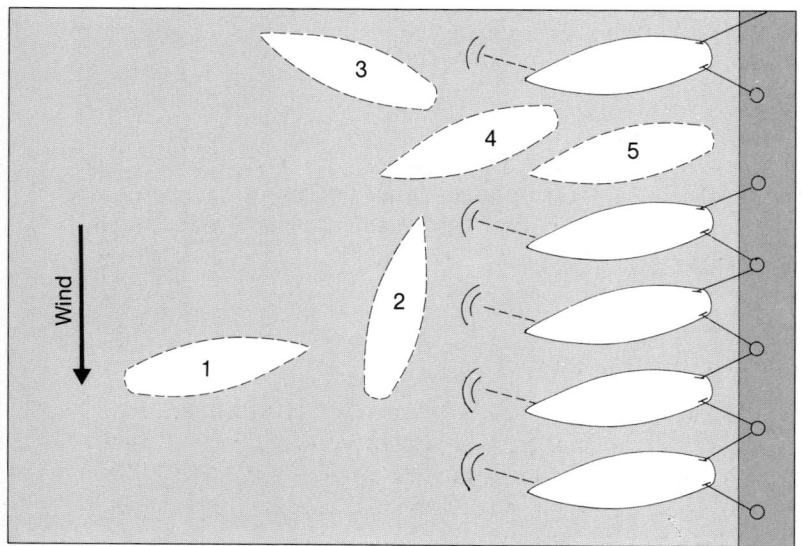

Abb. 18/7: Rückwärtseinparken einer schwer steuerbaren Yacht

Während des letzten Teils des Manövers wird die Yacht zwischen die Nachbarlieger gefädelt, wie bereits beschrieben. Um den Bug nicht nach Lee driften zu lassen, während nach der Mooringkette gehangelt wird, bringt man als allererstes und ziemlich schnell die Luvachterleine aus und legt sie direkt über die Genuawinsch. Sobald sie steifgeholt ist, dampft man mit Gefühl dagegen, und siehe da, der Bug schwenkt zurück, wo er hingehört (Abbildung 18/8). Wird das Ruder aus der Mittschiffslage bewegt, stellt man eine weitere Überraschung fest: Das Heck läßt sich seitwärts bewegen, völlig frei, wie es gerade beliebt. Durch Holen oder Fieren der Luvachterleine auf der Genuawinsch wird die Yacht in Längsrichtung verholt. Erstaunlich, wie mit diesem Manöver die Yacht völlig ohne fremde Hilfe vom Cockpit aus zu kontrollieren ist. Mit Gas wird der Bug geschwenkt, mit dem Ruder das Heck. Mit der Genuawinsch wird das Schiff voraus oder zurück bewegt.

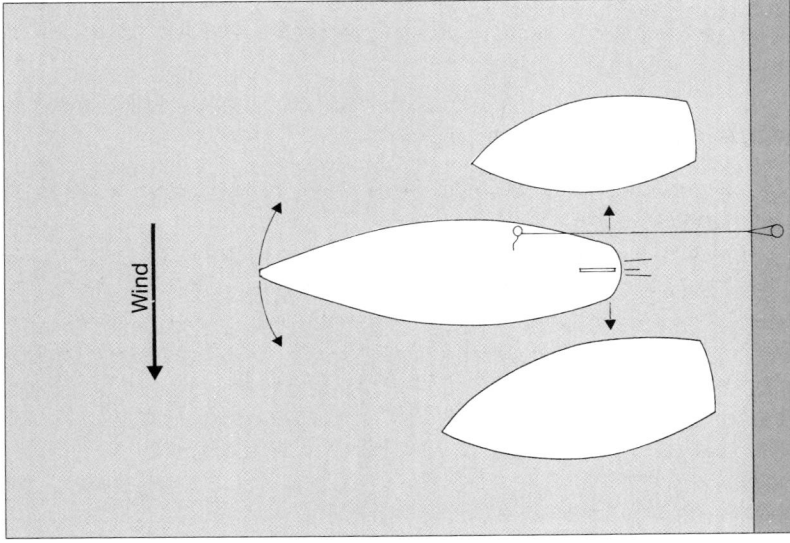

Abb. 18/8: Eindampfen in die Achterleine

Die Vorleine muß gut voraus an der Mooringkette befestigt werden. Dazu wird das ganze Schiff, immer noch gegen die Achterleine dampfend, um drei Meter nach vorn gefiert und wieder zurückgewinscht. Von Bord aus wird die Vorleine nach Maß gesteckt und auf der Klampe belegt. Indem die Yacht nun ganz zurückgewinscht wird, kommt die Mooringkette schön steif, ganz so, wie wir es für den starken Wind gern hätten. Die Nachbarn werden uns um das Manöver beneiden.

Ankereinsatz im Notfall

Nicht umsonst haben wir während der etwas schwierigen Hafenmanöver den Anker klar zum Fallen. In erster Linie brauchen wir ihn, wenn aus irgendeinem Grunde die Maschine oder deren Steuerung ausfällt. Dann hilft nur ganz schnelles Anluven und „Fallen Anker". Es ist dann eine reine Nervensache, mit Gefühl leicht angebremst so viel Kette laufen zu lassen, daß der verbleibende, meist viel zu kleine Schwojraum ganz ausgeschöpft wird. Jeder Meter Kette kann entscheidend sein, ob der Anker hält.

Ankereinsatz zur Manöverhilfe

Mit einem geübten Ankerwinschfahrer kann man den Anker auch als Manöverhilfe einsetzen. Zum Beispiel beim Anluven aus der Vorwind- oder Halbwindsituation. Der Anker fällt bei langsamer Vorausfahrt und frei laufender Kette, um den Bug nicht zu verkratzen (Position 1 in Abbildung 18/9). Beim Anluven wird die Kette gebremst (Position 2) und zum weiteren Anluven gestoppt (Position 3). Beim Anlegen selbst kann die Kette wie ein Bugstrahlruder benutzt werden, indem sie mit Gefühl und nach Bedarf gefiert wird (Position 4).

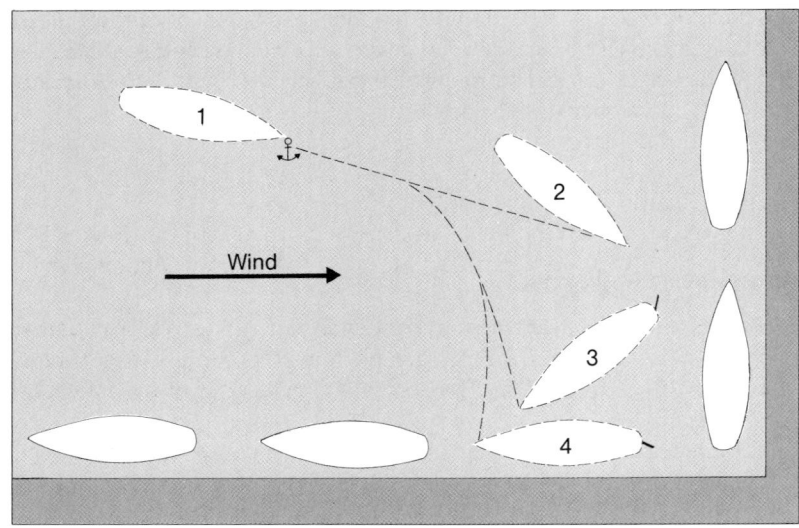

Abb. 18/9: Der Anker als Anluvhilfe

Manöver-Handicap bei nicht angestrahltem Ruder

Nach all den Tips und Hinweisen für die Hafenmanöver, deren Reihe zweifellos fortgesetzt werden könnte, muß auf eine ganz wesentliche Einschränkung aufmerksam gemacht werden. Fast alle dargestellten Verfahrensweisen funktionieren nur mit einem Propeller, der mit gehöriger Wirkung das Ruder anstrahlt. Es gibt leider Yachten, bei denen dies nicht der Fall ist. Zum Beispiel gibt es Z-Antriebe, mit deren Hilfe die Schraube an einem senkrechten Schaft ziemlich weit vorn aus dem Rumpfboden ragt, so daß der Schraubenstrahl das Ruder nicht trifft. Bei älteren Yachten gibt es Schrauben, die mit herkömmlicher Wellenanlage seitlich aus dem achteren Unterwasserschiff herausgeführt werden.

Vor allem erstere können nur unter ausreichender Fahrt manövriert werden. Jedes Stehen oder Drehen auf der Stelle ist nicht in kontrollierter Weise möglich. Mit solch einer Yacht würde ich bei Sturm nicht in einen engen Hafen einlaufen.

In die Ankerbucht

Oft ist eine geschützte Bucht die bessere Alternative, gibt es doch keine gefährlichen Hafenmanöver zu bestehen. Statt dessen drückt einen hier die naheliegende Frage: Hält das Ding denn auch?
Um es vorwegzunehmen, so ganz sicher weiß man es nie. Wir wollen hier nicht die Lehre vom Ankern wiederholen, sondern nur das Thema Ankergeschirr herausgreifen. Bei extremen Windverhältnissen steht es zweifellos obenan.
Zwei Anker sind besser als einer. Nur sollte man diesen Aufwand so ansetzen, daß er auch das meiste bringt. Und das geschieht nicht beim sogenannten Vermooren. Das sind zwei in V-Form ausgebrachte Anker an getrennten Ketten oder Trossen. Dieses Geschirr ist nur dann gut geeignet, den erhöhten Winddruck aufzunehmen, wenn beide Anker nicht zu weit auseinanderliegen und die Windrichtung konstant bleibt. Andernfalls wird immer nur einer der beiden Anker belastet, und zwar mit der vollen Last.
Das bessere Starkwindgeschirr sind zwei verkattete Anker, auf deutsch Tandemanker. Sie sollten etwa in drei Meter Abstand voneinander an der Hauptkette angeschäkelt sein, die so lang wie irgend möglich gesteckt wird.
Dieses Geschirr setzt die Haltekraft beider Anker immer in Zugrichtung ein, der eine unterstützt den anderen beim Eingraben, und die Reibung und Dämpfung der ganzen vorhandenen Kettenlänge kommt stets und gleichförmig zum Einsatz.
Es sind schon Ankerwinschen aus dem Fundament gerissen worden, vor allem, wenn die Bolzen nicht mehr ganz neu waren. Deshalb würde ich die Kette mit einem Stropp, getrennt von der Ankerwinsch, sichern.
Das Hin- und Herschwojen an der Ankerkette ist nicht nur ungemütlich,

es rupft und reißt auch am Bugbeschlag. Man kriegt es unter Kontrolle, wenn man fünf Meter vor dem Bug eine Leine an der Kette anschlägt und zur Mittschiffsklampe führt (Abbildung 18/10). Man stellt so das Schiff etwas schräg zur Windrichtung, und beim richtigen Maß hört es auf, so nervös zu schwojen. Ruhige Pendelbewegungen lassen sich nicht ganz wegbügeln, aber die schaden auch nicht.

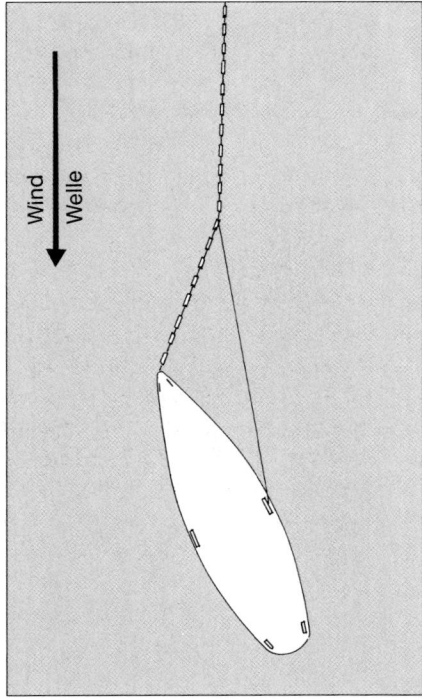

Abb. 18/10: Der Schwojdämpfer

19 Notsituationen

Notfälle verdrängt man gern, weil ihre Eintrittswahrscheinlichkeit so verschwindend gering ist. Und außerdem passiert der Notfall bestimmt nicht gerade mir. Wer diese Haltung hat, möge sie überdenken. Vorkehrungen für die Sicherheit kosten nicht viel und machen oft sogar Spaß. Wer sich mit den Notfällen gründlich beschäftigt, lernt damit umzugehen und hat bessere Chancen, wenn das Schicksal einmal wirklich zuschlägt.

Ich empfehle übrigens, einzelne Verfahren aus Notsituationen praktisch durchzuüben. Mit vielen läßt sich das gut machen. Dazu gehört zum Beispiel das Besteigen einer Rettungsinsel im Wellenbad, das Durchkneifen eines Stücks Wantentauwerk oder das Freimanövrieren einer aufgelaufenen Yacht – allerdings in ruhigem Wasser. Auch das Mann-über-Bord-Manöver sollte man ruhig mal bei höherem Seegang probieren, mit einem Fender als Modell. Man kann nur lernen dabei.

Die Notsituationen, von denen das letzte Kapitel dieses Buches handelt, beschränken sich auf solche Fälle, die gerade bei schwerem Wetter passieren oder die wesentlich anders ablaufen als bei normalen Wetterverhältnissen. Die allgemeine Segelschule soll hier nicht wiederholt werden.

Mann über Bord – an der Sorgleine

Mann über Bord ist wohl der naheliegendste und zugleich auch dramatischste aller Notfälle, geht es doch um die Rettung von Menschenleben unter schwierigsten Umständen und mit oft nur geringer Chance auf Erfolg. Nebenbei: Man möge mir nachsehen, daß ich in diesem Buch die herkömmliche Ausdrucksweise Mann über Bord, Mann am Ruder oder Mann an der Ankerwinsch benutze – natürlich ist das weibliche Geschlecht mitgemeint.

Zunächst der glimpfliche Fall: Jemand, der an der Seereling oder an der langen Sorgleine vom Mastfuß eingepickt ist, hängt außenbords im Wasser. Das Verfahren, ihn wieder hereinzubekommen, nutzt dabei die Tatsache aus, daß auf der Leeseite das Wasser ziemlich hoch bis an die Bordkante kommt, je nach Welle mal mehr und mal weniger. Entsprechend schwimmt auch der Überbordgefallene immer wieder bis zu den Relingsstützen auf, und er kann, ein bißchen Geschick und Sportlichkeit vorausgesetzt, im richtigen Augenblick eine Relingsstütze greifen und unter dem Durchzug hindurch über die Kante an Bord krabbeln. Dabei packt ein Helfer von Deck aus in die Plünnen und zerrt mit hoch. Das Ganze muß ziemlich schnell gehen, denn bei sechs Knoten macht das, im Wasser hängend, keiner lange mit. Das Lifebeltgeschirr zerrt so fürchterlich und das Wasser sprudelt so sehr von unten wie von oben, daß man kaum Luft kriegt. Man möge sich mal probehalber an der Sorgleine nachschleppen lassen!

Ist der Mensch im Wasser nicht so kräftig, greift ein Helfer in die Sorgleine. Mit kräftigem Griff wird sie hochgeholt, so daß der Oberkörper aus dem Wasser kommt. Die Fahrtströmung hält die Beine hoch, und mit vereinten Kräften rollt man den Körper mit dem Bootshaken oder mit den Händen an Deck. Übrigens faßt der Bootshaken, indem man in die Kleidung sticht und dreht. Ausprobieren!

Hängt unser Opfer auf der Luvseite außenbords, wird mit backstehendem Vorsegel einfach über Stag gegangen. Im beigedrehten Zustand krängt die Yacht, wie gewünscht, zum Opfer hin, so daß man ähnlich verfahren kann. Da die Fahrt fehlt, um die Beine anzuheben, sollte jemand mit dem Bootshaken nach dem Hosenbein greifen und pullen. Das hilft erstaunlich gut.

Eine Anmerkung: Wenn die lange, vom Mast aus geführte Sorgleine benutzt wird, sollte sie so bemessen sein, daß man schön neben dem Cockpit schwimmt.

Mann über Bord – achteraus treibend

Die schulmäßigen Manöver sind für die Sturmsituation nicht geeignet, weil man viel zu weit ablaufen müßte und auch zu weit nach Lee geraten würde. Man käme nur schwer wieder an die Stelle zurück. Es geht darum, nahe dranzubleiben und die Höhe zu halten. Denn nur mit Sichtkontakt gibt es gute Chancen.

Innerhalb von 10 Sekunden oder noch schneller ist der Mann hinter einem Wellenberg verschwunden. Deshalb kommt es darauf an, sofort zu reagieren. Der Rudergänger, der wahrscheinlich nun allein ist im Cockpit, tüddelt deshalb nicht mit dem Rettungsgerät herum und starrt auch nicht wie gelähmt auf das arme Opfer, sondern reißt die Yacht mit Hartruderlage herum, nach Luv, durch den Wind hindurch und fängt die Yacht, nun mit backstehender Fock, beigedreht ab. Immer den Mann im Auge und

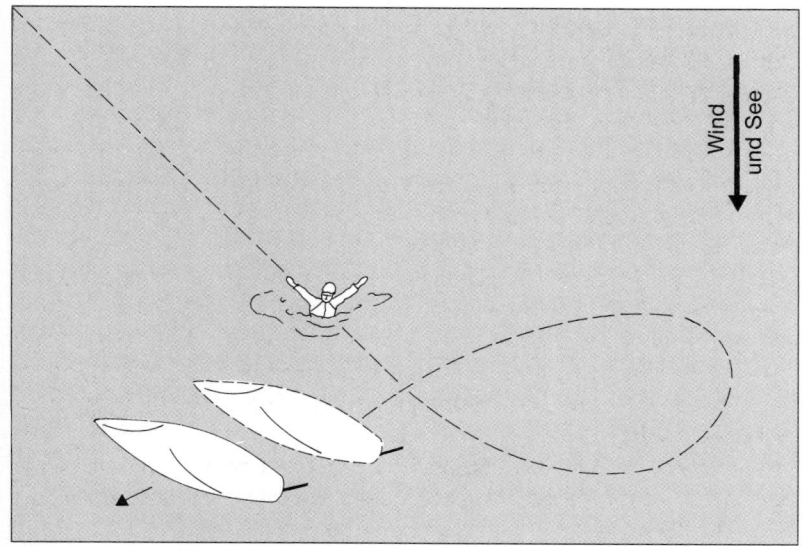

Abb. 19/1: Mann über Bord, Normalfall: beidrehen, brüllen, beobachten

natürlich mit fürchterlichem Geschrei: „Mann über Bord, all hands" und so weiter (Abbildung 19/1). Wenn der Knopf erreichbar ist, drückt er auch das Schallsignal, um Alarm zu schlagen.

Dieses sofortige Beidrehen ist die beste Methode, den Mann im Auge zu behalten. Mit einem Griff wirft der Rudergänger die Markierungsboje hinaus, hantiert aber sonst nicht länger mit dem Rettungsgerät herum. In kurzen Abständen peilt er den Mann über den Steuerkompaß, um ihn leichter wiederzufinden, wenn er kurz verdeckt wird.

Der Rudergänger muß alles unterlassen, was seinen Sichtkontakt zu dem Mann im Wasser gefährdet. Ob er die Maschine starten kann, muß er selbst beurteilen. Bei manchen Yachten muß man dazu mit dem Kopf nach unten tauchen oder gar zum Niedergang krabbeln. Das läßt man dann besser. Andererseits könnte er mit der Maschine gleich gegenandampfen, um nicht nach Lee zu verdriften.

Keinesfalls würde ich mich mit einhändigen Segelmanövern verzetteln, um auch ohne Maschine aufzukreuzen. Das wäre viel zu gefährlich für den Mann im Wasser!

Nur wenn aus einem Halbwind- oder Amwindkurs heraus wirklich verzugslos reagiert werden konnte, tritt die Idealsituation ein, daß die Yacht

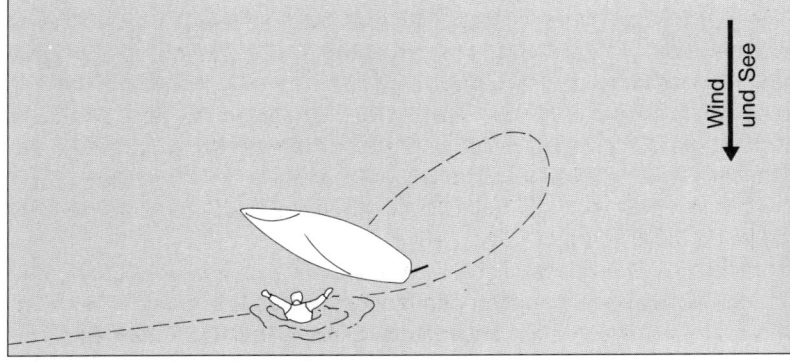

Abb. 19/2: Mann über Bord, Idealfall: beidrehen, Leine werfen

beigedreht in Wurfreichweite des über Bord Gefallenen zu liegen kommt (Abbildung 19/2). Klar, daß der Rudergänger dann sofort handelt und eine Leine wirft.

Erst wenn die anderen hochkommen, geht es an die Arbeit: Wenn noch nicht geschehen, wird jetzt schleunigst der Motor angelassen und mit Vollgas der Mann im Wasser angesteuert. Vorher bitte den kurzen Leinencheck nicht vergessen, denn das fehlte jetzt noch: ein Tampen in der Schraube. Dann gilt es, zu organisieren. Es muß klar sein, wer beobachtet, wer im Cockpit hilft und wer das Manöver leitet. In der verständlichen Hektik ist eine klare Führung jetzt wichtiger denn je.

Sich gegen die Seen und gegen den Sturm nach Luv vorzukämpfen, kann sehr schwierig sein. Möglicherweise schafft die Maschine es gerade, die Position im Wind zu halten. Oder auch nicht. Natürlich hat man längst mit einem Griff die Schot des backstehenden Vorsegels losgeworfen. Kommt man nicht voran, dann hilft es nichts, dann muß zusätzlich zum Motor gesegelt werden. Inzwischen sind ja auch helfende Hände da, die die Schoten ordentlich dichtholen können. Sind Kreuzschläge nötig, so sollten die auf engstem Raume bleiben. Der Sichtkontakt darf um Gottes willen nicht verlorengehen.

Ein schulmäßiger Aufschießer zum Aufnehmen des Mannes würde bei dem Seegang kaum gelingen. Schlimmer noch, die Yacht könnte leicht rückwärts den Wellenhang hinunterrauschen, was dann mit Ruderbruch endet. Statt aufzuschießen, muß deshalb die Yacht so manövriert werden, daß sie in Luv des Schwimmers beiliegt (Abbildung 19/3). Dann kann man sich um den Mann kümmern.

Das Beidrehmanöver wird mit dem Gashebel unterstützt, damit die Yacht auch richtig zum Liegen kommt. In der besonderen Notlage wird auch trotz der Nähe des Schwimmers mit dem Motor manövriert, aber natürlich mit der gebotenen Vorsicht. Der Rudergänger hat den Mann im Auge und wird rechtzeitig auf Neutral gehen.

Die Schoten bleiben bei diesem Beidrehmanöver unverändert dicht, damit die Yacht zum Aufnehmen des Mannes schön krängt. Ich würde ihn nämlich, wie weiter oben beschrieben, seitlich über die Kante an Bord holen, unter Ausnutzung der Wellen und des Rollens der Yacht. Über die

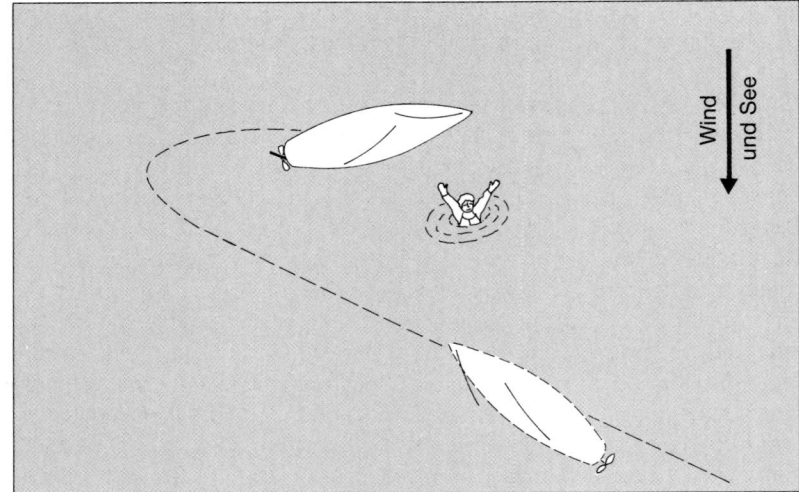

Abb. 19/3: Zum Bergen: vor der Nase des Mannes beidrehen

Badeleiter am Spiegel wäre es natürlich einfacher, aber wahrscheinlich stampft die Yacht so stark, daß man da hinten eher erschlagen wird. In jedem Falle kriegt der Mann erst mal einen Tampen zugeworfen, am besten gleich drei, damit er auch sicher einen erwischt und sich festknotet. Dann kann man weitersehen. Übrigens ist es illusorisch, bei Sturm eine Schwimmleine zu werfen. Die ist viel zu leicht und zu störrisch. Sie würde mit dem Wind wegfliegen. Schoten oder Festmacher sind besser geeignet, auch wenn sie bald untertauchen.

Ist der arme Teufel am Ende seiner Kraft, muß ein zweiter Mann wohlangeleint springen, um ihn anzustecken. Zum Hochhieven kann man dann das Spifall oder eine am Want angeschlagene Rettungstalje benutzen.

Über den Einsatz der Rettungsmittel bei diesem besonderen Rettungsverfahren muß noch ein Wort gesagt werden. Außer der Markierungsboje können die am Heckkorb aufgereihten schönen Sachen nicht wie üblich gleich, wenn der Unfall passiert ist, ausgebracht werden. Bei

Sturm würde der Rudergänger zu leicht den Mann aus den Augen verlieren, während er Rettungskragen, Schwimmleine und so weiter losmacht. Und losmachen muß er sie erst, denn viele der handelsüblichen Bereitschaftshalterungen sind ohne weitere Sicherungsbändsel nicht sturmtauglich. Was nach dem System „ein Griff und raus" geborgen ist, würde schon nach der ersten ordentlichen Welle weg sein.

Erst beim Ansteuern des Schwimmers ist wieder Gelegenheit, die Rettungsmittel auszubringen. Dann sind auch weitere Helfer an Deck, die sich darum kümmern können. Aber auch dann gibt es noch Kinken: Die Rettungsschwimmleine abzuspulen, bringt nur etwas, wenn man plant, mit der Yacht den Schwimmer dicht zu passieren. In unserem Falle trifft das zu, wir passieren ihn am Wind und wenden direkt vor seiner Nase zum Beiliegen. Mit diesem Manöver wird die Schwimmleine sogar im Halbbogen um den Schwimmer herumgelegt. Also fast ideal. Wohingegen bei dem Versuch eines Aufschießers die Leine nur achterausgeschleppt würde. Greift der Schwimmer die Leine nach einem fehlgeschlagenen Aufschießer, würde sie ihm gleich wieder aus der Hand gerissen, denn die Yacht fällt dann ab und nimmt Fahrt auf. Bleibt zu empfehlen, die Rettungsleine nur bei einem Beidrehmanöver zu benutzen.

Die Rettungskragen kann man nur auf kürzeste Distanz zuwerfen. Der Sturm packt sie sofort und weht sie ganz woanders hin. Sie tanzen sogar auf dem Wasser noch nach Lee weg.

Zurück zum Manöver selbst: Das hier beschriebene Verfahren ist nach verbreiteter Auffassung das beste für die normale, moderne Fahrtenyacht. Natürlich gilt es nicht universell. Für andere Yachttypen und für größere Besatzungen bieten sich sicherlich abgewandelte Formen an. Allgemeingültig ist der Grundsatz: Mann im Auge behalten und dranbleiben.

Ich ermuntere deshalb jeden Skipper, für sein Schiff die optimale Vorgehensweise zu entwickeln und sie auch auszuprobieren. Das Verfahren den Mitseglern zu vermitteln, ist schließlich Sache der obligatorischen Sicherheitseinweisung oder, was ich noch besser finde, Gegenstand einer gründlichen Diskussion während der ersten ruhigen Nachtwache oder schon mal beim Kaffeetrinken.

Suchverfahren

Es ist leicht vorzustellen, mit welcher Anspannung, vielleicht auch Überreaktion, ein echtes Mann-über-Bord-Manöver gefahren wird; geht es doch nicht um die Übungsboje, sondern um einen Menschen und nicht um irgendeinen. Es ist Helge oder Maike!
Ist der Mann plötzlich nicht mehr zu sehen, trotz aller Bemühungen, wird es ganz schlimm. Angst und Panik machen sich breit. Kurzschlußreaktionen sind nur allzu verständlich – aber gefährlich. Stur hinterherzusteuern, wo man ihn zuletzt gesehen hat, oder wildes Hin- und Hergesuche, das alles kostet wertvolle Zeit und – unbekannten Versatz. Und der ist tödlich.
Mit Hilfe der Peilung über den Steuerkompaß bleibt der Blick auf der Richtung und versucht den Mann wieder aufzufangen. Bleibt das aber etwa drei Wellenperioden aus, muß sofort, solange man noch nicht weit entfernt sein kann, jedes andere Manöver abgebrochen und die Peilung – natürlich mit dem erforderlichen Vorhalt – unmittelbar gesteuert werden. Die Zeit und der Logstand werden festgehalten, damit man koppeln kann und in etwa weiß, wann man da sein wird. Sobald der vermeintliche Ort erreicht ist, ohne dort den Mann zu finden, muß entschlossen ein geeignetes Suchmuster begonnen werden. Man neigt dazu, sich in solcher Situation an Wunschdenken zu klammern, und hält sich zu lange unkontrolliert an dem vermeintlichen Ort auf, um zu suchen.
Offensichtlich stimmt der aber nicht. Es muß auf den anliegenden „Grundstücken" gesucht werden, und zwar so, daß keines ausgelassen wird.
Es gibt verschiedene Suchmuster. Das folgende ist für unseren Fall besonders geeignet, weil es die Suche auf die unmittelbare Nähe der Unfallstelle konzentriert und ohne navigatorischen Aufwand sicher durchzuführen ist.
Das Suchmuster beginnt etwa 50 bis 100 Meter in Luv der vermuteten Mann-über-Bord-Position. Man gelangt dorthin mit zwei Kreuzschlägen von je einer Minute Dauer unter mitschiebendem Motor. Dieser Startpunkt des Suchmusters wird durch eine Boje markiert. Falls keine mehr

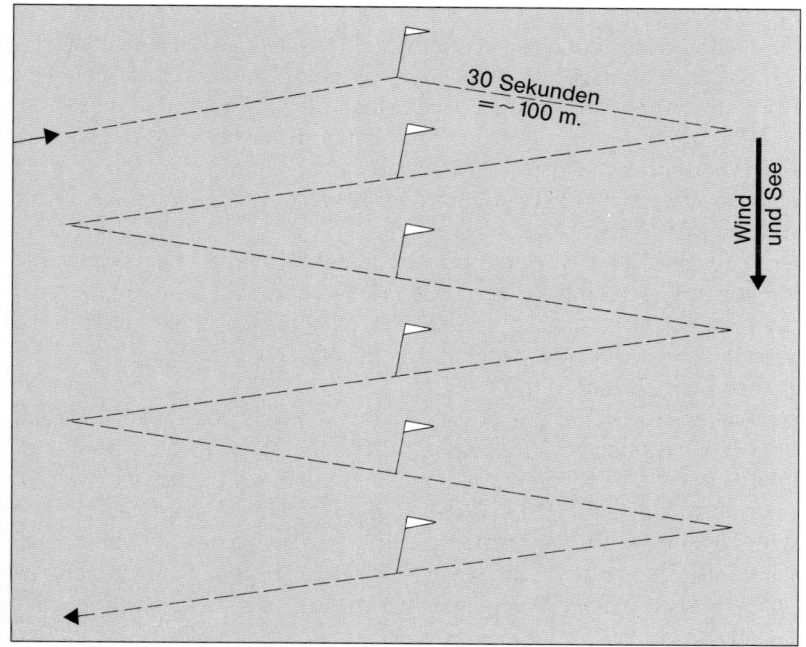

Abb. 19/4: Suchmuster bei Mann über Bord

vorhanden ist, eignen sich auch Fender, Kojenpolster oder Rettungskragen, jeweils mit einer Festmacheleine als Treibanker befestigt. Am besten bringt man zwei oder drei nacheinander aus, dann steigt die Chance, daß eine dieser Hilfsmarkierungen wiedergefunden wird (Abbildung 19/4).

Vom Startpunkt wird abgelaufen, und zwar mit dem Kurs zum Wind, der erfahrungsgemäß bei dieser Yacht etwa 100 Grad zum Wind über Grund bedeutet (Faustwert: halber Wind am Verklicker). Vom Ablaufpunkt werden die Sekunden gezählt. Nach 30 Sekunden, das sind bei sechs Knoten etwa 100 Meter, wird gewendet und auf die Markierungsboje zurückgelaufen, über sie hinweg und weiter 30 Sekunden, um wieder zu wenden. Man pendelt auf diese Weise hin und her, langsam mit dem Verdriften der Markierungsboje nach Lee versetzend. Die Abdrift der Boje gibt die Gewähr des gleichmäßigen Versatzes der Suchschleifen nach Lee. Beträgt sie etwa einen Knoten, dann lägen die Suchkurse im Mittel 35 Meter und an den Wenden 70 Meter auseinander. Mehr sollten es auch nicht sein, weshalb man die Suchschleifen nicht verlängern sollte, in der Absicht, das Suchgebiet zu verbreitern.

Entscheidend für den Erfolg des Verfahrens ist auch hier wieder die strenge Arbeitsteilung an Bord. Der Rudergänger ist verantwortlich für die Präzision des Musters, er hält Kurs, zählt die Sekunden, plaziert die Wenden und beobachtet die Markierungsboje. Die anderen suchen in zugewiesenen Sektoren.

Nach sechs Suchstrecken ist ein Quadrat von rund 200 mal 200 Metern abgesucht worden mit dem wahrscheinlichen Unfallort als Mittelpunkt. Der Unfallort wird übrigens nicht mit einer Verdriftung beschickt, weil ein Mensch im Wasser auch bei Sturm so gut wie nicht vertreibt.

Sollte das Abfahren dieses Musters nicht zum Erfolg geführt haben, muß die gleiche Methode in den anschließenden Suchquadraten wiederholt werden. Natürlich beginnt man mit dem, wo nach Rekonstruktion des Geschehenen die Hoffnung am größten ist. Keinesfalls würde ich zu schnell auf ein großräumigeres Suchverfahren wechseln, das zwangsläufig großmaschiger und damit riskanter sein muß.

Für die Wiederholung des Suchmusters muß der neue Startpunkt mit sauberer Koppelnavigation angesteuert werden. Seine genaue Position ist entscheidend. Dann wird die Boje ausgesetzt und das Suchmuster neu gestartet.

Spätestens beim Wechsel zum zweiten Suchmuster sollte ein Navigator eingeteilt sein, der exakt die Lage der Suchquadrate mitkoppelt.

Moderne elektronische Navigationssysteme auf Basis von Decca, Loran oder GPS bieten vielfach einen Mann-über-Bord-Modus, der relativ einfach oder gar nur per Knopfdruck zu aktivieren ist. Wer so ausgestattet ist, sollte in der allgemeinen Sicherheitsbelehrung die ganze Crew einweisen, bei Mann über Bord die Position zu fixieren. Wenn im Ernstfall der Mann-über-Bord-Ruf von Deck kommt, drückt der erste, der am Gerät vorbeikommt, den Panikknopf oder was auch immer zu drücken ist. Im Display werden dann laufend Peilung und Abstand zu dieser Position angezeigt.

Noch besser sind Geräte, die einen Plotting-Modus haben, bei dem die gelaufenen Kurse (über Grund) auf dem Bildschirm mitgezeichnet werden. Die fixierte Mann-über-Bord-Position erscheint mit einer Markierung, so daß mit dem richtig gewählten Maßstab (Bildkantenlänge = 1 sm) ein Suchmuster ideal kontrolliert werden kann.

Schließlich sei noch auf den Einsatz von Fremdhilfe hingewiesen. Zwar könnten andere Schiffe, Suchflugzeuge, Hubschrauber oder Seenotkreuzer bei der ersten Nahbereichssuche kaum sinnvoll Hilfe leisten. Sollte jedoch eine Großraumsuche nötig werden, wäre ihr Einsatz unverzichtbar. Deshalb sollte keine Zeit vergeudet und die zuständige Rettungsorganisation sofort informiert werden. Ihre Fachleute können daraufhin die Rettungsmöglichkeiten beurteilen und geeignete Maßnahmen starten.

Wichtig ist es dabei, den Funkkontakt zu unterhalten, um die eigenen Suchverfahren mit diesen Maßnahmen zu koordinieren. Unter Umständen könnte es der beste eigene Beitrag sein, die vermutete Unfallposition zu halten, um als anpeilbare Richtbake für Suchflugzeuge zu dienen.

Wassereinbruch

Ein anderer Notfall, der aus zwei Gründen verdient, in ein Buch über Sturmtaktiken aufgenommen zu werden, ist: Wasser im Schiff.

Zum einen trifft man in Sturmgebieten vermehrt auf gefährliches Treibgut, das von geslippten Deckladungen in Bedrängnis geratener Frachter stammt und von dem man sich schnell ein Leck einfangen kann. Zum anderen hat Wasser im Schiff bei Sturm völlig unerwartete Eigenschaften. Es bildet selbst Seegang. Tatsächlich brandet es unter Deck. Und wenn das Wasser hoch genug steht und die Bodenbretter auf den Wellen hin und her geworfen werden, dann ist da unten die Hölle los. Das muß einem klar sein!

Nur wenn man rechtzeitig merkt, daß das Bilgewasser ansteigt, kann die übliche Notrolle ablaufen. Dann kann nach vorbereiteter Einteilung alles verfügbare Volk in die verschiedenen Abteilungen des Schiffes gejagt werden, um die Seeventile zu kontrollieren und das Leck zu suchen. Es sollten alle Borddurchlässe, nicht nur die mit Seeventilen ausgestatteten, gecheckt und deren angeschlossene Leitungen nachgesehen werden, als da sind Cockpitlenzer, Auspuff, Lot und Logge sowie die Lenzpumpenauslässe. Bei den heftigen Schiffsbewegungen kann da leicht etwas gebrochen oder abgerüttelt sein. Bedenken sollte man auch, daß bei extremen Schräglagen die Lenzauslässe unter der Wasserlinie liegen können. Dann kann das Wasser nach dem Lenzen über Schlauch und Pumpe ins Schiff zurücklaufen. Das passiert vor allem bei modernen Tauchpumpen oder anderen Zentrifugalpumpen, die keine Rückschlagventile haben.

Schlimm ist es, wenn man den Wassereinbruch nicht rechtzeitig bemerkt hat. In den siebziger Jahren ging auf diese Weise eine große, wunderschöne Yacht bei schwerem Wetter im Skagerrak verloren. Das Wasser im Schiff war erst bemerkt worden, als unter Deck schon das totale Inferno herrschte. Kein Mensch konnte mehr hinunter, ohne von Bodenbrettern und anderem Treibgut erschlagen zu werden. An eine Lecksuche war nicht zu denken, geschweige denn an eine Reparatur. Die Crew wurde geborgen; die Schilderung stammt vom Skipper dieser Yacht.

Spätestens seit dieser Erfahrung gibt es keinen Zweifel mehr an der Notwendigkeit, bei Sturm die Bilge in kurzen Abständen zu kontrollieren. Der Bilge-Check sollte in die Wachwechselroutine eingebaut werden, und zwischendurch kann er auch nicht schaden. Heute gibt es Schwimmerschalter, die die Lenzpumpe automatisch einschalten, wenn das Wasser steigt. Es wäre besser, wenn diese Schalter das Warnhorn aktivieren würden, um selbst nach dem Rechten sehen zu können.

Was tun, wenn es dennoch passiert ist und unter Deck alles brandet und braust? Da gibt es nur eins: gegenanpumpen. Und zwar mit Pumpen und Pützen. Zur Bedienung werden die Leute im Niedergang angeleint, mit den Beinen stehen sie zwangsläufig in dem Wasserchaos. Blaue Flecken müssen in Kauf genommen werden. Hauptsache, der Kopf bleibt oben. Übrigens schafft man mit Pützen erheblich mehr als mit der besten Lenzpumpe! Also rein ins Wasser!

Hat man den Verdacht, daß der Vorschiffsrumpf durch Treibgut beschädigt worden ist, kann man gleichzeitig von Deck aus ein Lecksegel unter den Bug stülpen. Auch dieses Verfahren empfehle ich einmal bei sechs Knoten Fahrt und mittlerem Seegang zu probieren. Es geht! Ich habe eine Fock II außen um das Vorstag gezogen, das Schothorn mit einem Stropp am Bugbeschlag befestigt und Kopf und Hals jeweils einem Mann an Backbord und an Steuerbord in die Hand gedrückt. Dann habe ich den Bauch des Segels vor dem Bugkorb ins Wasser geworfen, so daß es von dem Fahrtstrom unter den Bug gezogen wurde. Die beiden Leute an Kopf und Hals brauchten nur noch das Segel unter dem Rumpf hin und her zu ziehen, bis es in der richtigen Position war.

Bei Wasser im Schiff muß man auch damit rechnen, daß die Batterien keine Leistung mehr abgeben und das Funkgerät ausfällt. Aus diesem Grund ist es ratsam, auch wenn die Lage noch nicht so gefährlich aussieht, einen vorbereitenden Funkspruch mit der Position, dem Problem und der eigenen Absicht zu senden. In kurzen Abständen wäre zu bestätigen, daß alles nach Plan läuft, und die Notsituation schließlich abzublasen, wenn alles wieder im Griff ist. Sollte das Funkgerät zwischenzeitlich ausfallen, kann nach solcher Vorbereitung sicherlich mit einem Einsatz des Rettungsdienstes gerechnet werden.

Die meisten Bergefahrzeuge, Schlepper, Feuerlöschfahrzeuge sowie die Fahrzeuge der Rettungsdienste können Tauchpumpen mit großer Förderleistung übergeben. Kann man die Yacht bis zum Eintreffen dieserart Hilfe schwimmfähig halten, hat man wohl schon gewonnen. Die Pumpen beziehen ihren Strom über ein langes Kabel vom Bergefahrzeug. Sie werden einfach in das Schiffsinnere getaucht. Das Lenzwasser geht über den angesteckten Schlauch außenbords.

Aufgabe der Yacht

Die Entscheidung, seine Yacht aufzugeben, in die Rettungsinsel zu steigen oder sich abbergen zu lassen, geschieht in aller Regel aus einer äußersten Streßsituation heraus. Um so verständlicher sind die vielen Fehlentscheidungen, die bekanntgeworden sind. Yachten werden unnötig verlassen und Rettungsdienste zu spät gerufen. Die Situation ließe sich entkrampfen, wenn in den Köpfen der Segler das Junktim, Hilferuf ist gleich Schiffsaufgabe, durchbrochen würde.

Ein Hilferuf zu einem Zeitpunkt, bei dem die Gefahr für Schiff und Besatzung noch nicht eindeutig ist, bedeutet keine Schande und ist auch nicht kostenpflichtig. Im Gegenteil, er ermöglicht den Rettungsdiensten, rechtzeitig zu disponieren, möglicherweise schon einmal auszulaufen, um im wirklichen Einsatzfalle näher dran zu sein. Kommt die Yacht dann selbst klar, ist es nur besser.

Der vorbereitende Funkkontakt hat weitere Vorteile. Die Besatzungen der Rettungsstellen sind Fachleute, seeerfahren und mit dem Revier vertraut. Sie können einem wertvolle Tips geben, wo man in dieser bestimmten Sturmlage Schutz findet und welche Seegebiete man besser meidet. Man kann seinen Standort verfolgen lassen und sogar Treffpunkte vereinbaren.

Weiß der Rettungsdienst, wer und wo seine potentiellen Sorgenkinder sind, kann der Einsatz des Rettungskreuzers besser koordiniert werden. So kann er für verschiedene in Schwierigkeiten steckende Yachten eine zentrale Position ansteuern, um von dort aus sich schließlich den ernstesten Fall vorzunehmen.

Wichtig ist der Sprechfunkverkehr. Bei frühzeitiger Verbindung ist der Streß noch nicht auf dem Maximum, und es fällt leichter, ruhig und sachlich die Lage zu beschreiben. Bitte keine Scheu vor Kanal 16. Dazu ist er da. Auch wenn es kein Mayday-Ruf ist. Versucht man auf einen Arbeitskanal zu wechseln, kann leicht die Verbindung verlorengehen. Manchmal hat der Ansprechkanal mehr Sendeleistung, und was sehr wichtig ist, die Peilgeräte mancher Küstenfunkstellen und Rettungsfahrzeuge arbeiten nur auf Kanal 16.

Besteht erst einmal der Kontakt mit einer Rettungsstation, sieht die eigene Situation oft gar nicht mehr so schlimm aus. Die Entscheidung auszusteigen ist nicht mehr imminent. Sie kann in Ruhe als Option erwogen und vielleicht auch vorbereitet werden. Im Vordergrund stehen jetzt die

Möglichkeiten der Rettungsorganisation: Standortüberwachung, Sicherheitsbegleitung, Leerpumpen, Abschleppen, Übernehmen von Verletzten und Kranken, um nur die wesentlichen zu nennen.

Ausbooten in die Rettungsinsel

Nur wenn wirklich keine andere Möglichkeit mehr besteht, dann ist es Zeit, die Rettungsinsel klarzumachen. In aller Regel beschränkt sich der Aussteigefall auf zwei Situationen: Das Schiff ist nicht mehr schwimmfähig, oder es steht in Flammen.

Bedenken wir, daß auf einer sturmklaren Yacht die Rettungsinsel nicht slipbereit auf dem Serviertablett liegt. Sie ist normalerweise anständig verzurrt oder weggestaut. Also muß sie klargemacht werden. So ein Ding wiegt 30 bis 40 Kilo, weshalb man damit nicht gerade das zarteste Wesen an Bord beauftragen sollte. Auf dem Cockpitboden wird sie bereitgelegt, damit sie nicht unbeabsichtigt von einer Welle außenbords befördert wird. Bei einem Einsteiger in diesem Augenblick würde sie allerdings auch aufschwimmen! Die Crew zieht sich warm an, Ölzeug, Rettungsweste und Lifebelt. Nachtsignallampen werden eingesteckt und alles, was an Pyrotechnik vorhanden ist. Bei Sturm kann es lange dauern, bis man aufgefischt wird. Jemand packt Trinkwasser und Eßbares zusammen, während ein anderer den Seenotfunkspruch absetzt. Dazu empfehle ich, den Standort durch eine zweite Person nachprüfen zu lassen. In der Streßsituation macht man leicht Fehler, und diese wären tödlich.

Die Rettungsinsel muß nach Lee ausgebracht werden. Würde sie sich in Luv entfalten, flöge sie vom Sturm getrieben quer über die Yacht und hätte den ersten Ratscher weg. Beim Einsteigen muß sie von den Relingsstützen gut freigehalten werden. Am besten springt man mit einem Bauchklatscher auf das Dach der Rettungsinsel – angeleint natürlich –, auch wenn es den Insassen weh tut. In herkömmlicher Weise würde man zu leicht an dem hin und her schwappenden Etwas vorbeispringen. Man kann das im Wellenbad ausprobieren.

Hilfeleistung durch einen Rettungskreuzer

Während der Annäherung herrscht reger Funkverkehr. Standort, Driftgeschwindigkeit und Zustand der Yacht, ihr Aussehen, Zahl der Personen an Bord, Verletzte darunter, alles muß der Rettungskreuzer wissen. Die Lage wird in allen Einzelheiten besprochen, Vorbereitungsmaßnahmen werden festgelegt. So kann es zum Beispiel vernünftig sein, schon einmal ein festes Schleppgeschirr auf der Yacht anzuschlagen oder die Yacht vor Treibanker zu legen, damit der Kreuzer besser heranfahren kann. Möglicherweise werden zum Auffinden ein pyrotechnisches Signal oder Funkpeilsignale verabredet.

Ist der Rettungskreuzer eingetroffen, macht sich der Vormann des Kreuzers ein abschließendes Bild und schlägt vor, was zu tun ist. Der Skipper ist gut beraten, sich anzuschließen, muß es aber nicht tun.

In jedem Falle versucht der Rettungskreuzer, erst einmal eine Leinenverbindung herzustellen. Die wird für das Abschleppen wie auch fürs Abbergen gebraucht. Dazu manövriert er vorsichtig mit dem Bug von schräg achtern an die Yacht heran, so daß aus nächster Nähe jemand im Bugkorb die Leine werfen kann. Sollten die Leute auf der Yacht so entkräftet sein, daß sie handlungsunfähig sind, wird das Tochterboot zu Wasser gelassen und ein Retter übergesetzt. Nur sehr ungern würde sich der Rettungskreuzer längsseits an die Yacht heranmanövrieren. In schwerem Seegang würden beide Schiffe zusammenschlagen, und die Schäden wären erheblich.

Eine Schleppverbindung würde immer mit der Trosse des Rettungskreuzers hergestellt werden. Diese Trosse wird an die erste übergebene Rettungsleine angesteckt. Die Leute auf der Yacht ziehen sie damit hinüber. Der Kreuzer hält dabei, immer leicht achterlich versetzt, Abstand zur Yacht. Erst wenn die Trosse auf der Yacht nach vorn geführt und belegt ist, passiert der Kreuzer längsseits und taut voran vorsichtig an.

Sollen Besatzungsmitglieder oder gar die ganze Crew übernommen werden, geschieht das am besten in folgender Weise: Der Rettungskreuzer bleibt auf knappem Abstand, während die Rettungsleine bereits von dessen Bug aus zur Yacht hinübergeworfen ist. Die Besatzung ist klar zum

Übersetzen, das heißt, sie ist warm angezogen, mit Rettungsweste und Lifebelt, und trägt bei sich, was mitgenommen werden soll. Der erste wird nun in die Rettungsleine des Kreuzers eingepickt, und dann ab ins Wasser. Das kurze Bad ist nicht zu vermeiden, will man die beiden Schiffe nicht kollidieren lassen. Die Retter an Deck des Kreuzers pullen den Mann schneller hinüber, als er es wahrnehmen kann. Plötzlich packen ihn ein paar kräftige Hände, und er ist an Deck. Nächster Takt. Leine wieder hinüber – und der nächste bitte.

Nur wenn Verletzte oder Entkräftete abzubergen sind, wird sich der Vormann entscheiden, das Tochterboot einzusetzen. Es kann so gut wie bei jedem Seegang zu Wasser gelassen werden, auch wenn die Wiederaufnahme bei bestimmter See nicht mehr möglich ist. Dann tuckert „der Kleine" im schweren Seegang allein hinter seinem Mutterschiff her, bis irgendwo ein wenig Abdeckung für die Wiederaufnahme gefunden wird.

Das Tochterboot kann besser an die Yacht heranfahren, obwohl es natürlich auch da zu harten Kollisionen kommt. Entsprechend schwierig und gefährlich ist das Übersteigen. Möglicherweise ist es auch beim Tochterboot besser, sich lieber an der Leine kurz durchs Wasser ziehen zu lassen. Besser naß zu sein, als mit zerquetschten Gliedern zwischen den beiden zusammenschlagenden Bordwänden zu enden.

Übersteigen auf ein Frachtschiff

Hat sich ein Frachtschiff gemeldet, um in einem Seenotfall die Crew zu übernehmen, ist die Lage gleich erheblich schwieriger. Hier die Probleme: Frachter können in schwerer See nicht frei manövrieren. Es hängt von ihrer Beladung ab, wie weit sie sich auf Kurse quer zur See einlassen können. Topplastige Schiffe beginnen quer zur See stark zu rollen, bei verschiedenen Fahrtstufen unterschiedlich stark. Am schlimmsten, wenn sie aufgestoppt liegen. Das starke Rollen bedeutet Gefahr für die Ladung und letztlich auch für die Mannschaft selbst. Tiefgeladene Supertanker liegen dagegen sehr ruhig in der See, fast unabhängig von der Richtung. Solche Schiffe sind ideal, um „Lee zu machen", also sich in Luv quer vor den Schützling zu legen.

Man möge sich vorstellen, wie schwierig es ist, bei den eingeschränkten Sichtverhältnissen mit einem großen Frachter ein Manöver zu fahren, das genau an der Yacht liegend endet. Frachter sind für enge Manöver nicht gebaut, und für großräumige ist oft die Sicht zu knapp. Ein großes Schiff auf offener See metergenau aufzustoppen, ist fast unmöglich.Rettungseinsätze sind für einen Frachter nicht alltäglich. Die Crew hat keine Routine in diesem Handwerk. Hilfsmittel und Gerät liegen bestimmt nicht zuoberst in der Werkzeugkiste, und sie sind schon lange nicht mehr in Gebrauch gewesen. Ein Leinenschußgerät gehört nicht zur Standardausrüstung. Unter diesen Umständen eine Leinenverbindung zur Yacht herzustellen, ist nicht einfach.Es ist nicht möglich, bei schwerer See ein Boot an seinen Davits auszusetzen. Das Einsetzen in die See wäre halsbrecherisch, das Wiederaufnehmen einfach nicht machbar. Schlauchboote sind auf Frachtern normalerweise nicht vorhanden; wohl aber auf Kriegsschiffen, die auch sonst besser für den Rettungseinsatz ausgerüstet sind. Hat sich ein Frachter heranmanövriert, muß in der schweren See damit gerechnet werden, daß die Yacht gegen die Bordwand schlägt. Da beide Schiffe rollen und stampfen, kollidieren sie mit ungeheurer Gewalt. Abgesehen davon, daß die Yacht ohnehin aufgegeben werden muß, besteht für die übersteigende Crew dabei höchste Lebensgefahr. Die Benutzung einer Jakobsleiter von Bord der Segelyacht aus ist ausgeschlossen. Die Yacht tobt neben der Bordwand mit jeder Welle fünf, sechs oder mehr Meter auf und ab. Und nur ein besonders geschickter und kräftiger Mann wäre in der Lage, in dem Augenblick ganz oben die Jakobsleiter zu greifen und sich hochzuziehen, bevor die Yacht zum zweiten Mal kommt. Aber gewonnen hätte er auch dann nicht. Denn die Yacht tanzt nicht nur auf und nieder, sie peitscht auch ständig mit dem Mast gegen die Bordwand und schlägt alles kaputt, was sich dort befindet. Mir sagte einmal jemand, man müsse dann eben unter Deck so lange warten, bis die Yacht sich selbst das Rigg abgeschlagen hat. Es würde nicht lange dauern. Spaßvogel. Aber recht hat er.
Was bleibt zu tun? Auf alle Fälle sollte Funkverbindung bestehen, so daß die Möglichkeiten sachlich abgesprochen werden können. Es bieten sich allerdings nicht viele Varianten an.

In den meisten Fällen würde der Frachter versuchen, etwa 30 Grad zum Wind anzulaufen und so aufzustoppen, daß er mit etwa 10 bis 50 Meter Abstand die Yacht mittschiffs in Lee hat. Er wird versuchen, Leinen zu werfen. Wahrscheinlich mit mehreren Leuten gleichzeitig.

Die Crew der Yacht hat sich inzwischen zum Übersetzen vorbereitet. Weil man bei den schwierigen Leinenmanövern nicht für jeden einzelnen eine Leine zugeworfen bekommen kann, würde ich die ganze Crew sich mit den Sorgleinen aneinanderpicken lassen.

Ist es gelungen, eine der zugeworfenen Leinen zu erwischen, wird schnell gehandelt. Die zusammengesteckte Crew knotet sich an diese Leine an und springt geschlossen ins Wasser. Von Bord des Frachters aus wird nun kräftig geholt und das Menschenknäuel hinübergezogen. Über Enternetze oder über die Jakobsleiter wird die Crew geborgen.

Sollte während des Manövers die Yacht gegen die Bordwand treiben, muß die Crew vom Cockpit oder vom Vorschiff aus weggeborgen werden, damit ja keiner zwischen Wanten und Bordwand gerät. Sie muß sich mit aller Kraft festklammern, denn die Schläge der Yacht sind hart. Zum Abbergen werden dann die Menschen mit Leinen von Bord des Frachters aus voraus oder nach achtern von der Yacht weggezogen. Um den Sprung ins Wasser kommt keiner herum, auch wenn die Bordwand von der Yacht aus zum Greifen nahe ist. Keinesfalls würde ich mich direkt mit der Leine an Deck ziehen lassen. Ich wäre hilflos dem schlagenden Mast ausgeliefert. Man muß den Männern da oben eindeutige Zeichen geben, daß sie die Leine voraus oder achteraus holen. Nur weg von der Yacht, weg von dem Bersten und Krachen des Mastes!

Eine Alternative zu dieser Art des Abbergens wäre der Einsatz der Rettungsinsel: Es wäre mit dem Kapitän des Frachters abzusprechen, ob er diese Methode bevorzugt. In Sichtweite des Frachters steigt die Crew der Yacht in die Rettungsinsel und läßt sich treiben. Der Frachter steuert die Rettungsinsel – so gut es geht – an, und das Leinenwerfen beginnt wie vorher. Der Vorteil ist offensichtlich, daß man nicht vom eigenen Boot erschlagen wird. Aber die Nachteile sind ebenso deutlich. Mit einer Leine zur Rettungsinsel zu treffen, ist noch viel schwieriger, als quer über eine Yacht zu werfen, und – nach dem Aussteigen in die Rettungsinsel gibt es kein Zurück mehr. Zu bedenken ist auch, daß man mit der Rettungsinsel nicht auf die Bordwand zupaddeln kann. Der Winddruck auf das Gummidach läßt sie ausschließlich nach Lee treiben. Dank der Wassersäcke unter dem Gummiboden, die nicht nur gegen das Kentern wirken, hat sie großen Strömungswiderstand.

Kommt keine Leinenverbindung zustande, werden die Aussichten auf Rettung verschwindend gering. Deshalb wird der Kapitän sicherlich einen neuen Versuch unternehmen, noch dichter an die havarierte Yacht heranzukommen. Er wird nun möglicherweise die Kollision mit der Yacht bewußt riskieren.

Liegt der Unfallort im Aktionsbereich luftgestützter Rettungsdienste, wird sich der Kapitän vielleicht entscheiden, einen Hubschrauber zur Hilfeleistung heranzubitten und ihn durch Funkpeilung und durch Leemachen bei der Abbergung unterstützen.

Ohne Leinenverbindung die Yacht zu verlassen und zu versuchen, den Frachter schwimmend zu erreichen, das sollte wirklich nur in letzter Not geschehen. Und dann bitte gegenseitig angeleint und auf dem Rücken. Die Rückenlage ist mit aufgeblasener Rettungsweste die einfachste Art zu schwimmen. Trotzdem kommt man kaum spürbar voran.

Abbergen durch einen Hubschrauber

Der Hubschrauber ist das ideale Bergefahrzeug, wenn er nur die Unfallstelle erreichen kann. Er hat technisch bedingt einen ziemlich kleinen Aktionsradius, er ist auf Sichtverhältnisse angewiesen, und er scheut Vereisung. Das sind seine einzigen Handicaps. Er ist in der Lage, völlig unabhängig vom Seegang, Menschen von Schiffen, Booten und Yachten abzubergen, und das auch noch „trocknen Fußes"!

Er fiert mit seinem Bordkran eine Bergeschlinge, einen Bergekorb oder ein anderes Gerät zum gleichen Zweck ab, man steigt in die Schlinge oder in den Korb, und ab geht's nach oben.

So funktioniert das im Prinzip. Im Detail beginnt das Ganze wieder mit dem Sprechfunkverkehr zu Peilungszwecken und um die Bergungsumstände zu klären. Sehr wahrscheinlich wird der Hubschrauber klare Anweisungen erteilen über Vorbereitungen und Verhaltensweisen. Denn über der Unfallstelle ist nicht viel Zeit. Im Schwebeflug verbraucht der Hubschrauber genausoviel Sprit wie auf Strecke. Die Crew sollte klar zum Abbergen und die Yacht klar zum Verlassen sein. Jeder hat natürlich Rettungsweste und Lifebelt an und trägt seine wichtigsten Habseligkeiten bei sich in der Kleidung. Bitte keine Koffer! Schiffspapiere und Logbuch nicht vergessen, sie könnten hinterher noch gebraucht werden. Eine Abberge-Reihenfolge ist festzulegen, wobei es weniger nach gesellschaftlichen Gepflogenheiten als nach praktischen Beweggründen gehen sollte. Der oder die erste ist jemand, dem man den Umgang mit diesem Rettungsverfahren zutraut. Sein Beispiel soll den anderen Mut machen und zeigen, wie's geht. Dann kommen die Bangbüxen und zum Schluß derjenige, der das Manöver an Bord geleitet hat.

Der Hubschrauber nähert sich immer von Lee. Das Bergekabel schleift er bereits im Wasser. Das verhindert unter anderem, daß man beim Zupacken einen elektrischen Schlag kriegt. Der Mann an der Bergewinsch steht in der Tür mit Blick nach unten und dirigiert den Hubschrauber so, daß das Bergekabel genau auf die Yacht zugeschleppt wird.

Sobald man es erwischen kann (der Bootshaken hilft), greift man es. Achtung, der Hubschrauber steht still, während die Yacht auf und nieder tanzt. Deshalb muß das Bergekabel im Wellental gegriffen und das freie Ende mit der Bergeschlinge herangeholt werden. Dabei rauscht das Stahlkabel unweigerlich ein paarmal durch die Hände (Handschuhe!). Ist die Schlinge an Bord, soll das Kabel in einer großen Bucht durchs Wasser hängen.

Jetzt ist darauf zu achten, daß die Bergeschlinge nicht zwischen irgendwelchen Stagen und Wanten hindurchgetragen und damit das Kabel vertüddert wird. Wenn der Bordretter oben in der Tür fürchterlich mit den Händen fuchtelt, dann geht es ihm wahrscheinlich genau darum.

In die Schlinge steigt man so ein, daß der Verschluß vorn ist. Sie trägt den Körper unter den Achseln. Die Arme müssen deshalb in normaler Haltung nach unten gerichtet sein. Die Hände bleiben eigentlich frei, man kann sie aber zur Sicherheit vor der Brust zusammenführen. Die Rettungsschlinge hat meistens vorn am Verschluß eine Sicherheitsschlaufe, die man nach unten zieht, um die Schlinge vor der Brust zu schließen. Eine zusätzliche Sicherheit.

Sitzt die Schlinge, wird nicht mehr lange herumgetüddert. Daumenzeichen nach oben, und ab geht die Post. Aufpassen sollte man, daß sich das Kabel nicht beim Durchholen irgendwo verfängt. Hinter einer Klampe, unter dem Ruderrad oder so. Gefahren gibt es mehr als genug. Es kann durchaus passieren, daß der Hubschrauber schräg zieht. Er tut das nicht, um seine Bergelast erst mal durchs Wasser zu ziehen (was unweigerlich passiert), sondern um bei allem Geschaukel vom Achterstag freizukommen. Man stelle sich vor, was passiert, wenn man unter dem Achterstag durch- und einmal herumschwingen würde. Das wäre wahrscheinlich der Augenblick, wo der Retter an der Bergewinsch den Notkapphebel zieht. Den gibt es nämlich für solche Fälle.

Hängt man erst einmal frei am Hubschrauber, fühlt man sich in der Bergeschlinge überraschend wohl. Es gibt weder Angst- noch Schwindelgefühle, was bei zahlreichen Übungen festgestellt worden ist. Der Blick ist auf den Mann in der Tür gerichtet, der einen mit kräftigem Griff hineinzieht. Trick dabei: Er dreht einen mit dem Rücken zur Tür und zieht einen dann mit dem Achtersteven zuerst nach innen. Es geht so am leichtesten.

Bitte keine Dankesreden an dieser Stelle. Der Windenfahrer versteht ohnehin kein Wort unter seinem Helm und ist schon längst auf den nächsten Mann konzentriert.

Die Strandung

Ein Thema, über das in Seglerkreisen wenig nachgedacht wird. In einer uralten Sturmfibel, die noch aus der Zeit um die Jahrhundertwende stammt, heißt es sinngemäß:

. . . Wenn die Strandung nicht mehr zu vermeiden ist, mache sie gründlich und mit Schwung. Suche eine Stelle ohne Steine, nimm die größte Brandungswelle unter den Achtersteven und gleite mit aufgeblähten Segeln so hoch den Strand hinauf, wie du kannst. Die nächste Welle soll dir dann nicht mehr schaden.

Das ist es eigentlich schon in Kurzfassung. Es geht darum, in der verteufelten Lage einer nicht mehr abzuwendenden Strandung kühlen Kopf zu bewahren und unnötigen Schaden zu vermeiden. Ich habe von mehreren gestrandeten Yachten gehört, die wieder ins Wasser gezogen wurden und abgesehen von ein paar Kratzern keine Schäden hatten.

Strandungen passieren aus Legerwallsituationen heraus, in die man durch irgendein Mißgeschick geraten ist. Beim Versuch, sich freizukreuzen, werden natürlich alle Register gezogen. Es wird ganz sauber hoch am Wind gesegelt mit ausreichend Fahrt im Schiff, um die Abdrift gering zu halten. Natürlich schiebt der Motor mit, notfalls mit Vollgas. Brandungswellen werden geschnitten, um nicht zurückgeworfen zu werden. Das Beiboot, sollte es im Schlepp hängen, wird gekappt.

Wer keine Maschine hat oder wessen Segel zerrissen sind, muß damit rechnen, es nicht zu schaffen. Er stellt sich langsam, aber sicher auf das Notankern ein. Mit viel Glück kann es die Rettung vor dem Stranden bedeuten. Ohne es sich anmerken zu lassen, schielt er schon einmal zur Küste. Er studiert die Klippen, Strände, Felsen, während die Yacht im Kampf um die Höhe vor der Küste auf und ab pendelt. Je eindeutiger die Misere wird, desto mehr beschränkt er seine Schläge auf einen möglichst reinen Küstenteil oder, wenn er die Wahl hat, auf den Teil mit dem besseren Ankergrund.

Er läßt den Zweitanker vor den Hauptanker anschäkeln und klar zum Fallen vorbereiten. Verkattete Anker halten noch am besten in dieser extremen Lage.

Das Ankermanöver ist die letzte Chance, die Strandung zu vermeiden. Deshalb ist es mit größter Sorgfalt zu planen und durchzuführen. Einfach mit dem Zorn der Verzweiflung das Ding wegzuschmeißen, wäre töricht. Vieles ist zu bedenken: Wo ist der Ankergrund am besten? Wo die richtige Wassertiefe? Sie sollte möglichst gering sein, so daß die ganze Kette zur Wirkung kommt. Auch nicht zu gering. Die Federwirkung des durchhängenden Kettenteils wird auch gebraucht. Möglichst hinter den ersten Brandungswellen wäre gut. Da hat die See schon weniger Pfeffer. Ob da auch die Tiefe noch reicht? Jedenfalls nicht in der Hauptbrandungszone ankern. Im Zweifel weiter draußen. Aber bitte auch so, daß im Falle des nicht haltenden Ankers der Fluchtweg nach Lee rein von Felsen ist.

Wie in der Segelschule wird das Ankermanöver gefahren. Erst der Zweitanker über Bord, dann wird der Hauptanker gefiert. Sauber wird die Kette nach Lee weggelegt. Immer leicht gebremst, damit die Yacht zum Schluß nicht zu hart einruckt. Zu leicht springt sonst die Kette über die Nuß und ist nicht mehr zu greifen. Alle Kette ist zu stecken. Kein Deut Sicherheit darf verschenkt werden. Segel runter und hoffen.

Aber keine Zeit mit dem Hoffen vertrödeln! Jetzt muß mit allen Tricks versucht werden, den Motor flottzumachen, sofern der die Ursache der mißlichen Lage ist. Man möge mir hier die Lektion in Notmotorenkunde ersparen. Aber jeder Skipper sollte sich Gedanken machen, wie man in solcher Lage das Kraftstoffsystem entlüftet, Filter wechselt, den Kraftstoff direkt aus dem Kanister entnimmt oder wie man den Starter überlistet.

Hält das Ankergeschirr nicht, dann ist es wohl soweit. Es hat keinen Sinn, einen zweiten Versuch zu starten, wenn der erste unter den gleichen Bedingungen gescheitert ist. Besser ist es, den letzten Rest Leeraum für die kontrollierte Strandung zu nutzen. Jetzt geht es darum, möglichst heil auf den Strand zu kommen, und zwar so hoch, daß die Wellen das Schiff nicht mehr bewegen. Bleibt es zu früh hängen, wird es von der Brandung ständig hin und her geworfen. Früher oder später würde es dann leckschlagen. Die Folgeschäden wären erheblich.

Noch einmal orientiert sich der Skipper über die Strandverhältnisse. Er sucht sich den Weg, wo am wenigsten Brandung auftritt. Dort ist auch der Grund am wahrscheinlichsten rein. Dann geht das Vorsegel hoch, die Ankerkette wird geslippt und Fahrt aufgenommen, auf den gewünschten Anlaufkanal zu. Mit Schwung soll es auf den Strand gehen. Wie man sich zum Surfen die größte Welle aussucht, ist mir nicht klar, denn ich würde zu diesem Zwecke nicht von meinem Vorwindkurs abweichen. Festhalten, bevor's kracht! Das Aufsetzen auf den Sand ist ziemlich hart. Wer sich nicht gut festgehalten hat, fliegt in hohem Bogen voraus und hoffentlich nicht irgendwo gegen.

Hat man sich vom Schrecken erholt, wird Inventur gemacht. Wie liegt die Yacht? Schön weich gebettet, oder nagt unter ihr ein Stein? Solange sie von den anlaufenden Wellen leicht angehoben wird, kann man sie noch verholen. Dazu werden Leinen ausgebracht und über Steine oder um Bäume herum belegt. Diese Leinen werden über Umlenkblöcke auf die Genuawinschen gelegt und unter Spannung gebracht. Jedesmal, wenn die Yacht leise angehoben wird, rutscht sie der Leinenspannung entsprechend.

Die nächste Sorge gilt den Gezeiten. Fällt das Wasser, hat man erst einmal Pause und kann sich von den Strapazen erholen. Steigt es aber, steht gleich wieder eine Entscheidung an. Eine Möglichkeit ist es, mit steifer Landleine die Yacht vor dem Wasser Stück für Stück den Strand hinaufrutschen zu lassen. Die andere Möglichkeit ist, das steigende Wasser auszunutzen, um sie wieder aufschwimmen zu lassen. Die letzte Alternative klingt bestechend, funktioniert jedoch nur bei schnell abnehmender Brandung und noch vorhandenem, gut haltendem Ankergeschirr. Beides dürfte wohl nicht vorhanden sein, sonst wäre es ja nicht zur Strandung gekommen. Die dritte Möglichkeit, trotz steigenden Wassers nichts zu tun, wäre töricht. Die Yacht würde durch die anlaufenden Wellen unnötig lange auf den Strand geworfen. Das Schadensrisiko wäre sehr groß.

Nachwort

Die Notsituationen wurden diesem Buch als letztes Kapitel, quasi als An-
hang, angefügt, handelt es sich dabei doch um Ausnahmen von der Regel. Für das Buch entsteht dadurch leider ein ungewollt düsterer Ab-
schluß. Ein aufmunterndes Nachwort ist angebracht.

Der Leser möge rekapitulieren: die physikalischen Grundsätze, das Geschehen im Sturm, die technischen Vorkehrungen, die Vorbereitungen
an Bord, das Verhalten der Crew im Sturm und schließlich die Handhabung der Yacht in der schweren See, bei der Ansteuerung in engen Ge-
wässern und im Hafen. Die ganze Breite der Sturmproblematik für den
Segler wurde aufgezeigt, analysiert und diskutiert. Ob für den einen oder
anderen der Sturm etwas von seiner Mystik verloren hat?

Dem Autor ging es um die Versachlichung, um das Verständnis dessen,
was im einzelnen vorgeht. Denn nur wer den Ablauf des Geschehens
durchschaut, ist vor Überraschungen gefeit – vor Überraschungen, die
den Menschen zu Fehlentscheidungen verleiten, die Ursache für so man-
ches Unglück sind. Mit sicherer Sachkenntnis und der sich daraus erge-
benden Ruhe läßt sich dagegen fast jede Gefahrensituation meistern.

Ein bißchen mehr über die Dinge zu wissen, hilft auch, in dem einen
oder anderen Fall die eigene Selbsteinschätzung zu korrigieren. So mancher sieht nach solch geistiger Rüstung mit mehr Gelassenheit den Fähr-
nissen eines Sturmes entgegen oder, umgekehrt, etwas zaghafter als zuvor. Ein Segen, wenn das Buch zu solcher Einsicht geführt hat!

Gut, daß das Segeln noch nicht von Dogmen beherrscht wird. Abgesehen von der Physik, an der sich wohl nicht herumdeuteln läßt, divergie-
ren die Lehrmeinungen in vielen Punkten. Man möge sie untereinander
austauschen, miteinander vergleichen und vor allem auch die eigene
Meinung überprüfen. Das befruchtet.

Wie dem auch sei. In der einen oder anderen Weise hat der Leser von
diesem Buch profitiert. Er möge es zuklappen und schon einmal das Ölzeug auslüften. Bald geht's wieder los. Und dann soll es ruhig blasen.
Mal anständig!

Die **YACHT-BÜCHEREI** ist die preiswerte Bibliothek für eingehendes Fachwissen auf vielerlei Spezialgebieten. Diese Bände sind lieferbar:

Die Bibliothek wird laufend erweitert. Fragen Sie bitte Ihren Buchhändler, und beachten Sie unsere Ankündigungen.

 **Delius Klasing Verlag**